Transformez votre vie

GUÉSHÉ KELSANG GYATSO

Transformez
votre vie

UN VOYAGE PLEIN DE FÉLICITÉ

ÉDITIONS THARPA

France – Canada

Première édition anglaise sous le titre : Transform Your Life 2001
Éditions suivantes : 2002, 2004, 2006

Tharpa Publications
Conishead Priory
Ulverston, Cumbria
LA12 9QQ, Angleterre

© New Kadampa Tradition-International Kadampa Buddhist Union
2001, 2002, 2004, 2006

Traduction française :
© New Kadampa Tradition-International Kadampa Buddhist Union
2003, 2008, 2012
Traduction collective

Troisième édition française : 2012

Éditions Tharpa   Tharpa Publications Canada
Château de Segrais   631 Crawford St
72220 Saint-Mars-d'Outillé   Toronto, ON
France   M6G 3K1, Canada

Couverture réalisée par les Éditions Tharpa
Photos pages 21 et 99 de Kathia Rabelo
Photos pages 13 et 121 © 2001-www.arttoday.com
Photo page 335 de René Knopfel
Autres photos de Kelsang Déwang

Les Éditions Tharpa ont des annexes dans divers pays.
Pour consulter les adresses de ces annexes, voir page 371.

Les livres des Éditions Tharpa sont publiés dans la plupart des langues.
Voir page 371 pour plus de détails.

ISBN 978-2-953911-79-4 (Couverture cartonnée)
ISBN 978-2-953911-70-1 (Couverture souple)

Table des matières

Préface

Il est important de bien comprendre de quelle manière notre vie humaine est précieuse, rare et a beaucoup de sens. À cause des limites imposées par leur corps et leur esprit, les personnes qui ont pris naissance en tant qu'animaux, par exemple, n'ont aucunement la possibilité de comprendre ou de pratiquer la voie spirituelle. Les êtres humains sont les seuls à ne pas avoir de telles entraves et ils ont toutes les conditions nécessaires pour s'engager dans les voies spirituelles, les seules qui mènent à un bonheur sans fin. Posséder cette liberté et ces conditions est la caractéristique spéciale qui rend notre vie humaine si précieuse.

Il y a de nombreux êtres humains dans ce monde, mais chacun d'entre eux n'a qu'une seule vie. Une personne peut posséder des voitures et des maisons en grand nombre, mais même la personne la plus riche de ce monde ne peut pas posséder plus d'une vie et, lorsque celle-ci arrive à sa fin, elle ne peut pas en acheter, en emprunter ou en fabriquer une autre. Quand nous perdrons cette vie, il sera très difficile de prendre par la suite une autre vie humaine tout aussi qualifiée. Voilà pourquoi notre vie humaine est très rare.

Si nous nous servons de notre vie humaine pour atteindre des réalisations spirituelles, sa signification deviendra immense. En l'utilisant de cette manière, nous actualisons tout notre potentiel et progressons de l'état d'un être ordinaire, ignorant, vers l'état d'un être pleinement éveillé, le plus élevé de tous les êtres ; une fois cela accompli, nous aurons le pouvoir d'aider tous les êtres vivants sans exception. Aussi, en utilisant notre vie humaine pour obtenir des réalisations spirituelles, nous pouvons résoudre tous nos problèmes humains et accomplir tous nos désirs et ceux des autres. Qu'est-ce qui pourrait avoir plus de sens que cela ?

En contemplant ces points, nous parviendrons à prendre la détermination de nous engager dans la pratique spirituelle. Ce livre, que j'ai préparé pour une pratique spirituelle quotidienne, est la somme de nombreuses instructions importantes contenues dans mes autres livres. Le sujet est très profond, mais comme sa présentation est simple, il ne vous sera pas difficile de le comprendre, même si vous êtes débutant. Si vous mettez ces instructions en pratique, vous pourrez résoudre vos problèmes quotidiens et trouver un vrai bonheur. Je crois en particulier que les instructions présentées ici constitueront une puissante méthode qui permettra à ceux qui se sont déjà familiarisés avec mes autres livres d'obtenir une expérience extrêmement profonde des étapes de la voie de l'illumination et de l'entraînement de l'esprit. Si vous lisez ce livre avec un état d'esprit positif, exempt de vues négatives, il est certain que vous recevrez de grands bienfaits.

Je prie afin que tous ceux qui lisent ce livre connaissent la paix intérieure et accomplissent le véritable sens de leur vie humaine.

Guéshé Kelsang Gyatso
États-Unis, mars 2001

PREMIÈRE PARTIE

Les fondations

La paix intérieure

La paix intérieure

Tous les êtres vivants ont le même désir fondamental : être heureux et éviter la souffrance. Cependant très peu de personnes savent quelles sont les causes réelles du bonheur et de la souffrance. Nous croyons généralement que les conditions extérieures, comme la nourriture, les amis, les voitures et l'argent, sont les véritables causes du bonheur, et en résultat nous consacrons presque tout notre temps et toute notre énergie pour les acquérir. Superficiellement, il semble que ces choses peuvent nous rendre heureux, mais si nous y regardons de plus près, nous constaterons qu'elles nous apportent aussi beaucoup de souffrances et de problèmes.

Le bonheur et la souffrance sont à l'opposé l'un de l'autre, aussi, si une chose est une véritable cause de bonheur, elle ne peut pas donner naissance à la souffrance. Si la nourriture, l'argent, etc., sont véritablement des causes de bonheur, ils ne peuvent jamais être causes de souffrance. Nous savons par notre propre expérience qu'en fait ces choses sont souvent causes de souffrance. Par exemple, une des choses qui nous intéresse le plus est la nourriture, mais ce que nous mangeons est aussi très souvent la cause principale de notre mauvaise santé et de nos maladies. Dans le processus de production des choses qui pour nous sont les causes de notre bonheur, nous avons pollué notre environnement à un point tel que même l'air que nous respirons et l'eau que nous buvons maintenant menacent notre santé et notre bien-être. Nous apprécions la liberté et l'indépendance qu'une voiture peut nous apporter, mais les accidents et la destruction de l'environnement nous font payer cela très cher. Nous avons l'impression que, pour profiter de la vie, l'argent est essentiel. Courir après l'argent nous cause cependant d'immenses problèmes et de grandes angoisses. Même notre famille et nos amis, avec qui nous passons de si agréables moments, peuvent nous apporter beaucoup de soucis et de chagrin.

Ces dernières années, notre compréhension et notre contrôle du monde extérieur ont considérablement augmenté, et en résultat nous sommes les témoins d'un progrès matériel remarquable. Il n'y a pourtant pas eu une augmentation correspondante du bonheur humain. Il n'y a pas moins de souffrance dans le monde d'aujourd'hui, ni moins de problèmes. On pourrait même dire qu'à présent il y a plus de problèmes et de malheurs qu'auparavant. Cela nous montre que nos problèmes et ceux de la société dans son ensemble ne peuvent pas être résolus par la connaissance ou le contrôle du monde extérieur.

Pourquoi cela ? Le bonheur et la souffrance sont des états d'esprit, leur cause principale ne peut donc pas se trouver en dehors de l'esprit. La source réelle du bonheur est la paix intérieure. Si notre esprit est en paix, nous serons heureux tout le temps, quelles que soient les conditions extérieures. Par contre, s'il est perturbé ou troublé d'une manière ou d'une autre, nous ne serons jamais heureux, même si les conditions extérieures sont les meilleures. Celles-ci ne peuvent nous rendre heureux que si notre esprit est en paix. Nous pouvons comprendre cela par notre propre expérience. Par exemple, même si nous sommes dans un cadre splendide, avec tout ce dont nous avons besoin, au moment où nous nous mettons en colère, le bonheur dont nous jouissions disparaît. Cela se produit parce que la colère a détruit notre paix intérieure.

Nous pouvons comprendre à partir de cela que si nous voulons un bonheur vrai et durable, il est nécessaire de générer et de maintenir une paix intérieure spéciale. La seule manière d'y parvenir est d'entraîner notre esprit à la pratique spirituelle, en réduisant et en éliminant progressivement nos états d'esprit négatifs perturbés et en les remplaçant par des états d'esprit positifs et paisibles. Finalement, en continuant à améliorer notre paix intérieure, nous connaîtrons une paix intérieure définitive, ou « nirvana ». Une fois le nirvana atteint, nous serons heureux tout au long de notre vie, et ensuite vie après vie. Nous aurons résolu tous nos problèmes et réalisé le vrai sens de notre vie humaine.

Puisque nous avons tous en nous notre propre source de paix et de bonheur, nous nous demandons peut-être pourquoi il est si difficile de toujours maintenir un esprit paisible et joyeux. C'est parce que les perturbations mentales envahissent si souvent notre esprit. Les perturbations mentales sont des manières déformées de nous regarder, de regarder les autres et le monde autour de nous. Comme un miroir déformant, elles reflètent un monde déformé. Un esprit perturbé comme la haine, par exemple, voit une autre personne comme étant intrinsèquement mauvaise, mais il n'existe pas de personne intrinsèquement mauvaise. L'attachement désirant, quant à lui, voit l'objet de son désir comme intrinsèquement bon, et comme une vraie source de bonheur. Si nous avons une forte envie de manger du chocolat, le chocolat nous semble être intrinsèquement désirable. Toutefois, quand après en avoir trop mangé nous commençons à nous sentir mal, il ne semble alors plus du tout aussi désirable et peut même nous sembler repoussant. Cela démontre qu'en lui-même le chocolat n'est ni désirable ni repoussant. L'esprit perturbé qu'est l'attachement projette toutes sortes de qualités sur l'objet de son désir, puis le considère comme s'il possédait réellement ces qualités.

Toutes les perturbations mentales fonctionnent ainsi : elles projettent sur le monde leur propre version déformée de la réalité, puis considèrent cette projection comme étant vraie. Quand notre esprit est sous l'influence des perturbations mentales, nous ne sommes pas en contact avec la réalité et ne voyons pas les choses telles qu'elles sont réellement. Puisque notre esprit est tout le temps sous le contrôle des perturbations mentales, au moins sous leur forme subtile, il n'est pas surprenant que la frustration domine si souvent notre vie. C'est comme si nous étions toujours en train de courir après des mirages pour nous retrouver déçus quand ils ne nous donnent pas la satisfaction escomptée.

Quand les choses vont mal pour nous et que nous rencontrons des difficultés, nous avons tendance à considérer que la situation elle-même est le problème, mais en réalité tout problème, quel qu'il soit, vient de l'esprit. Si nous répondions aux difficultés avec un esprit positif ou paisible, elles ne deviendraient pas un problème pour nous. En effet, nous pourrions même les considérer comme des défis ou des occasions favorables à notre développement. Les problèmes n'apparaissent que si nous répondons aux situations avec un état d'esprit négatif. C'est pourquoi, si nous voulons transformer notre vie et ne plus avoir de problèmes, nous devons apprendre à transformer notre esprit. Les souffrances, problèmes, soucis, malheurs et douleurs existent tous à l'intérieur de notre esprit. Ce sont tous des sensations désagréables qui font partie de l'esprit. En contrôlant et en purifiant notre esprit nous pouvons les faire cesser une fois pour toutes.

Pour comprendre cela parfaitement il est nécessaire de comprendre la relation qui existe entre l'esprit et les objets extérieurs. Tous les objets, qu'ils soient agréables, désagréables ou neutres, sont de simples apparences à l'esprit, exactement comme les choses perçues dans un rêve. Au début, ce n'est pas facile à comprendre, mais nous pouvons arriver à une certaine compréhension en réfléchissant à ce qui suit. Lorsque nous sommes réveillés, de nombreuses choses différentes existent, mais quand nous nous endormons, elles cessent. Cela est dû au fait que l'esprit auquel elles apparaissent cesse. Lorsque nous rêvons, les seules choses qui apparaissent sont les objets du rêve. Plus tard, lorsque nous nous réveillons, les objets du rêve cessent. Cela est dû au fait que l'esprit du rêve auquel elles apparaissaient a cessé. En réfléchissant à cela en profondeur, nous allons comprendre comment nous pouvons faire cesser toutes les choses désagréables que nous n'aimons pas, simplement en abandonnant les états d'esprit impurs, perturbés. Nous pouvons faire apparaître toutes les choses agréables que nous désirons simplement en développant un esprit pur. Purifier notre esprit des perturbations mentales par la pratique spirituelle exauce notre désir le plus profond, celui d'un bonheur vrai et durable.

Il nous faut comprendre que, bien que les perturbations mentales soient profondément incrustées dans notre esprit, elles n'en font pas intrinsèquement partie. Il est donc certain que nous pouvons les éliminer. Les perturbations mentales ne sont que de mauvaises habitudes mentales, et comme toutes les habitudes, elles peuvent être rompues. En ce moment, notre esprit est comme une eau boueuse, il est pollué et obscurci par les perturbations mentales. Toutefois, il est possible de séparer la boue de l'eau et, de même, il est possible de purifier l'esprit de toutes les perturbations mentales. Quand il ne restera plus aucune perturbation mentale dans notre esprit, rien ne pourra troubler notre joie et notre paix intérieures.

Depuis des temps sans commencement, nous avons été sous le contrôle de notre esprit, comme un pantin au bout d'une ficelle. Nous sommes comme un serviteur, travaillant pour notre esprit. Chaque fois que notre esprit veut faire quelque chose, nous devons le faire sans en avoir le choix. Parfois notre esprit est comme un éléphant fou, créant toutes sortes de problèmes et de dangers, à la fois pour nous-mêmes et pour les autres. En nous engageant avec sincérité dans la pratique spirituelle, nous pouvons inverser cette situation et obtenir la maîtrise de notre esprit. Ayant ainsi transformé notre esprit, nous pourrons enfin jouir d'une liberté réelle.

Pour que notre pratique spirituelle réussisse, nous avons besoin de recevoir les bénédictions et l'inspiration de ceux qui ont déjà obtenu de profondes réalisations intérieures, mais il est également nécessaire de nous encourager constamment. Si nous ne pouvons pas nous encourager nous-mêmes, pouvons-nous espérer que quelqu'un d'autre le fasse ? Quand nous comprenons avec clarté que la paix intérieure est la source réelle du bonheur et que nous savons comment la pratique spirituelle nous permet de connaître progressivement des niveaux de paix intérieure de plus en plus profonds, notre enthousiasme pour la pratique devient formidable. Cela est très important car, pour atteindre la paix intérieure définitive, le nirvana, il est nécessaire de nous engager dans la pratique spirituelle avec sincérité et assiduité.

Ce n'est pas pour autant que nous ignorons les conditions extérieures. La paix intérieure nous est nécessaire, mais nous avons aussi besoin d'être en bonne santé et, pour cela, il est nécessaire d'avoir certaines bonnes conditions extérieures telles que de la nourriture et un environnement dans lequel la vie est confortable. Il existe de nombreuses personnes qui se concentrent exclusivement sur l'amélioration de l'aspect matériel de leur vie, ignorant complètement la pratique spirituelle. C'est un extrême. Mais il y a d'autres personnes qui se concentrent uniquement sur leur pratique spirituelle et qui négligent les conditions matérielles indispensables pour rester en bonne santé. C'est un autre extrême. Il est nécessaire de suivre le chemin du milieu qui évite les deux extrêmes : l'extrême du matérialisme et celui de la spiritualité.

Certains croient que ceux qui s'efforcent d'atteindre le nirvana sont égoïstes parce qu'en apparence ils ne se concentrent que sur leur propre paix intérieure, mais cette croyance n'est pas correcte. Atteindre la paix intérieure définitive, le nirvana, a pour but réel d'aider les autres à faire de même. La seule manière de résoudre nos problèmes est de trouver la paix intérieure, c'est pourquoi la seule manière d'aider les autres à résoudre leurs problèmes est de les encourager à s'engager dans la pratique spirituelle afin de découvrir leur propre paix intérieure. Cette manière d'aider les autres est de loin la meilleure, mais nous ne pouvons faire cela de manière efficace qu'en travaillant d'abord sur notre propre esprit. Cela n'apporte pas grand-chose de dire aux autres qu'il est important qu'ils surmontent leurs perturbations mentales, si nous ne sommes pas capables de contrôler les nôtres. Si, par contre, grâce à l'entraînement de l'esprit, nous réussissons à apaiser ou même à éliminer complètement notre propre colère, par exemple, nous pourrons certainement aider les autres à contrôler la leur. Alors nos conseils ne seront pas de simples mots, car ils seront soutenus par le pouvoir de l'expérience personnelle.

Nous pouvons parfois aider les autres, financièrement ou en améliorant leurs conditions matérielles, mais souvenons-nous que la plus grande aide que nous puissions leur apporter est de les aider à vaincre leurs perturbations mentales, pour trouver un vrai bonheur durable venant de l'intérieur. Grâce au progrès technologique et à une organisation plus juste et plus humaine de la société, nous pouvons certainement aider à améliorer la vie des gens à certains égards mais, quoi que nous fassions, cela aura d'inévitables effets secondaires non désirés. Le mieux que nous puissions espérer est de fournir aux autres les conditions qui leur procureront un moment de répit pour régler leurs problèmes et difficultés, mais nous ne pouvons pas leur donner un vrai bonheur durable. En effet, la véritable cause du bonheur est la paix intérieure et celle-ci ne peut être trouvée que dans l'esprit, et non pas dans les conditions extérieures.

La paix extérieure est impossible sans paix intérieure. Nous souhaitons tous que la paix règne partout dans le monde, mais, si nous n'établissons pas d'abord la paix dans notre propre esprit, jamais cela ne se produira. Nous pouvons envoyer de prétendues « forces pour maintenir la paix » dans les régions où il y a des conflits, mais la paix ne peut pas être imposée de l'extérieur avec des armes. C'est seulement en établissant la paix dans notre propre esprit et en aidant les autres à faire de même que nous pouvons espérer parvenir à la paix dans le monde.

De nombreuses méthodes d'entraînement spirituel d'une grande profondeur sont présentées dans ce livre, ce sont toutes des méthodes pratiques pour purifier et contrôler notre esprit. Si nous les mettons en pratique, il est certain que nous obtiendrons une expérience spéciale de paix mentale. En continuant à améliorer cette expérience, les états d'esprit perturbés vont progressivement diminuer et notre paix intérieure va grandir. Finalement, en abandonnant totalement les perturbations mentales, nous atteindrons la paix intérieure définitive, le nirvana. Après avoir surmonté nos propres perturbations mentales, comme la colère, l'attachement et l'ignorance, et fait naître en nous les profondes réalisations spirituelles que sont l'amour vrai, la compassion universelle, la concentration et la sagesse, notre capacité à aider les autres sera beaucoup plus grande. De cette manière, nous pourrons aider les autres à résoudre leurs problèmes, non pas pour quelques jours ou quelques années, mais pour toujours. Nous pourrons les aider à trouver une paix intérieure et une joie que rien, pas même la mort, ne pourra détruire. C'est tellement merveilleux !

Qu'est-ce que l'esprit ?

Qu'est-ce que l'esprit ?

Puisque bonheur et souffrance dépendent de l'esprit, il est essentiel, pour celui qui veut éviter la souffrance et trouver le vrai bonheur, de comprendre la nature et les fonctions de l'esprit. Au premier abord, cela peut nous sembler un peu trop simple, puisque nous avons tous un esprit et que nous savons tous quel est notre état d'esprit, s'il est heureux ou triste, clair ou confus, etc. Pourtant, si quelqu'un venait nous demander quelle est la nature de notre esprit et comment il fonctionne, nous serions probablement incapables de donner une réponse précise. Cela montre que nous n'avons pas une compréhension claire de l'esprit.

Certaines personnes pensent que l'esprit est le cerveau ou bien une autre partie ou fonction du corps, mais c'est une erreur. Le cerveau est un objet physique, il peut être vu avec les yeux, photographié ou bien opéré en chirurgie. L'esprit, par contre, n'est pas un objet physique. Il ne peut ni être vu avec les yeux, ni être photographié, ni être soigné par la chirurgie. Par conséquent, le cerveau n'est pas l'esprit, mais simplement une partie du corps.

Il n'y a rien dans le corps qui puisse être identifié comme étant notre esprit, parce que notre corps et notre esprit sont des entités différentes. Parfois, par exemple lorsque notre corps est détendu et immobile, notre esprit peut être très agité, sautant d'un objet à l'autre. Cela indique que notre corps et notre esprit ne sont pas la même entité. Dans les écritures bouddhistes, notre corps est comparé à une auberge et notre esprit à un hôte qui y séjourne. Lorsque nous mourons, notre esprit quitte notre corps et s'en va vers la vie suivante, tout comme un hôte quitte une auberge pour aller ailleurs.

Si l'esprit n'est pas le cerveau ni aucune autre partie du corps, alors qu'est-ce que c'est ? C'est un continuum sans forme, sans contour, ni aucune caractéristique physique, dont la fonction est de percevoir et de comprendre les objets. Étant donné que l'esprit est par nature sans forme, non physique, il n'est pas gêné par les objets matériels. Ainsi, notre corps ne peut pas aller sur la lune sans voyager dans un vaisseau spatial, alors que notre esprit peut s'y rendre en un instant, simplement en y pensant. Seul l'esprit possède la fonction de connaître et de percevoir les objets. Nous disons « Je connais ceci et cela », mais en réalité c'est notre esprit qui connaît. Nous ne connaissons les choses qu'au moyen de notre esprit.

Il est très important d'être capable de distinguer les états d'esprit paisibles des états d'esprit perturbés. Comme cela a été expliqué dans le chapitre précédent, les états d'esprit qui troublent notre paix intérieure, comme la colère, la jalousie et l'attachement désirant, sont appelés « perturbations mentales ». Ce sont les causes principales de toutes nos souffrances. Nous pensons peut-être que nos souffrances sont causées par d'autres personnes, par des conditions matérielles difficiles ou bien par la société, mais en réalité elles proviennent entièrement de nos propres états d'esprit perturbés. L'essence de la pratique spirituelle est de réduire nos perturbations mentales, pour finalement les éliminer complètement et les remplacer par une paix intérieure définitive. Voilà le véritable sens de notre vie humaine.

D'habitude, nous recherchons le bonheur en dehors de nous. Nous essayons d'obtenir de meilleures conditions matérielles, un meilleur travail, une position sociale plus élevée et ainsi de suite, mais quelle que soit notre réussite dans l'amélioration de notre situation extérieure, nous connaissons encore beaucoup de problèmes et d'insatisfactions. Nous ne connaissons jamais un bonheur pur et durable. Cela montre que nous ne devrions pas chercher le bonheur en dehors de nous-mêmes mais, au lieu de cela, l'établir à l'intérieur de notre esprit en le purifiant et en le contrôlant par une pratique spirituelle sincère. Si nous nous entraînons de cette manière, nous pouvons être sûrs que notre esprit restera tout le temps calme et heureux. Quelles que soient les difficultés extérieures, nous resterons alors toujours heureux et sereins.

Dans notre vie ordinaire, bien que nous fassions beaucoup d'efforts pour trouver le bonheur, il reste insaisissable, alors que souffrances et problèmes semblent venir naturellement, sans aucun effort. Pourquoi cela ? Dans notre esprit, la cause du bonheur, la paix intérieure, est très faible et ne peut produire son effet que si nous faisons beaucoup d'efforts, tandis que les causes intérieures de la souffrance et des problèmes, les perturbations mentales, sont très fortes et peuvent produire leur effet sans aucun effort de notre part. C'est la véritable raison pour laquelle les problèmes arrivent naturellement, alors que le bonheur est si difficile à trouver.

Nous pouvons donc en déduire que les causes principales du bonheur et des problèmes se trouvent dans l'esprit et non pas dans le monde extérieur. Si nous pouvions garder toute la journée un esprit calme et serein, nous n'aurions jamais de problème ni de souffrance mentale. Par exemple, si notre esprit restait tout le temps calme, nous ne serions jamais mécontents, même quand nous sommes insultés, critiqués ou tenus pour responsables, ou quand nous perdons notre travail ou nos amis. Quelles que soient les difficultés extérieures, tant que notre esprit reste calme et paisible, la situation n'est pas un problème pour nous. Par conséquent, celui qui désire ne plus avoir de problèmes n'a qu'une seule chose à faire : apprendre à maintenir un état d'esprit paisible en suivant la voie spirituelle.

Comprendre l'esprit a une raison essentielle : réaliser que la libération de la souffrance ne peut pas se trouver en dehors de l'esprit. Nous ne pouvons atteindre la libération définitive qu'en purifiant notre esprit. C'est pourquoi, si nous voulons éliminer les problèmes et parvenir à une paix et un bonheur durables, il est nécessaire d'améliorer notre connaissance et notre compréhension de l'esprit.

L'esprit possède trois niveaux : grossier, subtil et très subtil. Le niveau grossier comprend les perceptions sensorielles, comme la perception de l'œil et la perception de l'oreille, et tous nos états d'esprit habituels de l'état de veille, y compris les perturbations mentales comme la colère, la jalousie, l'attachement et les niveaux forts de l'ignorance de saisie d'un soi. Ces différents types d'esprits grossiers sont liés à des vents intérieurs grossiers et sont relativement faciles à reconnaître. Les vents intérieurs sont des vents d'énergie subtile qui circulent dans les canaux de notre corps. Leur fonction est de déplacer notre esprit vers son objet. Lorsque nous nous endormons ou que nous mourons, nos différents esprits grossiers se dissolvent vers l'intérieur et nos esprits subtils deviennent manifestes. Ces esprits subtils sont liés à des vents intérieurs subtils et sont plus difficiles à reconnaître que les esprits grossiers. Au cours du sommeil profond et à la fin du processus de la mort, les vents intérieurs se dissolvent au centre de la roue de canaux du cœur, à l'intérieur du canal central, puis l'esprit très subtil, l'esprit de claire lumière, devient manifeste. L'esprit très subtil est lié au vent intérieur très subtil et il est extrêmement difficile de le reconnaître. Le continuum de l'esprit très subtil n'a ni commencement ni fin. C'est cet esprit qui passe d'une vie à l'autre et, quand il sera complètement purifié par la pratique de la méditation, c'est cet esprit qui se transformera finalement en l'esprit omniscient d'un être pleinement éveillé.

Les pensées ou états d'esprit des êtres vivants sont innombrables. Tous sont compris dans deux catégories : les esprits principaux et les facteurs mentaux. Vous pouvez en trouver une explication détaillée dans *Comprendre l'esprit*.

Si nous comprenons avec clarté la nature de notre esprit, il est certain que nous réaliserons que son continuum ne cesse pas au moment de la mort et il n'y aura plus aucune raison de douter de l'existence de nos vies futures. Si nous comprenons la réalité de ces vies futures, nous aurons naturellement le souci d'assurer notre bien-être et notre bonheur dans ces vies à venir, et nous utiliserons notre vie actuelle pour faire les préparations nécessaires. Ainsi, nous ne gaspillerons pas notre précieuse vie humaine en ne nous préoccupant que d'elle seule. Par conséquent, comprendre parfaitement l'esprit est absolument essentiel.

La réincarnation

La réincarnation

De nombreuses personnes croient que, lorsque le corps se désagrège au moment de la mort, le continuum de l'esprit cesse et que l'esprit devient non existant, comme la flamme d'une bougie qui s'éteint quand toute la cire est consumée. Certaines personnes pensent même au suicide, dans l'espoir que la mort mettra fin à leurs problèmes et souffrances. Ces idées sont toutefois complètement erronées. Il a déjà été expliqué que notre corps et notre esprit sont des entités séparées, aussi, même si le corps se désagrège au moment de la mort, le continuum de l'esprit, lui, ne cesse pas. Au lieu de cela, l'esprit quitte simplement ce corps et s'en va vers la vie suivante. La mort, par conséquent, ne délivre pas les êtres ordinaires de la souffrance, mais ne fait que leur apporter de nouvelles souffrances. Ne comprenant pas cela, de nombreuses personnes détruisent leur précieuse vie humaine en se suicidant.

Il existe une pratique spirituelle spéciale, appelée « transfert de conscience dans un autre corps », qui était assez répandue dans les temps anciens. Il y a de nombreux exemples de pratiquants d'autrefois qui pouvaient transférer leur conscience, de leur corps normal dans un autre corps. Si l'esprit et le corps étaient la même entité, comment auraient-ils pu transférer leur conscience de cette manière ? Même aujourd'hui, il n'est pas tellement inhabituel que l'esprit quitte temporairement le corps physique avant la mort. Par exemple, sans être des pratiquants d'une voie spirituelle, de nombreuses personnes ont eu des expériences où elles se trouvaient « hors du corps ».

Nous pouvons aussi arriver à comprendre les vies passées et futures en examinant le processus du sommeil, du rêve et du réveil, celui-ci ressemblant de très près au processus de la mort, de l'état intermédiaire et de la renaissance. Quand nous nous endormons, nos vents intérieurs grossiers se rassemblent et se dissolvent vers l'intérieur, et notre esprit devient progressivement de plus en plus subtil jusqu'à ce qu'il se transforme en l'esprit très subtil de claire lumière du sommeil. Tant que la claire lumière du sommeil est manifeste, nous faisons l'expérience du sommeil profond et, pour les autres, c'est comme si nous étions morts. Lorsqu'elle cesse, notre esprit devient progressivement de plus en plus grossier et nous passons par les différents niveaux de l'état de rêve. Finalement, les pouvoirs normaux de notre mémoire et de notre contrôle mental sont rétablis, et nous nous réveillons. À ce moment-là, le monde du rêve disparaît et nous percevons le monde de l'état de veille.

Un processus très similaire se produit quand nous mourons. Lorsque nous mourons, nos vents se dissolvent vers l'intérieur et notre esprit devient progressivement de plus en plus subtil, jusqu'à ce que l'esprit très subtil de claire lumière de la mort devienne manifeste. L'expérience de la claire lumière de la mort est très semblable à celle du sommeil profond. Après que la claire lumière de la mort a cessé, nous faisons l'expérience des étapes de l'état intermédiaire, ou « bardo » en tibétain, qui est un état semblable au rêve et qui se produit entre la mort et la renaissance. Après quelques jours ou quelques semaines, l'état intermédiaire se termine et nous renaissons. Le monde du rêve disparaît quand nous nous réveillons et fait place au monde de l'état de veille et, de même, les apparences de l'état intermédiaire cessent lorsque nous prenons une nouvelle naissance, et nous percevons le monde de notre nouvelle vie.

La seule différence significative entre le processus du sommeil, du rêve et du réveil, et celui de la mort, de l'état intermédiaire et de la renaissance, est la suivante : après que la claire lumière du sommeil a cessé, le lien entre notre esprit et notre corps actuel reste intact, alors qu'il est rompu après la claire lumière de la mort. En contemplant ces processus, nous serons convaincus de l'existence des vies passées et des vies futures.

Nous croyons généralement que les objets perçus dans les rêves sont irréels tandis que ceux qui sont perçus pendant l'état de veille sont vrais. En réalité, tout ce que nous percevons est semblable à un rêve, car dans les deux cas les objets ne sont qu'une simple apparence à l'esprit. Pour ceux qui sont capables de les interpréter correctement, les rêves ont une grande signification. Si nous rêvons, par exemple, que nous visitons un certain pays dans lequel nous ne sommes jamais allés durant cette vie, notre rêve peut avoir une des quatre significations suivantes : soit nous sommes allés dans ce pays dans une vie précédente, soit nous le visiterons plus tard dans cette vie, soit nous le visiterons dans une vie future, soit nous avons une certaine relation personnelle avec ce pays, comme par exemple le fait d'avoir reçu récemment une lettre qui en provient ou de l'avoir vu dans une émission de télévision. De même, si nous rêvons que nous volons, cela peut vouloir dire que dans une vie précédente nous étions un être qui pouvait voler, par exemple un oiseau, ou un méditant ayant des pouvoirs miraculeux, ou que nous deviendrons plus tard un tel être. Rêver que nous volons peut aussi avoir une signification moins littérale et symboliser une amélioration de notre santé ou de notre état d'esprit.

Grâce aux rêves, après la mort de ma mère, je fus capable de découvrir le lieu de sa renaissance. Juste avant de mourir, ma mère s'assoupit quelques minutes et quand elle se réveilla, elle dit à ma sœur, qui s'occupait d'elle, qu'elle avait rêvé de moi et que dans son rêve je lui avais offert une écharpe blanche traditionnelle. Ce rêve signifiait pour moi que je serais en mesure d'aider ma mère dans sa prochaine vie. Ainsi, après sa mort, j'ai prié chaque jour pour qu'elle renaisse en Angleterre, où je vivais, afin d'avoir la possibilité de rencontrer et de reconnaître sa réincarnation. Je fis de puissantes prières pour savoir, grâce à des signes clairs, où je pourrais trouver la réincarnation de ma mère.

Plus tard, je fis trois rêves qui me parurent significatifs. Dans le premier, je rêvais que je rencontrais ma mère dans un endroit que je pris pour l'Angleterre. Je lui demandai comment elle avait voyagé d'Inde en Angleterre, mais elle me répondit qu'elle ne venait pas d'Inde, mais de Suisse. Dans le deuxième rêve, je voyais ma mère parler avec un groupe de personnes. Je me suis approché d'elle et lui ai parlé en tibétain, mais elle n'avait pas l'air de comprendre ce que je disais. Lorsqu'elle était en vie, ma mère ne parlait que le tibétain, mais dans ce rêve elle parlait couramment l'anglais. Je lui demandai alors pourquoi elle avait oublié le tibétain, mais elle ne répondit pas. Plus tard, dans le même rêve, j'ai rêvé d'un couple d'Occidentaux qui aidait au développement de mes activités d'ordre spirituel, en Grande-Bretagne.

Ces deux rêves semblaient indiquer l'endroit où ma mère s'était réincarnée. Deux jours après le deuxième rêve, le mari du couple dont j'avais rêvé me rendit visite et m'annonça que sa femme était enceinte. Je me souvins immédiatement de mon rêve et pensai que son bébé pourrait être la réincarnation de ma mère. Le fait que dans le rêve, ma mère avait oublié le tibétain et ne parlait que l'anglais, suggérait qu'elle renaîtrait dans un pays anglophone, et la présence de ce couple dans le rêve pouvait indiquer qu'ils étaient ses parents. J'accomplis alors une divination traditionnelle accompagnée de prières rituelles qui indiqua que leur enfant était la réincarnation de ma mère. J'en fus très heureux, mais n'en dis rien à personne.

Une nuit, j'ai rêvé à maintes reprises de ma mère. Le lendemain matin, j'ai considéré attentivement la question et suis parvenu à cette conclusion : si le bébé était né cette nuit-là, alors c'était certainement la réincarnation de ma mère, sinon j'allais devoir faire d'autres vérifications. Après être parvenu à cette conclusion, j'ai téléphoné au mari qui m'annonça cette bonne nouvelle, sa femme avait donné naissance à une fille la nuit précédente. J'étais ravi et fis une cérémonie d'offrande spéciale.

Quelques jours plus tard, le père téléphona pour me dire que s'il récitait le mantra de Bouddha Avalokiteshvara, OM MANI PÉMÉ HOUM, quand le bébé pleurait, il s'arrêtait immédiatement de pleurer et semblait écouter le mantra. Il me demanda pourquoi et je lui répondis que c'était dû aux tendances provenant de sa vie précédente. Je savais que ma mère avait récité ce mantra durant toute sa vie avec beaucoup de foi.

L'enfant fut nommé Amaravajra. Plus tard, quand Koutèn Lama, le frère de ma mère, vint en Angleterre et vit Amaravajra pour la première fois, il fut étonné de la grande affection qu'elle lui témoigna. Il dit que c'était comme si elle le reconnaissait. Je fis aussi la même expérience. Bien que je ne puisse que rarement lui rendre visite, elle était toujours extrêmement heureuse de me voir.

Quand Amaravajra commença à parler, elle montra un jour un chien en disant *kyi, kyi*. Elle prit ensuite l'habitude de répéter *kyi* chaque fois qu'elle voyait un chien. Son père me demanda si *kyi* signifiait quelque chose et je lui dis que, dans le dialecte de l'ouest du Tibet, là où ma mère avait vécu, *kyi* signifie « chien ». Ce ne fut pas le seul mot tibétain que la petite fille prononça spontanément.

Le mari de ma sœur m'apprit par la suite qu'après la mort de ma mère, un astrologue tibétain avait prédit qu'elle renaîtrait en tant que femme dans un pays où l'on parlait une autre langue que le tibétain. Cette histoire est mon expérience personnelle mais, en cherchant bien, nous pouvons trouver beaucoup d'autres histoires vraies qui montrent comment des personnes ont été capables de reconnaître la réincarnation de leurs mari, épouse, enseignant, parents, amis et autres.

Dans l'ouest du Tibet, près de mon premier monastère, vivait un homme qui avait la réputation d'avoir très mauvais caractère. Il mit de côté de nombreuses pièces d'argent et les cacha dans une théière. Il n'en dit rien à personne, pas même à sa femme. Plus tard, alors qu'il était mourant, du fait qu'il était attaché à ces pièces, la pensée qu'on puisse les lui voler devint une obsession. Il essaya d'en parler à sa femme, mais comme il était trop faible, il ne pouvait répéter que le seul mot *tib* qui signifie « théière ». En entendant cela, son épouse crut qu'il voulait du thé, mais il ne voulut pas en boire quand elle lui en donna. Peu de temps après, il mourut.

Quelque temps plus tard, sa femme trouva la théière. Se demandant pourquoi elle était si lourde, elle souleva le couvercle et découvrit les pièces. Un petit serpent était enroulé autour de ces pièces. Terrifiée par le serpent, elle appela sa famille et ensemble ils essayèrent de faire sortir le serpent de la théière. Mais quoi qu'ils fissent, ils n'arrivèrent pas à séparer le serpent des pièces. Ils furent surpris et déconcertés. Ils se demandèrent d'où avait bien pu venir ce serpent.

La femme se souvint alors des dernières paroles de son mari et comprit qu'avant de mourir il avait essayé de lui parler des pièces. Oui, mais qu'en était-il du serpent ? Pourquoi était-il si attaché aux pièces ? Elle décida d'aller voir un yogi clairvoyant qui vivait près de là. Celui-ci lui dit que le serpent était la réincarnation de son mari. À cause des actions qu'il avait effectuées sous l'effet de la colère et à cause de son attachement aux pièces au moment de mourir, il avait pris naissance sous la forme de ce serpent et était entré dans la théière pour être près des pièces. Les larmes aux yeux, elle supplia le yogi : « S'il vous plaît, dites-moi ce que je peux faire pour aider mon mari. » Il lui suggéra de donner les pièces à la communauté de la sangha qui vivait près de chez elle et de lui demander de prier pour son mari, afin qu'il soit délivré de sa renaissance animale.

En contemplant de telles histoires avec un esprit positif et en réfléchissant à la nature de l'esprit et à l'analogie du sommeil, du rêve et du réveil, il est certain que nous obtiendrons une profonde compréhension de l'existence de nos vies futures. Ce savoir est très précieux, il nous aide à obtenir une grande sagesse. Nous comprendrons que le bonheur de nos vies à venir est plus important que le bonheur de cette vie-ci pour la simple raison que les innombrables vies à venir sont beaucoup plus longues que cette courte vie humaine. Cela nous motivera pour préparer le bonheur de nos vies futures ou pour essayer d'atteindre la libération définitive de la souffrance en abandonnant nos perturbations mentales.

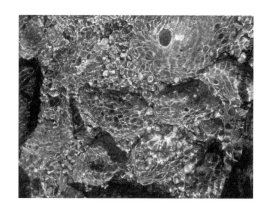

La mort

La mort

Personne ne veut souffrir. Jour et nuit, même dans nos rêves, nous essayons instinctivement d'éviter ne serait-ce que la plus légère des souffrances. Cela indique que, même si nous n'en sommes pas pleinement conscients, au fond de nous, ce que nous cherchons réellement c'est de nous libérer définitivement de la souffrance.

Il y a des moments où nous n'éprouvons ni souffrance physique, ni douleur mentale, mais ces moments-là ne durent jamais bien longtemps. Il ne faut que peu de temps avant que notre corps soit à nouveau en moins bonne santé ou malade, et que notre esprit soit à nouveau troublé par l'inquiétude et le mécontentement. Quel que soit le problème que nous arrivons à éliminer, ce n'est qu'une question de temps avant qu'un autre ne surgisse et prenne sa place. Cela montre qu'en dépit de notre désir de libération définitive de la souffrance, nous n'avons pas encore réussi à l'atteindre. Tant que les perturbations mentales resteront dans notre esprit, nous ne serons jamais entièrement libérés de la souffrance. Il se peut que nous profitions de moments de répit, mais nos problèmes reviennent très vite. En fin de compte, le seul moyen de mettre fin à notre souffrance est de suivre la voie spirituelle. Du fond de notre cœur, nous voulons tous être entièrement libérés de la souffrance, nous pouvons donc voir qu'en réalité nous avons tous besoin de suivre la voie spirituelle.

Toutefois, nos désirs pour les plaisirs de ce monde sont si forts que la pratique spirituelle nous intéresse très peu ou pas du tout. D'un point de vue spirituel ce manque d'intérêt pour la pratique spirituelle est un type de paresse, appelé la « paresse de l'attachement ». Tant que nous aurons cette paresse, la porte de la libération restera fermée, et nous continuerons par conséquent à éprouver le malheur dans cette vie-ci, et des souffrances sans fin, vie après vie. Méditer sur la mort est la méthode qui permet de vaincre cette paresse.

Nous avons besoin de contempler et de méditer sur notre mort, encore et encore, jusqu'à en avoir une profonde réalisation. Intellectuellement, nous savons tous que nous allons mourir, mais notre prise de conscience de la mort reste superficielle. Notre connaissance intellectuelle de la mort ne touche pas notre cœur et, en conséquence, chaque jour nous pensons « Je ne vais pas mourir aujourd'hui, je ne vais pas mourir aujourd'hui. » Même le jour de notre mort, nous serons toujours en train de penser à ce que nous ferons le lendemain ou la semaine suivante. Cet esprit qui pense chaque jour « Je ne vais pas mourir aujourd'hui » est trompeur, car il nous conduit dans la mauvaise direction et vide notre vie humaine de son sens. Par contre, en méditant sur la mort nous remplacerons progressivement la pensée trompeuse « Je ne vais pas mourir aujourd'hui » par la pensée non trompeuse « Il se peut très bien que je meure aujourd'hui. » L'esprit qui chaque jour pense spontanément « Il se peut très bien que je meure aujourd'hui » est la réalisation de la mort. Cette réalisation élimine directement notre paresse de l'attachement et ouvre la porte de la voie spirituelle.

D'une manière générale, il se peut que nous mourions aujourd'hui ou il se peut que nous ne mourions pas aujourd'hui. Nous n'en savons rien. Par contre, si chaque jour nous pensons « Je ne vais pas mourir aujourd'hui », cette pensée nous trompera parce qu'elle provient de notre ignorance. Au contraire, si chaque jour nous pensons « Il se peut très bien que je meure aujourd'hui », cette pensée ne nous trompera pas parce qu'elle provient de notre sagesse. Cette pensée bénéfique empêchera notre paresse de l'attachement de se manifester et nous encouragera à préparer le bien-être de nos innombrables vies futures ou à faire de grands efforts pour nous engager dans la voie de la libération et de l'illumination. De cette manière, nous donnerons tout son sens à notre vie humaine.

Pour méditer sur la mort, nous contemplons que notre mort est certaine et que le moment de notre mort est incertain. Nous devons ensuite comprendre qu'il n'y a que la pratique spirituelle qui puisse nous aider au moment de la mort et après la mort.

LA MORT EST CERTAINE

Il est certain que la mort va venir et rien ne peut l'arrêter. Nous contemplons :

Où que je naisse, que ce soit dans un règne supérieur ou inférieur, il est certain qu'il me faudra mourir. Que je naisse dans le règne du samsara le plus heureux ou dans l'enfer le plus profond, je vais devoir rencontrer la mort. Aussi loin que je puisse aller dans mes voyages, jamais je ne trouverai d'endroit où je pourrai me cacher de la mort, même si je voyageais très loin dans l'espace intersidéral ou si je descendais profondément sous terre.

Aucune personne en vie au premier siècle de notre ère ne vit encore aujourd'hui, aucune personne en vie au deuxième siècle, etc., ne vit encore aujourd'hui. Seul leur nom survit. Tous ceux qui vivaient il y a deux cents ans sont morts et tous ceux qui vivent maintenant seront morts dans deux cents ans.

En contemplant ces points, posons-nous la question : « Serais-je le seul à survivre à la mort ? »

Lorsque le karma qui nous fait vivre cette vie touche à sa fin, rien ni personne ne peut empêcher notre mort. Au moment où la mort arrive, personne ne peut y échapper. S'il était possible d'empêcher la mort en utilisant des pouvoirs de clairvoyance ou des pouvoirs miraculeux, ceux qui possèdent de tels pouvoirs seraient devenus immortels, mais même les clairvoyants meurent. Les monarques les plus puissants qui ont régné sur cette terre ont été impuissants face au pouvoir de la mort. Le lion, roi des animaux, peut tuer un éléphant, mais il est immédiatement terrassé lorsqu'il rencontre le Seigneur de la Mort. Même les millionnaires n'ont aucun moyen d'éviter la mort. Ils ne peuvent pas corrompre la mort, ni gagner du temps en lui disant : « Si tu remets ma mort à plus tard, je te donnerai des richesses qui vont au-delà de tes rêves les plus fous. »

La mort est implacable et ne transige pas. Elle ressemble à l'effondrement d'une immense montagne dans les quatre directions. Il n'existe aucun moyen d'empêcher son effet dévastateur. Il en est de même du vieillissement et de la maladie. Le vieillissement vient subrepticement et sape notre jeunesse, notre force et notre beauté. Nous sommes à peine conscients de ce processus, mais il est déjà en marche et ne peut être inversé. La maladie détruit le bien-être, le pouvoir et la force de notre corps. Si des médecins nous aident à nous rétablir de notre première maladie, d'autres prendront sa place jusqu'à ce qu'il n'y ait finalement plus d'espoir de guérison et que nous mourions. Nous ne pouvons pas échapper à la maladie et à la mort en les fuyant. Nous ne pouvons pas les amadouer avec des richesses, ni les faire disparaître en utilisant des pouvoirs miraculeux. Chaque être de ce monde sans exception doit souffrir du vieillissement, de la maladie et de la mort.

La durée de notre vie ne peut pas être augmentée, en réalité elle diminue sans cesse. Dès l'instant de notre conception, nous nous dirigeons inexorablement vers la mort, comme un cheval de course galope vers l'arrivée. Même les chevaux de course ralentissent parfois leur cadence, mais nous ne nous arrêtons jamais dans notre course vers la mort, pas même une seconde. Notre vie s'écoule pendant que nous dormons et pendant que nous sommes éveillés. Tous les véhicules s'arrêtent pour faire des pauses durant le trajet, mais la durée de notre vie ne cesse jamais de décroître. La durée de notre vie a commencé à se réduire dès l'instant de notre naissance. Nous vivons dans l'étreinte même de la mort. Après notre naissance nous n'avons pas la liberté de nous arrêter, ne serait-ce qu'une minute. Nous nous dirigeons, comme un athlète qui court, vers l'étreinte du Seigneur de la Mort. Peut-être pensons-nous être parmi les vivants, mais notre vie est la route même qui mène droit à la mort.

Supposons que notre médecin nous annonce que nous souffrons d'une maladie incurable et qu'il ne nous reste plus qu'une semaine à vivre. Un cadeau fantastique offert par un ami, comme un diamant, une voiture neuve ou des vacances gratuites, ne nous enthousiasmerait guère. Et pourtant, nous sommes bien dans cette situation car nous souffrons tous d'une maladie mortelle. Quelle folie de trop s'intéresser aux plaisirs passagers de cette courte vie !

S'il nous est difficile de méditer sur la mort, nous pouvons simplement écouter le tic-tac d'un réveil et être conscients que chaque tic-tac marque la fin d'un instant de notre vie et nous rapproche de la mort. Atisha avait l'habitude de faire cette méditation en utilisant le son des gouttes d'eau. Nous pouvons aussi imaginer que le Seigneur de la Mort habite à quelques kilomètres de chez nous. En écoutant le tic-tac du réveil, nous pouvons imaginer que nous avançons pas à pas en direction de la mort. Nous deviendrons ainsi de véritables voyageurs.

Le monde dans lequel nous vivons est aussi impermanent que les nuages d'automne. Notre naissance et notre mort sont comme l'entrée et la sortie d'un acteur sur la scène. Les acteurs changent fréquemment de costume et de rôle, et font leur entrée sous de nombreux déguisements différents. De même, les êtres vivants prennent continuellement des formes différentes et entrent dans de nouveaux mondes. Parfois, ils sont humains, parfois animaux et parfois ils entrent en enfer. Il faut comprendre que la vie d'un être vivant passe comme un éclair dans le ciel et est détruite aussi rapidement que l'eau d'une cascade tombant d'une haute montagne.

La mort viendra que nous ayons ou non pris le temps de pratiquer la voie spirituelle. Bien que notre vie soit courte, la situation ne serait pas si grave si nous avions beaucoup de temps pour pratiquer le dharma. Mais nous passons la plupart de notre temps à dormir, à travailler, à manger, à faire des courses, à parler, etc., ce qui nous laisse très peu de temps pour une pratique spirituelle pure. D'autres activités accaparent facilement tout notre temps jusqu'à ce que, soudain, nous mourions.

Nous pensons toujours avoir beaucoup de temps pour pratiquer le dharma, mais si nous examinons attentivement la manière dont nous vivons, nous constaterons que les jours s'écoulent sans que nous ayons pris le temps de pratiquer sérieusement. Si nous ne prenons pas le temps de pratiquer la voie spirituelle avec pureté, au moment de mourir nous regarderons en arrière et constaterons que notre vie n'aura apporté que très peu de bienfaits. Par contre, si nous méditons sur la mort, notre désir de pratiquer avec pureté deviendra tellement sincère que nous commencerons naturellement à modifier notre routine quotidienne afin d'y inclure au moins un petit moment pour la pratique. Au final, nous trouverons plus de temps pour la pratique que pour les autres choses.

Si nous méditons encore et encore sur la mort, nous serons peut-être effrayés. Avoir seulement peur n'est toutefois pas suffisant. Après avoir développé une peur appropriée de mourir sans y être préparés, nous recherchons quelque chose qui nous offrira une vraie protection. Les voies de nos vies futures sont très longues et inconnues. Nous devons errer de vie en vie sans jamais être sûrs du lieu de notre renaissance. Suivrons-nous la voie conduisant vers des états d'existence malheureux ou bien celle conduisant vers des règnes plus heureux ? Nous n'avons ni liberté, ni indépendance et devons aller là où notre karma nous emmène. Par conséquent, nous avons besoin de quelque chose qui nous indique un chemin sans danger vers les vies futures, quelque chose qui nous dirige sur des voies correctes et nous éloigne des voies incorrectes. Les possessions et les plaisirs de cette vie ne peuvent pas nous protéger. Seuls les enseignements spirituels révèlent une voie parfaite qui nous aidera et nous protégera à l'avenir. Nous devons donc faire des efforts avec notre corps, notre parole et notre esprit pour mettre en pratique les enseignements spirituels, tels que ceux présentés dans ce livre. Le yogi Milarépa a dit :

> Il y a plus de peurs dans les vies futures que dans cette vie-ci. Avez-vous préparé quelque chose qui vous aidera ? Si vous n'avez pas encore fait de préparations pour vos vies futures, faites-les maintenant. La seule protection contre ces peurs est la pratique des enseignements spirituels sacrés.

Si nous réfléchissons à notre vie, nous verrons que nous avons passé de nombreuses années sans porter aucun intérêt au dharma et que, même maintenant que nous avons le désir de le pratiquer, nous ne le pratiquons toujours pas avec pureté à cause de notre paresse. Un érudit appelé Goungtang a dit :

> Les vingt premières années de ma vie, je n'ai pas voulu pratiquer le dharma. J'ai passé les vingt années suivantes

en pensant que je pourrai pratiquer plus tard. J'ai encore passé vingt années, absorbé par d'autres activités, tout en regrettant de ne pas m'être engagé dans la pratique spirituelle. Telle est l'histoire de ma vie humaine qui est vaine.

Cela pourrait être l'histoire de notre propre vie, mais si nous méditons sur la mort, nous allons éviter de gaspiller notre précieuse vie humaine et nous nous efforcerons de lui donner tout son sens.

En contemplant ces points, nous générons cette conviction : « Il est certain que je vais mourir. » En comprenant qu'au moment de la mort, seule notre pratique spirituelle nous apportera une aide réelle, nous prenons cette ferme résolution : « Je dois mettre en pratique les enseignements spirituels. » Lorsque cette nouvelle pensée se manifeste avec force et clarté dans notre esprit, nous faisons une méditation placée pour qu'elle nous soit de plus en plus familière, pour finalement ne plus jamais la perdre.

LE MOMENT DE NOTRE MORT EST INCERTAIN

Parfois, nous nous voilons la face en pensant : « Je suis jeune, donc pas près de mourir. » Nous pouvons voir à quel point cette pensée manque de discernement, en remarquant simplement que de nombreux jeunes meurent avant leurs parents. Parfois, nous pensons : « Je suis en bonne santé, donc pas près de mourir. » Mais, nous pouvons voir que certaines personnes en bonne santé qui soignent des malades meurent parfois avant leurs patients. Ceux qui vont rendre visite à leurs amis à l'hôpital meurent parfois avant ces amis dans un accident de voiture, car la mort ne se cantonne pas aux personnes âgées et aux malades. Une personne qui se porte bien le matin peut mourir l'après-midi, et quelqu'un qui se sent bien en s'endormant peut mourir avant de se réveiller. Certains meurent alors qu'ils sont en train de manger, d'autres meurent en plein milieu d'une conversation. Certains encore meurent dès leur naissance.

La mort peut arriver sans prévenir. Cette ennemie peut venir à n'importe quel moment et elle frappe souvent rapidement, alors que nous nous y attendons le moins. Elle peut venir alors que nous nous rendons en voiture à une soirée, que nous allumons la télévision, ou au moment où nous pensons : « Je ne mourrai pas aujourd'hui » et faisons des projets pour nos vacances d'été ou pour notre retraite. Le Seigneur de la Mort peut s'approcher subrepticement de nous, comme les nuages noirs avancent furtivement dans le ciel. Parfois, quand nous rentrons le ciel est clair et lumineux, mais quand nous ressortons le ciel est couvert. De même, la mort peut jeter rapidement son ombre sur notre vie.

Il y a beaucoup plus de circonstances qui favorisent la mort plutôt que la vie. Bien que notre mort soit certaine et notre durée de vie indéterminée, ce ne serait pas si grave si les conditions qui entraînent notre mort étaient rares. Mais en réalité, d'innombrables circonstances externes et internes sont susceptibles de provoquer notre mort. L'environnement extérieur est cause de mort lorsqu'il y a famine, inondations, incendies, tremblements de terre, pollution et ainsi de suite. De même, les quatre éléments internes de notre corps – la terre, l'eau, le feu et le vent – sont causes de mort lorsque leur harmonie est rompue et que l'un d'eux se développe en excès. Il est dit que lorsqu'ils sont en harmonie, les éléments internes sont comme quatre serpents de même espèce et de même force qui vivent ensemble en paix. Mais lorsqu'ils perdent leur harmonie, c'est comme si un serpent devenu plus fort dévorait les autres pour mourir lui aussi, de faim.

La mort peut être provoquée par ces objets inanimés, mais aussi par les autres êtres vivants – les voleurs, les soldats ennemis, les animaux sauvages, etc. Même des choses que nous ne pensons pas menaçantes, qui semblent aider et protéger notre vie, comme notre maison, notre voiture ou notre meilleur ami, peuvent devenir des causes de notre mort. Certains peuvent mourir écrasés par leur propre maison si celle-ci s'effondre ou en faisant une chute mortelle dans l'escalier. Tous les jours, beaucoup de gens meurent d'un accident dans leur voiture. Certaines personnes meurent en vacances et certaines meurent en s'adonnant à leur passe-temps favori ou lorsqu'elles se divertissent, comme un cavalier qui fait une chute mortelle. Même un ami ou un amant peuvent provoquer notre mort, par accident ou intentionnellement. Nous lisons dans les journaux comment parfois des amants s'entretuent et comment parfois certains parents tuent leurs propres enfants. Même la nourriture que nous mangeons pour nous alimenter et prolonger notre vie peut être la cause de notre mort. Si nous examinons cela attentivement, nous ne pourrons pas trouver un seul plaisir ordinaire qui soit uniquement une cause nous permettant de rester en vie, sans être également une cause potentielle de mort. Selon le grand érudit Nagardjouna :

> Nous nous maintenons en vie au milieu de milliers de conditions qui nous menacent de mort. Notre force de vie est comme la flamme d'une bougie dans la brise. Les vents de la mort soufflent dans toutes les directions et peuvent facilement éteindre la flamme de notre vie.

Chaque personne a créé le karma pour rester un temps donné dans cette vie. Mais nous ne pouvons pas nous rappeler le karma que nous avons créé. Nous sommes donc incapables de connaître la durée exacte de notre vie actuelle. Il est possible de mourir de manière prématurée, avant d'avoir épuisé notre durée de vie. En effet, il est possible d'épuiser notre mérite avant d'avoir épuisé le karma qui détermine la durée de notre vie. Dans ce cas, nous tombons si malades qu'aucun médecin ne peut nous aider, ou bien nous sommes incapables de nous procurer de la nourriture et d'autres choses nécessaires pour rester en vie. Par contre, même si nous tombons sérieusement malades, si la durée de notre vie n'est pas encore épuisée et s'il nous reste encore du mérite, nous pourrons trouver toutes les conditions nécessaires à notre rétablissement.

Le corps humain est très fragile. Si notre corps était solide comme l'acier, ce ne serait pas si grave que les causes de la mort soient aussi nombreuses. Mais, notre corps est fragile. Pas besoin d'armes à feu ou de bombes pour le détruire, une petite aiguille suffit. Nagardjouna l'a dit ainsi :

> De nombreuses choses détruisent notre force de vie.
> Notre corps humain est comme une bulle d'eau.

Une bulle d'eau éclate dès qu'on la touche. De même, une simple goutte d'eau dans notre cœur ou la plus petite égratignure d'une épine empoisonnée peut provoquer notre mort. Dans ce même texte, Nagardjouna dit qu'à la fin de cet éon, le feu consumera ce système de mondes tout entier, dont il ne restera pas même les cendres. L'univers entier deviendra vide. Inutile donc de dire que ce corps humain fragile périra rapidement.

Nous pouvons observer notre respiration et voir que le processus entre inspiration et expiration continue sans interruption. Si jamais ce processus s'arrête, nous mourons. Et pourtant, notre respiration se poursuit même au cours de notre sommeil, alors que nous avons perdu notre attention grossière et que nous ressemblons, sur beaucoup d'autres plans, à un cadavre. Nagardjouna a dit : « C'est une chose tout à fait merveilleuse ! » Nous pouvons nous réjouir le matin à notre réveil, en pensant : « C'est réellement extraordinaire que ma respiration ait soutenu ma vie tout au long de mon sommeil. Si elle s'était arrêtée au cours de la nuit, maintenant je serais mort ! »

Après avoir contemplé que le moment de notre mort est totalement incertain, et ayant compris qu'il n'y a aucune garantie de ne pas mourir aujourd'hui, nous pensons en profondeur, jour et nuit : « Il se peut que je meure aujourd'hui, il se peut que je meure aujourd'hui. » En méditant sur le sentiment que cela évoque, nous en viendrons à prendre cette ferme résolution :

> *Puisque je vais devoir bientôt quitter ce monde, cela n'a aucun sens d'être attaché aux choses de cette vie. Au lieu de cela je vais prendre à cœur la véritable essence de ma vie humaine en m'engageant avec sincérité dans la pratique spirituelle.*

Que veut dire « s'engager dans la pratique spirituelle » ? Cela veut dire essentiellement transformer notre esprit, éliminer perturbations mentales et actions négatives, et cultiver des pensées et des actions constructives. C'est quelque chose que nous pouvons faire tout le temps, et non pas seulement quand nous pratiquons assis en méditation. Une explication des différents niveaux de pratique de l'entraînement de l'esprit sera donnée dans la deuxième partie de ce livre. Chaque fois que nous mettons ces enseignements en pratique, nous sommes engagés dans la voie spirituelle. La pratique de l'entraînement de l'esprit est particulièrement appropriée à notre époque, car maintenant les êtres vivants rencontrent tant de difficultés.

La discipline morale est la fondation de toute vie spirituelle authentique. Cela signifie éviter les actions négatives comme tuer, voler, la méconduite sexuelle, mentir, la parole qui divise, la parole blessante, le bavardage inutile, la convoitise, la malveillance et maintenir des vues erronées, en reconnaissant qu'elles sont néfastes pour nous-mêmes aussi bien que pour les autres.

Il est également important de pratiquer le don. Nous pouvons non seulement donner une aide matérielle à ceux qui en ont besoin, mais aussi notre temps, notre bonne volonté et notre amour à tous ceux que nous rencontrons. Nous pouvons donner notre protection à ceux qui sont effrayés ou en danger, en particulier aux animaux, et nous pouvons donner des enseignements spirituels ou de bons conseils chaque fois que c'est approprié.

La patience est une autre pratique essentielle. La patience est un état d'esprit qui accepte les épreuves et les difficultés avec une intention vertueuse, et c'est l'opposant à la colère. Nous pratiquons la patience chaque fois que nous évitons de nous mettre en colère, même quand nous sommes maltraités ou insultés, ou lorsque nous acceptons calmement les situations difficiles, comme la maladie, la pauvreté, la solitude ou lorsque notre partenaire nous quitte, ou que nous perdons notre travail, ou si nos désirs ne s'accomplissent pas. En acceptant les épreuves et le mal infligé comme une opportunité qui nous permet d'entraîner notre esprit ou de le purifier, nous pouvons maintenir un esprit heureux tout le temps.

Il est également nécessaire de faire de grands efforts dans l'étude et la pratique des enseignements spirituels afin de pouvoir accomplir nos buts spirituels. Nous devrions nous entraîner à la concentration méditative, la source de la paix intérieure. Plus notre concentration sera profonde, plus notre paix mentale gagnera en profondeur et en stabilité, et plus notre esprit deviendra clair et puissant. Nous entraîner à la sagesse qui comprend comment les choses existent réellement est d'une importance primordiale. En obtenant une profonde connaissance de la vérité ultime, ou vacuité, nous pouvons éliminer de notre esprit l'ignorance de saisie d'un soi et accomplir ainsi notre désir le plus profond, la libération définitive au-delà de la souffrance.

Le karma

Le karma

La loi du karma est un cas particulier de la loi de cause à effet. Selon cette loi, toutes nos actions du corps, de la parole et de l'esprit sont des causes, et toutes nos expériences leurs effets. La loi du karma explique pourquoi la disposition mentale, l'apparence physique et les expériences de chaque individu sont uniques. Ces choses sont les divers effets des innombrables actions effectuées dans le passé par chaque individu. Il est impossible de trouver deux personnes ayant créé exactement la même succession d'actions au cours de leurs vies passées. Il est donc impossible de trouver deux personnes dont les états d'esprit sont identiques, dont les expériences sont identiques et dont l'apparence physique est identique. Chaque personne possède un karma personnel unique. Certaines personnes jouissent d'une bonne santé, alors que d'autres sont constamment malades. Certaines personnes sont très belles, alors que d'autres sont très laides. Certaines personnes sont d'une nature heureuse et facilement satisfaites, alors que d'autres sont d'une nature aigrie et rarement satisfaites de quoi que ce soit. Certaines personnes comprennent facilement la signification des enseignements spirituels, alors que d'autres les trouvent obscurs et difficiles à comprendre.

Karma veut dire « action » et se rapporte aux actions de notre corps, de notre parole et de notre esprit. Chaque action que nous effectuons laisse une empreinte, ou potentialité, sur notre esprit très subtil et chaque empreinte finit par produire son propre effet. Notre esprit est comme un champ et les actions que nous accomplissons sont comme des graines que nous y semons. Les actions vertueuses sèment les graines du bonheur futur et les actions non vertueuses, celles de la souffrance future. Les graines que nous avons semées dans le passé sommeillent jusqu'à ce que les conditions nécessaires à leur maturation soient réunies. Dans certains cas, de nombreuses vies peuvent séparer l'action initiale de son effet.

C'est à cause de notre karma, ou actions, que nous sommes nés dans ce monde impur, contaminé, et que nous rencontrons autant de difficultés et de problèmes. Nos actions sont impures parce que notre esprit est contaminé par le poison intérieur qu'est la saisie d'un soi. C'est la raison fondamentale pour laquelle nous éprouvons la souffrance. La souffrance est créée par nos propres actions, ou karma. Elle ne nous est pas donnée en tant que punition. Nous souffrons parce que nous avons accumulé de nombreuses actions non vertueuses dans nos vies antérieures. La source de ces actions non vertueuses, ce sont nos propres perturbations mentales, telles que la colère, l'attachement et l'ignorance de saisie d'un soi.

Une fois que nous aurons purifié notre esprit de saisie d'un soi et de toutes les autres perturbations mentales, toutes nos actions seront naturellement pures. En résultat de nos actions pures, ou karma pur, tout ce dont nous ferons l'expérience sera pur. Nous demeurerons dans un monde pur, avec un corps pur, profiterons de plaisirs purs et serons entourés d'êtres purs. Il n'y aura plus la moindre trace de souffrance, d'impureté ou de problème. Voilà comment trouver le vrai bonheur à l'intérieur de notre esprit.

LES CARACTÉRISTIQUES GÉNÉRALES DU KARMA

Pour chaque action effectuée, nous faisons l'expérience d'un résultat similaire. Si un jardinier sème une graine de plante médicinale, c'est une plante médicinale et non une plante vénéneuse qui poussera, et s'il ne sème aucune graine, rien ne poussera. De la même manière, si nos actions sont positives, nous connaîtrons des effets heureux et non pas le malheur, mais si elles sont négatives, nous ne connaîtrons que des effets malheureux, et si elles sont neutres, nous connaîtrons des effets neutres.

Par exemple, si nous éprouvons maintenant des troubles mentaux, cela vient du fait qu'à un moment donné du passé nous avons dérangé l'esprit des autres. Si nous avons une maladie physique douloureuse, c'est parce que dans le passé nous avons causé de la douleur aux autres, par exemple en les frappant, en leur tirant dessus, en leur donnant intentionnellement de mauvais remèdes ou en leur servant de la nourriture empoisonnée. Si nous n'avons pas créé la cause karmique d'être malade, il est impossible d'éprouver la souffrance de la maladie physique, même si nous nous trouvons au milieu d'une épidémie et qu'autour de nous tout le monde est mourant. Ceux qui sont parvenus au nirvana, par exemple, n'éprouvent jamais de douleur physique ou mentale, parce qu'ils ont cessé de commettre des actions négatives et purifié toutes les potentialités non vertueuses qui sont les causes principales de la douleur.

Les souffrances de la pauvreté ont pour cause principale le vol. Être opprimé a pour causes majeures d'avoir regardé de haut, battu, forcé à travailler ceux dont la position sociale est inférieure, ou d'avoir dédaigné les autres au lieu de leur exprimer notre affection. Le fait de souffrir d'être séparé de nos amis ou de notre famille a pour cause principale des actions telles que séduire les partenaires des autres ou les éloigner volontairement de leurs amis et de ceux qui travaillent pour eux.

Nous avons l'habitude de penser que ce genre d'expériences désagréables arrive seulement en dépendance des circonstances de cette vie-ci. Mais, incapables de trouver une raison la plupart du temps, nous avons souvent l'impression que nos expériences sont imméritées et inexplicables, et qu'il n'y a pas de justice en ce monde. En fait, la plupart de nos expériences dans cette vie proviennent d'actions effectuées au cours de nos vies passées.

L'exemple suivant donné dans les écritures bouddhistes nous permet de commencer à comprendre comment nos expériences de cette vie proviennent des actions de nos vies antérieures, et comment les résultats des actions augmentent avec le temps, tout comme une petite graine peut devenir un arbre immense. Il y eut une nonne appelée Oupala qui, avant d'être ordonnée, éprouva une succession d'horribles souffrances. Mariée trois fois, à chaque fois son mari et ses enfants eurent une fin tragique. Ses parents périrent dans un incendie. Ayant connu ces terribles malheurs les uns après les autres, Oupala eut un très grand désir d'être libérée de toutes les sortes d'existences sujettes à la souffrance. Elle alla donc trouver Bouddha et lui raconta son histoire. Bouddha lui expliqua que, dans une de ses vies antérieures, elle avait été l'une des épouses d'un roi et que, très jalouse des autres épouses, elle avait continuellement comploté pour détruire leur bonne entente. Ses actions causées par la jalousie, à elles seules, avaient été suffisantes pour causer les souffrances invraisemblables de sa vie actuelle. Bouddha lui expliqua alors comment elle pouvait purifier son esprit et, en pratiquant avec sincérité ces enseignements, elle atteignit le nirvana au cours de cette même vie.

En contemplant que les résultats de nos actions sont certains et la manière dont ils augmentent, nous prenons la ferme détermination d'éviter même la plus petite non-vertu et d'entretenir jusqu'à la plus infime des pensées positives et la plus petite des actions constructives. Nous méditons ensuite sur cette détermination afin de la rendre stable et constante. Si nous pouvons garder notre détermination présente à l'esprit tout le temps et la mettre en pratique, nos actions du corps, de la parole et de l'esprit deviendront de plus en plus pures, jusqu'à qu'il n'y ait plus aucune base pour la souffrance.

Si nous n'effectuons pas une action, nous ne pouvons pas éprouver son effet. Dans une guerre, certains soldats sont tués au cours des combats et d'autres survivent. Les survivants n'ont pas été épargnés parce qu'ils étaient plus courageux que les autres, mais parce qu'ils n'avaient pas créé la cause de mourir à ce moment-là. Nous pouvons trouver beaucoup d'autres exemples de ce genre dans les journaux. Lorsqu'un terroriste pose une bombe dans un bâtiment, l'explosion tue certaines personnes alors que d'autres sont épargnées bien qu'étant au cœur même de la déflagration. Certaines personnes meurent dans un accident d'avion ou lors d'une éruption volcanique, alors que d'autres en réchappent comme par miracle. Dans de nombreux accidents, les survivants eux-mêmes sont étonnés d'avoir échappé à la mort alors que d'autres personnes, tout près d'eux, sont mortes au moment de la catastrophe.

Les actions des êtres vivants ne sont jamais perdues, bien qu'il puisse y avoir une longue période avant d'en ressentir les effets. Les actions ne peuvent pas simplement disparaître et nous ne pouvons pas non plus les transférer à quelqu'un d'autre, évitant ainsi d'assumer nos responsabilités. Les intentions mentales passagères à l'origine de nos actions passées ont cessé, mais les potentialités alors créées dans notre esprit ne cesseront pas avant d'avoir mûri. La seule manière de détruire les potentialités négatives avant qu'elles ne mûrissent sous forme de souffrance est de les purifier.

Malheureusement, il est plus facile de détruire nos potentialités positives. En effet, si nous omettons de les dédier, nos
actions vertueuses peuvent perdre tout leur pouvoir suite à
un seul instant de colère. Notre esprit est comme un trésor
caché et nos actions vertueuses sont comme des pierres précieuses. Si nous ne sauvegardons pas nos actions positives en
les dédiant, le fait de nous mettre en colère est comme mettre
un voleur au milieu de nos richesses.

LES SIX RÈGNES OÙ NOUS POUVONS RENAÎTRE

Les graines qui mûrissent au moment de la mort sont très
importantes parce qu'elles déterminent le genre de renaissance
que nous allons prendre. La graine particulière qui mûrit au
moment de notre mort dépend de l'état d'esprit dans lequel
nous mourons. Mourir avec un état d'esprit paisible stimulera une graine vertueuse et notre renaissance sera heureuse.
Toutefois, si nous mourons avec un état d'esprit perturbé,
par exemple dans un état de colère, cela stimulera une graine
non vertueuse et notre renaissance sera malheureuse. Cela
ressemble à la manière dont les cauchemars se déclenchent
lorsque nous avons un état d'esprit agité juste avant de nous
endormir.

L'analogie avec l'endormissement n'est pas fortuite car,
comme cela a été expliqué dans le chapitre sur la réincarnation, le processus du sommeil, du rêve et du réveil ressemble
étroitement au processus de la mort, de l'état intermédiaire et
de la renaissance. Pendant que nous sommes dans l'état intermédiaire, nous avons différentes visions qui proviennent des
graines karmiques activées immédiatement avant la mort. Si
ce sont des graines négatives qui ont été activées, les visions
seront cauchemardesques. Si ces graines sont positives, les
visions seront essentiellement agréables. Dans un cas comme

dans l'autre, lorsque les graines karmiques ont suffisamment mûri, elles nous forcent à renaître dans l'un ou l'autre des six règnes du samsara.

Les six règnes sont les endroits proprement dits où nous pouvons renaître. Leur existence est due au pouvoir de nos actions, ou karma. Les actions sont de trois types ; elles sont corporelles, verbales ou mentales. Puisque nos actions corporelles et verbales commencent toujours par une action mentale, ou intention, les six règnes sont, de façon ultime, créés par notre esprit. Par exemple, un règne de l'enfer est un endroit qui se produit en résultat des actions les plus négatives, comme le meurtre ou la cruauté physique ou mentale extrême, qui dépendent des états d'esprit les plus perturbés.

Pour se faire une image mentale des six règnes, nous pouvons les comparer aux étages d'une vieille maison spacieuse. Dans cette analogie, la maison représente le samsara, le cycle des renaissances contaminées. La maison a trois étages au-dessus du sol et trois en dessous. Les êtres sensibles en proie aux perturbations mentales sont semblables aux habitants de cette maison. Ils montent et descendent continuellement dans cette maison, vivant parfois dans les étages supérieurs et parfois dans les sous-sols.

Le rez-de-chaussée correspond au règne des humains. Au-dessus, au premier étage, se trouve le règne des demi-dieux – des êtres non humains qui font constamment la guerre aux dieux. Ils sont plus puissants et plus prospères que les humains, mais leur jalousie et leur violence sont si obsessives que leur vie n'a guère de valeur spirituelle.

Les dieux vivent à l'étage supérieur. Les classes inférieures des dieux, ceux du règne du désir, vivent dans l'aisance et le luxe, consacrant leur temps au plaisir et à la satisfaction de leurs désirs. Leur monde est un paradis et la durée de leur vie est très longue, mais ils ne sont pas immortels et au final ils tombent dans les états inférieurs. Puisque leur vie est pleine de distractions, il leur est difficile de trouver la motivation nécessaire pour s'engager dans la pratique spirituelle. D'un point de vue spirituel, la vie humaine a bien plus de sens que celle d'un dieu.

Au-dessus des dieux du règne du désir se trouvent les dieux des règnes de la forme et du sans forme. Étant parvenus au-delà des désirs des sens, les dieux du règne de la forme connaissent la félicité raffinée de l'absorption méditative et possèdent un corps de lumière. Transcendant même ces formes subtiles, les dieux du règne du sans forme demeurent sans forme dans une conscience subtile qui ressemble à l'espace infini. Bien que leur esprit soit le plus pur et le plus exalté parmi tous ceux du samsara, ils n'ont pas éliminé l'ignorance de saisie d'un soi, la racine du samsara. Ainsi, après avoir éprouvé la félicité pendant de nombreux éons, leur vie prend fin et ils renaissent une fois de plus dans les états inférieurs du samsara. Comme les autres dieux, ils consument le mérite qu'ils ont créé dans le passé et ne font que peu ou pas de progrès spirituel.

Ces trois étages au-dessus du sol sont appelés les « règnes fortunés » car les êtres qui y demeurent font des expériences relativement agréables qui résultent de la pratique de la vertu. Dans le sous-sol se trouvent les trois règnes inférieurs qui sont le résultat des actions corporelles, verbales et mentales négatives. Le moins douloureux est le règne des animaux, qui est le premier étage sous terre dans l'analogie. Ce règne comprend tous les mammifères en dehors des êtres humains, ainsi que les oiseaux, les poissons, les insectes, les vers et tous les autres animaux. Leur esprit est caractérisé par une stupidité extrême, sans aucune conscience spirituelle, et leur vie est dominée par la peur et la brutalité.

À l'étage en dessous vivent les esprits affamés. Les causes principales pour y renaître sont la cupidité et les actions négatives motivées par l'avarice. La conséquence de ces actions est une extrême pauvreté. Les esprits affamés souffrent continuellement de la faim et de la soif qui, pour eux, sont insupportables. Leur monde est un vaste désert. S'ils ont la chance de trouver une goutte d'eau ou une miette de nourriture, celle-ci disparaît comme un mirage ou se transforme en quelque chose de répugnant comme du pus ou de l'urine. Ces apparences sont dues à leur karma négatif et à leur manque de mérite.

L'étage le plus bas est l'enfer. Ici, les êtres endurent de continuels tourments. Certains enfers sont une mer de feu, d'autres sont des régions de glace, désolées et obscures. Les monstres créés par l'esprit des êtres de l'enfer leur infligent de terribles tortures. La souffrance continue sans relâche pendant ce qui semble être une éternité, jusqu'à ce que, finalement, le karma qui a causé leur naissance en enfer s'épuise et que les êtres de l'enfer meurent et renaissent ailleurs dans le samsara. L'enfer est simplement ce qui apparaît au type d'esprit le plus négatif et le plus déformé. Ce n'est pas un endroit extérieur, mais cela ressemble à un cauchemar dont nous ne nous réveillons pas pendant très, très longtemps. Pour ceux qui y vivent, les souffrances du règne des enfers sont aussi réelles que notre expérience actuelle du règne des humains.

Voilà une image générale du samsara. Nous en sommes prisonniers depuis des temps sans commencement, errant en vain, sans liberté ni contrôle, du paradis le plus élevé jusqu'à l'enfer le plus profond. Nous demeurons parfois dans les étages supérieurs avec les dieux, d'autres fois, ayant pris une renaissance humaine, nous nous retrouvons au rez-de-chaussée, mais la plupart du temps nous nous retrouvons piégés dans les étages souterrains et endurons de terribles souffrances physiques et mentales.

Bien que le samsara ressemble à une prison, il existe une porte par laquelle nous pouvons nous échapper. Cette porte, c'est la vacuité, la nature ultime des phénomènes. En nous entraînant aux voies spirituelles décrites dans ce livre, nous trouverons finalement le chemin jusqu'à cette porte et, en la franchissant, nous découvrirons que la maison était simplement une illusion, la création de notre esprit impur. Le samsara n'est pas une prison extérieure, c'est une prison créée par notre propre esprit. Il ne finira jamais de lui-même, mais en pratiquant assidûment la vraie voie spirituelle et en éliminant de cette façon notre saisie d'un soi et les autres perturbations mentales, nous pouvons mettre fin à notre samsara. Une fois que nous aurons nous-mêmes atteint la libération, nous serons en mesure de montrer aux autres comment détruire leur prison mentale en éliminant leurs perturbations mentales.

LES DIFFÉRENTS TYPES D'ACTIONS

Les différentes actions du corps, de la parole et de l'esprit sont innombrables, mais toutes font partie de ces trois types : les actions vertueuses, les actions non vertueuses et les actions neutres. Les pratiques du don, de la discipline morale, de la patience, de l'effort dans l'entraînement spirituel, de la concentration méditative et de la sagesse sont des exemples d'actions vertueuses. Tuer, voler et la méconduite sexuelle sont des actions corporelles non vertueuses ; mentir, la parole qui divise, la parole blessante et le bavardage inutile sont des actions verbales non vertueuses ; et la convoitise, la malveillance et maintenir des vues erronées sont des actions mentales non vertueuses. En plus de ces dix actions non vertueuses il y a beaucoup d'autres sortes d'actions non vertueuses, comme frapper ou torturer les autres, ou les faire souffrir de façon délibérée. Nous effectuons aussi de nombreuses actions neutres tous les jours. Chaque fois que nous effectuons nos actions quotidiennes, comme faire des courses, cuisiner, manger, dormir ou nous détendre, sans avoir une motivation spécifique, bonne ou mauvaise, notre action est neutre.

Toutes les actions non vertueuses sont contaminées parce qu'elles sont motivées par les perturbations mentales, en particulier par l'ignorance de saisie d'un soi. La plupart de nos actions vertueuses et neutres sont également basées sur la saisie d'un soi et sont donc, elles aussi, contaminées. Pour le moment, même lorsque nous pratiquons par exemple la discipline morale, nous saisissons encore un *je*, un *moi*, qui existe de façon intrinsèque et qui agit d'une manière morale ; notre pratique de la discipline morale est donc une vertu contaminée.

Nous saisissons tout le temps, jour et nuit, un *je* et un *mien* existant intrinsèquement. Ce type d'esprit est une perturbation mentale appelée « ignorance de saisie d'un soi ». Chaque fois que nous sommes embarrassés, effrayés, en colère, indignés ou pleins d'orgueil, notre sentiment de *moi*, de *je*, est très fort. Le *je* que nous saisissons dans ces moments-là est le *je* existant intrinsèquement. Même lorsque nous sommes détendus et relativement paisibles, nous saisissons encore notre *je* comme existant intrinsèquement, bien que ce soit moins prononcé. La saisie d'un soi est la base de toutes nos perturbations mentales et la source de tous nos problèmes. Pour nous libérer des perturbations mentales et des problèmes qu'elles nous causent, il est nécessaire de comprendre que le *je* existant intrinsèquement, que nous saisissons continuellement avec tant de fermeté, n'existe pas du tout. Il n'a jamais existé et n'existera jamais. Il est simplement un produit de notre ignorance de saisie d'un soi.

Pour exaucer les désirs de ce *je*, le *je* existant intrinsèquement, dont nous croyons à l'existence, nous accomplissons d'innombrables actions positives et négatives. Ces actions sont appelées « actions qui projettent », ce qui veut dire des actions motivées par une forte saisie d'un soi et qui sont la cause principale de la renaissance samsarique. Les actions vertueuses contaminées nous projettent dans les renaissances samsariques supérieures en tant qu'être humain, demi-dieu ou dieu, tandis que les actions non vertueuses nous projettent dans les renaissances inférieures, dans les règnes des animaux, des esprits affamés ou des enfers. Quand nous sommes sur le point de mourir, si nous développons un état d'esprit négatif, tel que la colère, cela cause la maturation de la potentialité d'une action projetante non vertueuse, de sorte qu'après la mort nous prendrons une renaissance inférieure. Par contre, si nous avons un état d'esprit vertueux au moment de la mort, en nous souvenant par exemple de notre pratique spirituelle quotidienne, ce sera la cause de la maturation de la potentialité d'une action projetante vertueuse, si bien qu'après la mort nous renaîtrons en tant qu'être humain ou sous la forme de l'un des deux autres types d'êtres samsariques supérieurs, et nous aurons à éprouver les souffrances de ces êtres.

Il y a un autre type d'action contaminée appelée « action qui complète ». C'est une action contaminée qui est la cause principale du bonheur ou de la souffrance que nous éprouvons alors que nous avons pris une certaine renaissance. Tous les êtres humains sont projetés dans le monde humain par des actions projetantes vertueuses, mais les expériences qu'ils font en tant qu'être humain varient considérablement en fonction de leurs différentes actions qui complètent. Certains ont une vie pleine de souffrances, alors que d'autres vivent dans le bien-être. De même, tous les animaux ont été projetés dans le règne animal par des actions projetantes non vertueuses, mais les expériences qu'ils font dans ce règne varient considérablement en fonction de leurs différentes actions qui complètent. Quelques animaux, par exemple certains animaux de compagnie, vivent dans le luxe et reçoivent plus de soins et d'attention qu'un grand nombre d'êtres humains. Les êtres de l'enfer et les esprits affamés font uniquement l'expérience des résultats des actions projetantes non vertueuses et des actions qui complètent non vertueuses. Depuis le jour de leur naissance jusqu'au jour de leur mort, ils n'éprouvent que de la souffrance et rien d'autre.

Il se peut qu'une seule action projetante nous projette dans de nombreuses vies futures. Dans les écritures bouddhistes, l'exemple est donné d'un homme qui se mit très en colère contre un moine à qui il dit qu'il ressemblait à une grenouille. En résultat, le malheureux prit de nombreuses renaissances en tant que grenouille. Toutefois, une seule renaissance est parfois suffisante pour épuiser le pouvoir de notre action projetante.

Certaines de nos actions mûrissent dans la vie même où elles ont été effectuées, certaines mûrissent dans la vie suivante et certaines mûrissent des vies après.

Pour conclure, nous pouvons dire qu'en premier lieu nous développons une forte saisie d'un soi, et à partir d'elle se produisent toutes les autres perturbations mentales. Ces perturbations mentales nous poussent à créer du karma projetant qui est la cause d'une autre renaissance samsarique dans laquelle nous connaîtrons peur, souffrance et problèmes. Du début à la fin de cette renaissance, nous développerons continuellement la saisie d'un soi et les autres perturbations mentales qui nous poussent à créer encore plus d'actions projetantes. Celles-ci seront la cause d'autres renaissances contaminées. À moins que nous n'atteignions le nirvana, ce processus du samsara est un cycle sans fin.

Notre vie humaine

Notre vie humaine

Notre vie humaine n'est précieuse et sa valeur n'est réelle que si nous l'utilisons pour nous entraîner aux voies spirituelles. En elle-même, c'est une vraie souffrance. Nous éprouvons divers types de souffrances, car nous avons pris une renaissance contaminée par ce poison intérieur, les perturbations mentales. Cette expérience n'a pas de commencement parce que nous avons eu des renaissances contaminées depuis des temps sans commencement, et elle n'aura pas de fin à moins d'atteindre la paix intérieure suprême du nirvana. Si nous contemplons et méditons sur la manière dont souffrances et difficultés jalonnent toute notre vie, et vie après vie, nous arriverons à la conclusion claire et nette que toutes nos souffrances sans aucune exception et tous nos problèmes viennent du fait que nous avons pris une renaissance contaminée. Un fort désir d'abandonner le cycle des renaissances contaminées, le samsara, grandira alors en nous. C'est le premier pas vers le bonheur du nirvana, ou libération. De ce point de vue, contempler la souffrance, et méditer sur elle, a une grande signification. Le but principal de cette méditation est d'éviter d'avoir encore à éprouver plus tard toutes ces difficultés.

Tant que nous resterons dans ce cycle de renaissances contaminées, souffrances et problèmes ne prendront jamais fin, et nous devrons en faire l'expérience encore et encore, à chaque renaissance. Bien que nous ne puissions pas nous souvenir de ce que nous ressentions quand nous étions dans le ventre de notre mère, ni pendant notre toute première enfance, les souffrances de la vie humaine ont commencé dès le moment de notre conception. Tout le monde peut observer qu'un nouveau-né éprouve douleur et angoisse. Quand il naît, la première chose que fait un bébé, c'est crier. Il est très rare qu'un bébé naisse entièrement serein, avec une expression souriante et paisible.

LA NAISSANCE

Quand notre conscience entre dans l'union du sperme de notre père et de l'ovule de notre mère, notre corps est une substance aqueuse très chaude, ressemblant à du yaourt blanc teinté de rouge. Dans les premiers instants qui suivent notre conception, nous n'avons aucune sensation grossière, mais dès que ces sensations apparaissent, nous commençons à ressentir de la douleur. Peu à peu, notre corps s'affermit et la croissance de nos membres nous donne l'impression que notre corps est étiré sur un chevalet de torture. À l'intérieur du ventre de notre mère, il fait chaud et sombre. Ce petit espace fortement comprimé, plein de substances sales, est notre demeure pendant neuf mois. C'est comme si nous étions compressés à l'intérieur d'un petit réservoir d'eau rempli d'un liquide immonde, dont le couvercle hermétiquement clos ne laisse passer ni air ni lumière.

Durant notre séjour dans le ventre de notre mère, nous éprouvons de nombreuses douleurs et de nombreuses peurs dans une solitude complète. Nous sommes extrêmement sensibles à tout ce que fait notre mère. Quand elle marche rapidement, c'est comme si nous tombions d'une haute montagne et cela nous terrifie. Si elle a des rapports sexuels, c'est comme si nous étions broyés et étouffés entre deux énormes poids, et nous sommes pris de panique. Si notre mère fait le moindre saut, c'est comme si nous étions violemment jetés à terre d'une grande hauteur. Si elle boit quelque chose de chaud, nous avons l'impression que de l'eau bouillante est versée sur notre peau. Si elle boit quelque chose de froid, nous avons l'impression de recevoir une douche glaciale en plein hiver.

Lorsque nous sortons du ventre de notre mère, nous avons l'impression de passer en force par une fente étroite entre deux pierres dures, et tout juste après notre naissance, notre corps est si délicat que chaque contact est douloureux. Même si quelqu'un nous tient très tendrement, ses mains semblent être des buissons épineux transperçant notre chair, et le tissu le plus délicat semble rugueux et abrasif. Après la douceur et la régularité de la matrice de notre mère, chaque sensation tactile est irritante et douloureuse. Si quelqu'un nous soulève, c'est comme si nous étions suspendus au-dessus d'un immense précipice, cela nous effraie et nous rend anxieux. Nous avons oublié tout ce que nous savions dans notre vie précédente, nous n'apportons que douleur et confusion du ventre de notre mère. Tout ce que nous entendons est aussi dénué de sens que le son du vent et nous ne comprenons rien à ce que nous percevons. Durant les premières semaines, nous sommes comme une personne aveugle, sourde et muette, souffrant d'amnésie profonde. Quand nous avons faim, nous ne pouvons pas dire « J'ai besoin de manger », et quand nous avons mal, nous ne pouvons pas dire « Ça me fait mal. » Les seuls signes que nous pouvons donner sont de chaudes larmes et des gestes frénétiques. Bien souvent, notre mère ne peut même pas savoir quelles sont les douleurs et la gêne que nous éprouvons. Nous sommes complètement impuissants et tout doit nous être appris : comment manger, comment s'asseoir, comment marcher, comment parler.

Les premières semaines sont la période de notre vie où nous sommes le plus vulnérables, mais nos douleurs ne cessent pas en grandissant. Nous continuons à endurer diverses sortes de souffrances tout au long de notre vie. Quand nous allumons un feu dans une grande maison, la chaleur du feu imprègne toute la maison et toute la chaleur de la maison provient de ce feu. De même, quand nous naissons dans le samsara, la souffrance imprègne toute notre vie et tous les malheurs que nous rencontrons se manifestent parce que nous avons pris une renaissance contaminée.

Puisque nous sommes nés humains, nous chérissons notre corps et notre esprit humains, et nous les saisissons fortement comme étant nôtres. En percevant notre corps et notre esprit, nous développons la saisie d'un soi, la racine de toutes les perturbations mentales. Notre renaissance humaine est la base de notre souffrance humaine. Sans cette base il n'y a aucun problème humain. Les douleurs de la naissance se transforment progressivement en douleurs du vieillissement, de la maladie et de la mort. Elles forment un seul continuum.

LE VIEILLISSEMENT

Notre naissance engendre également les douleurs du vieillissement. Le vieillissement nous vole notre beauté, notre santé, notre belle silhouette, notre joli teint, notre vitalité et notre bien-être. Le vieillissement nous transforme en objet de mépris. Il apporte de nombreuses douleurs indésirables et nous emporte rapidement vers la mort.

En vieillissant, nous perdons toute la beauté de notre jeunesse, et notre corps, fort et robuste, s'affaiblit, et est accablé de maladies. Notre silhouette, autrefois ferme et bien proportionnée, se voûte et se déforme. Nos muscles et notre chair s'étiolent, si bien que nos membres ressemblent à de maigres bâtons et que nos os ressortent. Nos cheveux perdent leur couleur et leur brillant, et notre teint perd son éclat. Notre visage se ride et nos traits se déforment. Milarépa a dit :

Comment les personnes âgées se lèvent-elles ? Elles se lèvent comme si elles arrachaient un pieu du sol. Comment les personnes âgées marchent-elles ? Une fois sur leurs jambes, elles doivent marcher avec précaution, comme un oiseleur. Comment les personnes âgées s'assoient-elles ? Elles s'effondrent avec fracas comme un lourd bagage dont la sangle s'est rompue.

Nous pouvons contempler le poème suivant sur les souffrances de la vieillesse :

Quand nous sommes vieux, nos cheveux blanchissent,
Mais ce n'est pas parce que nous les avons lavés.
C'est un signe que nous allons bientôt rencontrer le
    Seigneur de la Mort.

Nous avons des rides sur le front,
Mais ce n'est pas parce que nous avons trop de chair.
C'est un avertissement du Seigneur de la Mort : « Tu es sur
    le point de mourir. »

Nos dents tombent,
Mais ce n'est pas pour laisser la place à de nouvelles.
C'est un signe que bientôt nous ne serons plus capables de
    manger la nourriture des êtres humains.

Notre visage est laid et déplaisant,
Mais ce n'est pas parce que nous portons un masque.
C'est un signe que nous avons perdu le masque de la
    jeunesse.

Notre tête oscille de gauche à droite,
Mais ce n'est pas pour montrer notre désaccord.
C'est le Seigneur de la Mort qui frappe notre tête avec le
    bâton qu'il tient dans sa main droite.

Nous marchons courbés en regardant par terre,
Mais ce n'est pas pour chercher une aiguille perdue.
C'est un signe que nous cherchons la beauté d'antan et les
    souvenirs perdus.

Nous nous levons du sol à l'aide de nos quatre membres,
Mais ce n'est pas pour imiter les animaux.
C'est un signe que nos jambes sont trop faibles pour
    soutenir notre corps.

Nous nous asseyons comme si nous tombions brusquement,
Mais ce n'est pas parce que nous sommes en colère.
C'est un signe que notre corps a perdu sa vigueur.

En marchant nous balançons notre corps,
Mais ce n'est pas parce que nous nous sentons importants.
C'est un signe que nos jambes ne peuvent plus porter notre
    corps.

Nos mains tremblent,
Mais ce n'est pas parce que le désir de voler les rend
    impatientes.
C'est un signe que les doigts du Seigneur de la Mort sont
    impatients de voler nos biens.

Nous mangeons très peu,
Mais ce n'est pas par avarice.
C'est un signe que nous ne pouvons pas digérer notre
    nourriture.

Notre respiration est souvent bruyante,
Mais ce n'est pas parce que nous murmurons des mantras
    aux malades.
C'est un signe que notre respiration va bientôt s'arrêter.

Quand nous sommes jeunes, nous pouvons voyager dans le monde entier, mais lorsque nous sommes vieux, nous pouvons à peine marcher jusqu'à l'entrée de chez nous. Nous sommes trop faibles pour faire la plupart des activités ordinaires et nos activités spirituelles sont souvent restreintes. Par exemple, nous ne pouvons ni faire de nombreuses prosternations, ni partir pour de longs pèlerinages. Nous ne pouvons pas assister à des enseignements donnés dans des endroits difficiles d'accès ou sans confort. Nous ne pouvons pas aider les autres si cela nécessite de la force physique et une bonne santé. Des restrictions de ce genre rendent souvent les personnes âgées très tristes.

En vieillissant, nous devenons comme une personne aveugle et sourde. Notre vue baisse et nous avons besoin de lunettes de plus en plus fortes, jusqu'au moment où nous ne pouvons plus lire du tout. Nous entendons mal et il devient de plus en plus difficile d'écouter de la musique ou la télévision, ou d'entendre ce que disent les autres. Notre mémoire s'efface. Toutes les activités, qu'elles soient ordinaires ou spirituelles, deviennent plus difficiles. Si nous pratiquons la méditation, il devient plus difficile d'atteindre des réalisations car notre mémoire et notre concentration sont trop faibles. Nous n'arrivons pas à nous consacrer à l'étude. Par conséquent, si nous n'avons ni étudié, ni pratiqué le dharma dans notre jeunesse, une fois devenus vieux il ne nous reste plus qu'à regretter et à attendre la venue du Seigneur de la Mort.

Lorsque nous sommes vieux, les choses comme la nourriture, la boisson et le sexe ne nous procurent pas autant de plaisir qu'avant. Nous sommes trop faibles pour prendre part aux jeux et souvent même trop épuisés pour nous divertir. Lorsque notre vie touche à sa fin, nous ne pouvons plus nous joindre aux activités des jeunes. Lorsqu'ils voyagent, nous devons rester chez nous. Quand nous sommes vieux, les autres ne veulent pas nous emmener avec eux et personne ne veut nous rendre visite. Même nos propres petits-enfants ne veulent pas rester avec nous très longtemps. Les personnes âgées pensent souvent : « Si seulement des jeunes restaient avec moi. Nous pourrions aller nous promener et je pourrais leur montrer des choses. » Mais les jeunes ne veulent pas faire partie de leurs projets. Lorsque leur vie touche à sa fin, les personnes âgées éprouvent la douleur de l'abandon et de la solitude. Elles ont de nombreux chagrins qui leur sont propres.

LA MALADIE

Notre naissance engendre également les souffrances de la maladie. Le vent et la neige de l'hiver font disparaître la splendeur des prairies verdoyantes, des arbres, des forêts et des fleurs. De même, la maladie fait disparaître la splendeur juvénile de notre corps, détruit sa force et le pouvoir de nos sens. Lorsque nous tombons malades, nous devenons soudainement incapables d'exercer toutes nos activités physiques normales, même si nous sommes habituellement en forme et bien portants. Même un champion de boxe qui met régulièrement hors de combat tous ses adversaires, est totalement impuissant lorsqu'une maladie se déclare. La maladie fait disparaître toutes nos expériences agréables et tous nos plaisirs, et nous n'éprouvons que des sensations désagréables, jour et nuit.

Lorsque nous tombons malades, nous sommes comme un oiseau volant haut dans le ciel qui est soudainement abattu. Un oiseau touché tombe instantanément au sol, comme un morceau de plomb. Sa prestance et sa force sont instantanément détruites. De la même manière, en tombant malades, nous devenons soudainement invalides. Il se peut que nous devenions totalement dépendants des autres si nous sommes gravement malades, et que nous perdions jusqu'à la capacité de contrôler les fonctions de notre corps. Cette transformation est difficile à supporter, particulièrement pour ceux qui s'enorgueillissent de leur indépendance et de leur bonne santé physique.

Quand nous sommes malades, nous nous sentons frustrés car nous sommes incapables d'effectuer notre travail habituel, ou d'accomplir toutes les tâches que nous nous sommes fixées. Nous perdons facilement patience avec notre maladie et sommes démoralisés en pensant à toutes les choses que nous ne pouvons pas faire. Nous ne pouvons pas apprécier les choses qui nous procurent habituellement du plaisir, comme le sport, la danse, boire un verre, bien manger ou la compagnie de nos amis. Toutes ces restrictions nous rendent plus malheureux encore et, pour ajouter à notre malheur, nous avons à endurer toutes les douleurs physiques associées à la maladie.

Quand nous sommes malades, nous devons non seulement endurer toutes les douleurs non voulues de la maladie elle-même, mais également toutes sortes de choses non désirées. Nous devons, par exemple, suivre tous les traitements prescrits, que ce soit prendre un médicament au goût infect, avoir une série de piqûres, subir une grave opération ou nous abstenir d'une chose que nous aimons énormément. Si nous devons être opérés, nous devons aller à l'hôpital et en accepter toutes les conditions. Il se peut que nous devions manger une nourriture que nous n'aimons pas et rester au lit toute la journée sans avoir rien à faire. Nous pouvons être inquiets à cause de l'opération et il se peut que notre médecin ne nous explique pas exactement ce qui ne va pas ni s'il s'attend à ce que nous survivions ou non.

Si nous apprenons que notre maladie est incurable et si nous n'avons aucune expérience de la voie spirituelle, nous éprouverons angoisse, peur et regret. Il se peut que nous sombrions dans la dépression et abandonnions tout espoir, ou bien que nous nous mettions en colère contre notre maladie, en la considérant comme une ennemie qui, par méchanceté, nous prive de toutes nos joies.

LA MORT

Notre naissance engendre également les souffrances de la mort. Nous éprouverons de grandes souffrances au moment de la mort si nous avons énormément travaillé toute notre vie pour acquérir des biens auxquels nous sommes devenus très attachés. Nous penserons alors « Maintenant, je dois laisser derrière moi tous ces biens auxquels je tiens tant. » Aujourd'hui, nous trouvons difficile de prêter l'un de nos biens les plus chers, sans parler de le donner. Il n'y a rien d'étonnant que nous soyons si malheureux lorsque nous réalisons que c'est entre les mains de la mort que nous devons tout abandonner.

Quand nous mourons, nous devons même nous séparer de nos amis les plus proches. Nous devons quitter notre partenaire, même après des années de vie commune sans jamais avoir été séparés une seule journée. Si nous sommes très attachés à nos amis, nous ressentirons une grande peine au moment de la mort, mais nous ne pourrons faire qu'une seule chose : leur tenir la main. Nous serons incapables d'arrêter le processus de la mort, même s'ils nous supplient de ne pas mourir. Habituellement, nous sommes jaloux lorsqu'une personne à laquelle nous sommes très attachés nous laisse tout seuls pour passer du temps avec quelqu'un d'autre, mais lorsque nous mourrons, nous devrons laisser nos amis avec les autres pour toujours. Nous devrons quitter tout le monde, y compris notre famille et tous ceux qui nous ont aidés dans cette vie.

À notre mort, il nous faudra abandonner ce corps dont nous nous sommes préoccupés et que nous avons protégé de tant de manières. Il deviendra comme une pierre, sans esprit, et sera enterré ou incinéré. Sans la protection intérieure procurée par l'expérience spirituelle, au moment de la mort, nous ressentirons de la peur, du désarroi ainsi que des douleurs physiques.

Lorsque notre conscience quitte notre corps au moment de la mort, elle emporte avec elle toutes les potentialités que nous avons accumulées dans notre esprit en effectuant des actions vertueuses et non vertueuses. En dehors de ces potentialités, nous ne pouvons emporter rien d'autre de ce monde. Tout le reste nous trompe. La mort met fin à toutes nos activités, nos conversations, nos repas, les rencontres avec nos amis, notre sommeil. Tout prend fin le jour de notre mort, et nous devons tout laisser derrière nous, jusqu'aux bagues que nous portons aux doigts. Au Tibet, les mendiants ont un bâton pour se défendre contre les chiens. Pour comprendre que la mort entraîne une perte totale, nous pouvons penser qu'au moment de la mort les mendiants doivent même laisser ce vieux bâton, la possession humaine la plus insignifiante qui soit. Partout dans le monde, nous pouvons voir que la seule possession des morts est leur nom gravé sur une pierre tombale.

LES AUTRES TYPES DE SOUFFRANCES

Les êtres vivants doivent également éprouver les souffrances suivantes : la séparation, rencontrer ce que nous n'aimons pas et ne pas réussir à satisfaire nos désirs. Cela comprend les souffrances de la pauvreté, souffrir du mal infligé par les humains, les non-humains ou les éléments : l'eau, le feu, le vent et la terre. Avant la séparation finale au moment de la mort, nous devons souvent nous séparer temporairement des personnes et des choses que nous aimons. Il se peut que nous devions quitter notre pays, où vivent tous nos amis et notre famille, ou que nous devions quitter un travail que nous aimons. Nous pouvons perdre notre bonne réputation. Dans cette vie, nous devons éprouver bien des fois le chagrin de nous séparer de ceux que nous aimons, ou d'abandonner et de perdre des choses que nous trouvons agréables et attirantes, mais, à notre mort, nous devons nous séparer pour toujours de tous nos compagnons et de tous les plaisirs de cette vie.

Nous sommes souvent obligés de rencontrer et de vivre avec des personnes que nous n'aimons pas, ou de faire face à des situations que nous trouvons désagréables. Nous pouvons peut-être nous trouver dans des situations très dangereuses, comme un incendie ou une inondation, ou dans un endroit où règne la violence, par exemple une émeute ou un conflit. Notre vie est pleine de situations moins extrêmes que nous trouvons irritantes. Parfois, nous n'avons pas la possibilité de faire ce que nous voulons. Par une journée ensoleillée, il se peut que nous nous mettions en route pour la plage et que nous nous retrouvions coincés dans un embouteillage. Nous faisons continuellement l'expérience d'interférences provenant de notre démon intérieur, nos perturbations mentales, qui dérange notre esprit et gêne nos pratiques spirituelles. D'innombrables situations font échouer nos projets et nous empêchent de faire ce que nous voulons. C'est comme si nous vivions dans un buisson d'épines, chaque fois que nous essayons de bouger, nous sommes blessés par les circonstances. Les autres personnes et les choses sont comme des épines qui transpercent notre chair, et aucune situation n'est jamais parfaitement confortable. Plus nous avons de projets et de désirs, plus nous connaissons la frustration. Plus nous désirons certaines situations, plus nous nous retrouvons piégés dans des situations que nous ne voulons pas. Chaque désir semble inviter son propre obstacle. Les situations non désirées se produisent sans que nous les cherchions. En fait, seules les choses dont nous ne voulons pas surviennent sans efforts, et les seuls désirs qui sont facilement exaucés sont ceux que nous n'avons pas. Personne ne veut mourir, mais la mort vient sans effort. Personne ne veut être malade, mais la maladie vient sans effort. Les choses indésirables pleuvent sur nous parce que nous renaissons sans liberté ni contrôle, avec un corps impur et dans un environnement impur. Dans le samsara, ce genre d'expérience est tout à fait naturel.

Nous avons d'innombrables désirs, mais quels que soient nos efforts pour les satisfaire, nous n'avons jamais l'impression d'y parvenir. Même quand nous obtenons ce que nous voulons, nous ne l'obtenons pas de la manière dont nous l'aurions voulu. Nous possédons l'objet, mais le posséder ne nous procure pas la satisfaction escomptée. Nous pouvons par exemple rêver de devenir riches, mais si nous devenons effectivement riches, notre vie n'est pas celle que nous avions imaginée et nous n'avons pas l'impression d'avoir réalisé notre désir. C'est parce que nos désirs ne diminuent pas avec l'augmentation de notre richesse. Plus notre richesse grandit, plus nous avons de désirs. La richesse que nous recherchons est introuvable, car nous cherchons une richesse qui comblera nos désirs, mais aucune richesse, quelle qu'en soit la quantité, n'a ce pouvoir. Pour aggraver les choses, obtenir l'objet de notre désir crée de nouvelles raisons de mécontentement. Avec chaque objet désiré arrivent d'autres choses dont nous ne voulons pas. Par exemple, avec la richesse arrivent les impôts, l'insécurité et des affaires financières compliquées. Ces à-côtés non désirés nous empêchent toujours de ressentir que nous avons ce que nous voulons. De même, nous pouvons rêver de passer des vacances dans les mers du Sud et nous pouvons peut-être nous y rendre effectivement, mais l'expérience n'est jamais tout à fait celle que nous espérions, et nos vacances sont accompagnées d'autres désagréments, comme des coups de soleil et de grosses dépenses.

Si nous y réfléchissons, nous constaterons que nos désirs sont démesurés. Nous voulons toutes les meilleures choses du samsara, le meilleur emploi, le meilleur partenaire, la meilleure réputation, la meilleure maison, la meilleure voiture, les meilleures vacances. Tout ce qui n'est pas le meilleur nous laisse un sentiment de déception, et nous continuons notre vaine recherche de ce que nous voulons. Pourtant, aucun plaisir de ce monde ne peut nous donner l'entière et parfaite satisfaction que nous désirons. De meilleures choses sont constamment fabriquées. Partout de nouvelles publicités annoncent l'arrivée sur le marché de la chose la meilleure de toutes, mais quelques jours plus tard arrive une autre chose, meilleure encore que la meilleure chose d'il y a quelques jours. Les nouvelles choses qui captivent nos désirs sont sans fin.

À l'école, les enfants ne peuvent jamais satisfaire leur propre ambition, ni celle de leurs parents. Même s'ils sont premiers de la classe, ils sentent qu'ils ne pourront pas être satisfaits avant d'être de nouveau les premiers l'année suivante. S'ils continuent à réussir dans leur travail, leur ambition sera plus forte que jamais. À aucun moment, ils ne peuvent se reposer et se sentir entièrement satisfaits de ce qu'ils ont accompli.

Nous pensons peut-être que les personnes qui mènent une vie simple à la campagne sont satisfaites. Pourtant si nous examinons la situation des fermiers, nous constaterons que ceux-ci sont incapables de trouver ce qu'ils recherchent. Leur vie est remplie de problèmes et d'inquiétudes et ils ne profitent ni d'une paix réelle ni de satisfaction. Leurs revenus dépendent de nombreux facteurs imprévisibles qu'ils ne maîtrisent pas, comme les conditions météorologiques. Les fermiers n'échappent pas plus à l'insatisfaction que les hommes d'affaires qui vivent et travaillent en ville. Les hommes d'affaires ont l'air élégant et compétent quand ils partent le matin, leur mallette à la main, mais bien qu'extérieurement ils semblent très calmes, ils portent beaucoup d'insatisfaction dans leur cœur. Ils sont toujours à la recherche de ce qu'ils veulent, sans jamais le trouver.

En réfléchissant à cette situation, il se peut que nous nous disions qu'en abandonnant toutes nos possessions, nous trouverons ce que nous cherchons. Nous pouvons cependant voir que même les gens pauvres recherchent en vain ce qu'ils désirent. De nombreuses personnes indigentes ont du mal à trouver les choses les plus élémentaires nécessaires à la vie. Des millions de personnes sur cette planète souffrent d'une pauvreté extrême.

Nous ne pouvons pas éviter les souffrances de l'insatisfaction en changeant fréquemment de situation. Nous pensons peut-être qu'en changeant régulièrement de partenaire ou de travail, qu'en voyageant sans cesse, nous finirons par trouver ce que nous voulons. En réalité, si nous explorions tous les endroits de cette planète et que nous ayons une nouvelle histoire d'amour dans chaque ville, nous serions toujours à la recherche d'un autre endroit, d'un autre amour. Dans le samsara, il n'est pas possible de réellement satisfaire nos désirs.

Toutes les personnes que nous voyons, qu'elles soient de condition modeste ou élevée, homme ou femme, ne diffèrent que par leur apparence, leurs habits, leur comportement et leur position sociale. En essence, ces personnes sont toutes égales : toutes ont des problèmes dans leur vie. Chaque fois que nous avons un problème, il est facile de penser qu'il est provoqué par des circonstances particulières et que notre problème disparaîtrait si nous changions ces circonstances. Nous tenons les autres, nos amis, notre nourriture, notre gouvernement, notre époque, la météo, la société, l'histoire, etc., pour responsables. Pourtant, de telles circonstances extérieures ne sont pas les causes principales de nos problèmes. Il est nécessaire de reconnaître que les souffrances physiques et les douleurs mentales que nous éprouvons sont les conséquences d'avoir pris une renaissance contaminée par le poison intérieur que sont les perturbations mentales. Les êtres humains éprouvent nécessairement les souffrances humaines parce qu'ils ont pris une renaissance humaine contaminée. Les animaux éprouvent nécessairement les souffrances animales parce qu'ils ont pris une renaissance animale contaminée. Les esprits affamés et les êtres de l'enfer éprouvent de la même manière leurs propres souffrances spécifiques parce qu'ils ont pris une renaissance contaminée en tant qu'esprit affamé ou être de l'enfer. Même les dieux ne sont pas exempts de souffrance, parce qu'eux aussi ont pris une renaissance contaminée. En contemplant tous les malheurs de la renaissance contaminée, nous prenons cette ferme résolution :

> *Tant que je resterai dans le cycle des renaissances contaminées, le samsara, je devrai éprouver toutes ces souffrances, vie après vie, sans fin. Par conséquent, je dois absolument abandonner le samsara et atteindre la paix intérieure suprême, le nirvana.*

Nous méditons sur cette résolution le plus longtemps possible. Il est nécessaire de répéter continuellement ce cycle de contemplations sur les souffrances de la renaissance contaminée, puis de méditer en profondeur sur la résolution d'abandonner le samsara. Le renoncement est l'état d'esprit qui maintient cette résolution. Lorsque nous aurons atteint le nirvana, nous ne connaîtrons plus jamais d'environnement, de plaisirs, de corps, ou d'esprit contaminés. Tout sera pur car notre esprit sera devenu pur, libéré de ce poison intérieur, les perturbations mentales.

Pour conclure, la première étape vers l'accomplissement du nirvana consiste à obtenir la réalisation du renoncement, le désir spontané d'abandonner le samsara, la renaissance contaminée. Nous abandonnerons ensuite le samsara et atteindrons le nirvana en obtenant une réalisation directe de la vacuité, la nature ultime des phénomènes. Celle-ci sera expliquée en détail dans le chapitre *S'entraîner à la bodhitchitta ultime.*

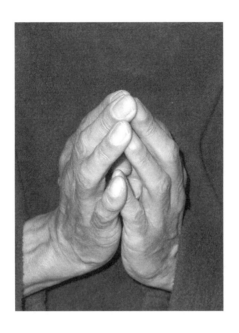

Une pratique quotidienne

Une pratique quotidienne

Il est nécessaire d'effectuer des actions vertueuses, ou positives, car elles sont la racine de notre bonheur futur. Il est nécessaire d'abandonner les actions non vertueuses, ou négatives, car elles sont la racine de nos souffrances futures. Il est également nécessaire de contrôler nos perturbations mentales, car elles sont la racine de nos renaissances contaminées. Nous pouvons faire tout cela en nous engageant avec sincérité dans les pratiques suivantes : la foi, le sentiment de honte, la considération pour les autres, le non-attachement, la non-haine et l'effort.

LA FOI

La foi est la racine de toutes les qualités vertueuses et de toutes les réalisations spirituelles. En particulier, notre capacité à nous engager dans une voie spirituelle dépend de la foi qui croit que les réalisations spirituelles nous protègent directement de la souffrance et de la peur.

Le grand yogi Ènsapa a dit que toutes les expériences spirituelles, qu'elles soient grandes ou petites, dépendent de la foi. Puisque la foi est la racine de tous les accomplissements, elle devrait être notre pratique principale. Alors que le célèbre maître bouddhiste Atisha était au Tibet, un homme l'approcha et lui demanda des instructions spirituelles. Atisha resta silencieux et l'homme, pensant ne pas avoir été entendu, répéta sa demande d'une voix très forte. Atisha répondit alors : « J'ai une bonne ouïe, mais vous avez besoin d'avoir de la foi. »

Qu'est-ce que la foi exactement ? La foi est un esprit naturellement vertueux dont la fonction principale est de s'opposer à
la perception de défauts dans l'objet qu'elle observe. L'objet de
la foi est tout objet considéré comme étant saint, sacré ou pur,
tel que les êtres pleinement éveillés, les enseignements spirituels, les réalisations spirituelles et ceux qui nous enseignent
et nous aident sur la voie spirituelle.

La foi est plus qu'une simple croyance. Par exemple, il se
peut que nous croyions que les êtres humains sont allés sur la
lune, mais cette croyance n'est pas de la foi, car la foi considère
que son objet est pur et sacré. Sans foi, tout est ordinaire. Nous
sommes aveugles à tout ce qui est au-delà du monde ordinaire
imparfait dans lequel nous vivons habituellement, et nous ne
pouvons même pas imaginer que des êtres, des mondes ou
des états d'esprit purs, sans défaut, existent. La foi est semblable à des yeux purs qui nous permettent de voir un monde
pur et parfait au-delà de ce monde de souffrance, le samsara.

Selon le bouddhisme, les êtres pleinement éveillés sont
appelés « bouddhas », leurs enseignements sont appelés
« dharma » et les pratiquants ayant obtenu des réalisations
de ces enseignements sont appelés « sangha ». Ceux-ci sont
connus sous le nom de « trois joyaux » : le bouddha joyau, le
dharma joyau et le sangha joyau. Ce sont les objets de la foi
et du refuge. Ils sont appelés « joyaux » parce qu'ils sont très
précieux. En voyant les peurs et les souffrances du samsara, et
en faisant naître une grande foi et la conviction que Bouddha,
le dharma et la sangha ont le pouvoir de nous protéger, nous
prenons la résolution de nous en remettre aux trois joyaux.
C'est la manière simple de chercher refuge en Bouddha, le
dharma et la sangha.

Il y a trois types de foi : la foi croyante, la foi admirative et la
foi désirante. Si nous croyons que notre pratique spirituelle est
le cœur même de notre vie, c'est un exemple de foi croyante.

Un exemple de foi admirative est la foi que nous avons quand, ayant reconnu les qualités de notre enseignant spirituel ou celles de ses enseignements, nous devenons admiratifs et que notre esprit devient très clair, sans qu'aucune conception négative ne l'agite. Cette foi vient d'un cœur pur et se produit lorsque nous développons un respect sincère et une profonde admiration pour quelqu'un ou quelque chose que nous reconnaissons estimable ou bénéfique. Lorsque, sur la base de la foi croyante et de la foi admirative, nous développons le désir sincère de mettre les enseignements spirituels en pratique, ce désir est la foi désirante.

Sans foi, notre esprit est comme une graine brûlée. Une graine brûlée ne peut pas germer et, de même, le savoir sans la foi ne peut jamais produire de réalisations spirituelles. La foi en les enseignements spirituels, ou dharma, induit la forte intention de les pratiquer, qui à son tour nous incite à faire des efforts. L'effort nous permet de tout accomplir.

La foi est essentielle. Si nous n'avons pas de foi, même si nous maîtrisons de profonds enseignements et devenons experts dans nos analyses, notre esprit restera indompté car nous n'aurons pas mis ces enseignements en pratique. Peu importe avec quelle précision nous comprenons les enseignements spirituels sur le plan intellectuel, si nous n'avons pas de foi, notre savoir ne nous aidera jamais à réduire les problèmes causés par la colère et les autres perturbations mentales. Il se peut même que nous nous enorgueillissions de notre savoir, accroissant par là même nos perturbations mentales. Le savoir spirituel sans la foi ne nous aidera pas à purifier notre négativité. Il se peut même que nous créions un lourd karma négatif en nous servant de notre position acquise dans le domaine spirituel pour obtenir argent, bonne réputation, pouvoir ou autorité politique. C'est pourquoi la foi doit être valorisée comme une chose extrêmement précieuse. Tous les lieux sont pénétrés par l'espace. De même, tous les états d'esprit vertueux sont pénétrés par la foi.

Si un pratiquant a une grande foi, même s'il fait quelques erreurs, il peut quand même recevoir des bienfaits. Un jour, l'Inde fut frappée par une famine au cours de laquelle beaucoup de personnes moururent. Une vieille femme alla voir son guide spirituel et lui demanda : « Enseignez-moi, s'il vous plaît, un moyen de me sauver la vie. » Son guide spirituel lui conseilla de manger des pierres. La femme lui demanda alors : « Mais comment puis-je rendre des pierres comestibles ? » Son guide spirituel lui répondit : « Si tu récites le mantra de la déesse Tsounda, tu seras capable de cuisiner les pierres. » Il lui enseigna le mantra, mais commit une petite erreur. Il lui enseigna OM BALÉ BOULÉ BOUNDÉ SOHA et non pas OM TZALÉ TZOULÉ TZOUNDÉ SOHA. Cependant, la vieille femme mit toute sa foi en ce mantra et, tout en le récitant avec concentration, elle cuisinait des pierres et les mangeait.

Le fils de cette vieille femme était moine. Il commença à s'inquiéter pour sa mère et rentra donc à la maison pour la voir. Il fut étonné de la trouver bien en chair et en bonne santé. Il lui demanda : « Mère, comment se fait-il que tu sois en si bonne santé alors que même les jeunes meurent de faim ? » Sa mère lui expliqua qu'elle mangeait des pierres. Son fils lui demanda : « Comment as-tu pu cuisiner des pierres ? » Elle lui dit alors le mantra qu'on lui avait donné à réciter. Son fils s'aperçut immédiatement de l'erreur et déclara : « Ton mantra est faux ! Le mantra de la déesse Tsounda est OM TZALÉ TZOULÉ TZOUNDÉ SOHA. » En entendant cela, la vieille femme fut plongée dans le doute. Elle essaya de réciter les deux mantras, mais aucun des deux ne marchait car sa foi était à présent anéantie.

Pour développer et faire grandir notre foi en les enseignements spirituels, nous avons besoin d'écouter et de lire d'une

Le Yoga de Bouddha
Amitayous

de bons augures pour la nouvelle année

Dim 3 janv

4 séances avec prières chantées

10H • 13H
15H • 18H
gratuit

Centre de Méditation Kadampa Montreal
NKT-IKBU

meditationAmontreal.org

Arya Tara

Le nouvel an avec

La Grande Mère Compatissante
retraite de prières 24h
6 séances gratuites

Jeudi 31 déc
10h • 14h • 18h
19H30 potluck • 23h

Ven 1er janv
3h • 7h
déjeuner [5$]

manière spéciale. Par exemple, quand nous lisons un livre qui révèle la voie spirituelle, nous pensons ainsi :

Ce livre est un miroir qui reflète tous les défauts de mes actions corporelles, verbales et mentales. En faisant ressortir toutes mes déficiences, il me fournit une excellente occasion pour les surmonter et éliminer ainsi tous les défauts de mon continuum mental.

Ce livre est un remède suprême. En pratiquant les instructions qu'il contient je peux me guérir des maladies que sont les perturbations mentales, la source réelle de tous mes problèmes et de toutes mes souffrances.

Ce livre est la lumière qui dissipe l'obscurité de mon ignorance, les yeux avec lesquels je peux voir la véritable voie de la libération et de l'illumination, et le guide spirituel suprême de qui je peux recevoir les conseils les plus profonds et les plus libérateurs.

Peu importe que l'auteur soit célèbre ou non. Si un livre contient des enseignements purs, il est comme un miroir, comme un remède, comme de la lumière et comme des yeux, et il est le guide spirituel suprême. Si nous lisons les livres du dharma et si nous écoutons les enseignements en ayant toujours cette reconnaissance spéciale, il est certain que notre foi et notre sagesse vont grandir. En contemplant de la sorte nous pouvons développer et maintenir notre foi en les enseignements spirituels, en les enseignants qui nous montrent les voies spirituelles et en nos amis spirituels. Cela facilitera nos progrès sur la voie spirituelle.

LE SENTIMENT DE HONTE ET LA CONSIDÉRATION POUR LES AUTRES

La différence entre le sentiment de honte et la considération pour les autres est que le premier évite les actions inappropriées pour des raisons qui nous concernent, tandis que le deuxième évite les actions inappropriées pour des raisons qui concernent les autres. Le sentiment de honte nous retient de commettre des actions négatives, en nous rappelant qu'il n'est pas convenable de commettre une telle action parce que nous sommes, par exemple, un pratiquant de la voie spirituelle, une personne ordonnée, un enseignant spirituel, un adulte et ainsi de suite, ou parce que nous ne voulons pas éprouver les effets négatifs causés par nos actions. Si nous pensons « Ce n'est pas convenable que je tue les insectes, car cela me fera éprouver des souffrances à l'avenir », et que nous prenions alors la ferme décision de ne pas les tuer, nous sommes motivés par le sentiment de honte. Il nous empêche de commettre des actions négatives en faisant appel à notre conscience et nous rappelle le type de comportement qui semble être approprié. Si nous sommes incapables de générer un sentiment de honte, il nous sera extrêmement difficile de pratiquer la discipline morale.

Se retenir de dire quelque chose de désagréable parce que cela vexerait une autre personne ou ne plus aller à la pêche pour ne plus faire souffrir les poissons sont des exemples de considération pour les autres. Nous avons besoin de pratiquer la considération chaque fois que nous sommes avec d'autres personnes, en restant attentifs à la manière dont notre comportement pourrait les déranger ou leur nuire. Nos désirs sont sans fin et certains d'entre eux causeraient à d'autres de graves ennuis si nous les mettions à exécution. Par conséquent, avant d'agir selon nos désirs, nous pouvons nous demander si notre action pourrait nuire aux autres ou les gêner, et abstenons-nous-en, si nous pensons qu'il en est ainsi. Si nous nous sentons concernés par le bien-être des autres, nous allons naturellement leur témoigner de la considération.

La considération pour les autres est importante pour tous. Si nous avons de la considération pour les autres, ils nous aimeront et nous respecteront, et nos relations avec notre famille et nos amis seront harmonieuses et durables. En revanche, si nous manquons de considération pour les autres, nos relations se détérioreront rapidement. Grâce à notre considération, les autres ne perdront pas la confiance qu'ils ont en nous. La considération est à la base du développement d'un esprit qui se réjouit.

Être une bonne ou une mauvaise personne dépend du fait d'avoir ou non le sentiment de honte et de la considération pour les autres. Sans ces deux états d'esprit, notre comportement quotidien deviendra rapidement négatif et, en résultat, les autres se détourneront de nous. Le sentiment de honte et la considération sont comme de beaux vêtements qui attirent les autres vers nous. Sans eux nous sommes comme une personne nue que chacun cherche à éviter.

Le sentiment de honte et la considération pour les autres ont cette caractéristique commune d'être une détermination de s'abstenir de commettre des actions négatives et inappropriées, et de rompre nos vœux et nos engagements. Cette détermination est l'essence même de la discipline morale. Elle est générée et soutenue par la contemplation des bienfaits de la pratique de la discipline morale et des dangers de rompre cette pratique. En particulier, il est nécessaire de nous souvenir que, sans elle, nous n'aurons aucune chance de prendre une renaissance supérieure, sans parler d'atteindre le nirvana.

Le sentiment de honte et la considération pour les autres sont les fondations de la discipline morale, qui est la base nécessaire pour obtenir des réalisations spirituelles et la cause principale d'une renaissance supérieure. Le grand enseignant spirituel Nagardjouna nous indique que les plaisirs viennent du don et que le bonheur d'une renaissance supérieure vient de la discipline morale. Les résultats de la pratique du don peuvent être éprouvés dans un règne supérieur ou dans un règne inférieur. Cela dépend du fait que nous l'ayons ou non pratiqué en association avec la discipline morale. Sans discipline morale, nos actes de générosité mûriront dans un règne inférieur. Par exemple, en résultat des actes de générosité effectués dans leurs vies antérieures, certains chiens vivent dans des conditions bien meilleures que bien des humains, ils sont dorlotés par leur maître, reçoivent une nourriture spéciale et des coussins moelleux, et sont traités comme l'enfant favori. En dépit de ce confort, ces pauvres créatures n'en ont pas moins pris naissance dans une forme de vie inférieure, avec le corps et l'esprit d'un animal. Ils n'ont ni la base corporelle ni la base mentale requises pour continuer à pratiquer le don ou toute autre action vertueuse. Ils ne peuvent pas comprendre la signification de la voie spirituelle ni transformer leur esprit. Une fois que leur karma provenant de leur générosité antérieure sera épuisé en jouissant de si bonnes conditions, étant donné qu'ils n'ont eu aucune possibilité de créer d'autres actions vertueuses, leurs plaisirs prendront fin et dans une vie future ils connaîtront la pauvreté et manqueront de nourriture. Cela est dû au fait qu'ils n'ont pas pratiqué le don en association avec la discipline morale et n'ont donc pas créé la cause d'une renaissance supérieure. Par la pratique du sentiment de honte et de la considération pour les autres nous pouvons renoncer aux actions non vertueuses, ou inappropriées, qui sont la racine de nos futures souffrances.

LE NON-ATTACHEMENT

Dans ce contexte, le non-attachement est l'esprit de renoncement, l'opposant à l'attachement. Le renoncement n'est pas le désir d'abandonner notre famille et nos amis, notre foyer, notre travail et ainsi de suite, pour devenir un clochard. Il s'agit en fait d'un esprit qui cherche la libération de la renaissance contaminée et dont la fonction est de faire cesser l'attachement aux plaisirs de ce monde.

Nous devons apprendre à faire cesser notre attachement en pratiquant le renoncement, sinon il sera un sérieux obstacle à une pratique spirituelle pure. Tout comme un oiseau ne peut pas voler si des pierres sont attachées à ses pattes, nous ne pouvons pas faire de progrès sur la voie spirituelle si les chaînes de l'attachement nous immobilisent.

C'est avant notre mort, c'est-à-dire maintenant, le moment de pratiquer le renoncement. Nous avons besoin de réduire notre attachement aux plaisirs de ce monde en réalisant qu'ils sont trompeurs et ne peuvent pas donner de satisfaction réelle. En réalité, ils ne nous causent que de la souffrance. Cette vie humaine, avec toutes ses souffrances et tous ses problèmes, est pour nous une excellente occasion d'améliorer à la fois notre renoncement et notre compassion. Ne gaspillons pas cette précieuse opportunité. La réalisation du renoncement est la porte par laquelle nous entrons dans la voie spirituelle de la libération, ou nirvana. Sans renoncement, entrer dans la voie du bonheur suprême, la voie du nirvana est impossible, sans parler de progresser sur elle.

Pour faire naître et grandir notre renoncement, nous pouvons contempler ce qui suit de façon répétée :

Puisque ma conscience est sans commencement, j'ai pris d'innombrables renaissances dans le samsara. J'ai déjà eu d'innombrables corps. S'ils étaient tous réunis, ils rempliraient le monde entier, et tout le sang et tous les autres liquides qui ont circulé dans ces corps formeraient un océan. Dans toutes ces vies antérieures, mes souffrances ont été si grandes que j'ai versé suffisamment de larmes de douleur pour remplir un autre océan.

Dans chacune de ces vies j'ai éprouvé les souffrances de la maladie, du vieillissement, de la mort, j'ai été séparé de ceux que j'aimais et j'ai été incapable de satisfaire mes désirs. Si je n'atteins pas la libération définitive de la souffrance dès maintenant, je devrai, dans mes innombrables vies futures, éprouver ces souffrances encore et encore.

En contemplant cela, nous prenons du fond du cœur la ferme résolution d'abandonner l'attachement aux plaisirs de ce monde et d'atteindre la libération définitive de la renaissance contaminée. En mettant cette résolution en pratique nous pourrons contrôler notre attachement et de cette façon résoudre bon nombre de nos problèmes quotidiens.

LA NON-HAINE

La non-haine, dans ce contexte, c'est l'amour, l'opposant à la haine. De nombreuses personnes ont des problèmes parce que leur amour est mélangé à l'attachement. Pour eux, plus l'« amour » grandit, plus l'attachement désirant augmente. Si leurs désirs ne s'accomplissent pas, ils s'irritent et se mettent en colère. Si l'objet de leur attachement, par exemple la personne qu'ils « aiment », ne fait rien de plus que parler à une autre personne, il se peut même qu'ils deviennent jaloux ou agressifs. Cela indique clairement que leur « amour » n'est pas un véritable amour, mais de l'attachement. Le véritable amour ne peut jamais être cause de colère, il est l'opposé de la colère et ne cause jamais de problèmes. Si nous aimons tout le monde comme une mère aime son plus cher enfant, il n'y aura aucune raison pour qu'un problème survienne, car notre esprit sera toujours en paix. L'amour est la véritable protection intérieure contre la souffrance.

L'amour est un esprit vertueux, motivé par l'équanimité, auquel son objet paraît beau et agréable. L'équanimité est un esprit équilibré qui empêche la colère ou l'attachement de se manifester en nous, en appliquant leurs opposants spécifiques. En reconnaissant que la colère et l'attachement sont nuisibles comme du poison, l'équanimité empêchera leur développement et maintiendra notre esprit paisible. Quand l'équanimité se manifeste, nous sommes bien équilibrés et très calmes, sans aucune pensée dérangeante, comme l'attachement, la colère et autres perturbations mentales.

Développer l'équanimité est semblable à labourer un champ. Nous enlevons de notre esprit les pierres et les mauvaises herbes que sont la colère et l'attachement, rendant ainsi possible la croissance de l'amour vrai. Il est nécessaire d'apprendre à aimer tous les êtres vivants. Chaque fois que nous rencontrons quelqu'un, soyons heureux de le voir et essayons de faire naître en nous un sentiment chaleureux à son égard. Sur la base de ce sentiment d'affection, nous faisons naître en nous l'amour qui chérit et se préoccupe des autres pour sincèrement ressentir que cette personne est précieuse et importante. Si nous portons les autres dans notre cœur de cette manière, il ne sera pas difficile de développer l'amour désirant qui veut leur apporter le bonheur. En apprenant à aimer tous et chacun, nous pouvons résoudre tous nos problèmes quotidiens causés par la colère et la jalousie, notre vie deviendra alors joyeuse et pleine de sens. La manière de faire naître et de faire grandir notre amour sera expliquée avec plus de détails dans les chapitres suivants.

L'EFFORT

Si nous ne sommes pas assidus dans notre pratique spirituelle, personne ne pourra nous accorder la libération de la souffrance. Nos attentes sont souvent irréalistes. Nous aimerions atteindre rapidement de hautes réalisations sans faire aucun effort, et nous voulons être heureux sans avoir à créer les causes du bonheur. Ne voulant pas endurer même le plus léger inconfort, nous voulons que toutes nos souffrances cessent et tout en restant dans les mâchoires du Seigneur de la Mort, nous désirons vivre comme un dieu à la longue vie. Quel que soit notre désir de voir ces souhaits exaucés, ils ne le seront jamais. Si nous ne mettons pas toute notre énergie et nos efforts dans nos pratiques spirituelles, tous nos espoirs de bonheur resteront vains.

Dans ce contexte, l'effort est un esprit qui prend beaucoup de plaisir à la vertu. Sa fonction est de rendre notre esprit heureux d'accomplir des actions vertueuses. L'effort nous fait prendre plaisir aux actions vertueuses, c'est-à-dire écouter, lire, contempler et méditer sur les enseignements spirituels, et nous engager dans la voie de la libération. Grâce à l'effort, nous atteindrons finalement le but ultime et suprême de la vie humaine.

En faisant des efforts dans notre méditation nous développons la souplesse mentale. Même si nous avons des problèmes lors de nos premières séances de méditation, tels que lourdeur, fatigue et autre forme d'inconfort mental ou physique, nous devrions néanmoins persévérer avec patience et essayer de nous familiariser avec notre pratique. Notre méditation s'améliorera de manière graduelle et elle induira la souplesse mentale. Notre esprit et notre corps se sentiront alors légers, sains et infatigables, et nous n'aurons plus d'obstacle à la concentration. Toutes nos méditations seront efficaces et se feront facilement, et nous progresserons sans difficulté.

Au début, quelles que soient les difficultés rencontrées quand nous méditons, ne perdons pas espoir. Au lieu de cela, nous nous engageons dans la pratique de la discipline morale. Elle nous protège des distractions grossières et agit en tant que base du développement d'une concentration pure. La discipline morale renforce aussi notre attention, qui est la vie de la concentration.

Il est nécessaire d'abandonner la paresse : la paresse qui vient de l'attachement aux plaisirs de ce monde, la paresse qui vient de l'attachement aux activités qui nous distraient et la paresse qui vient du découragement. Avec la paresse, nous ne pouvons rien accomplir. Tant que nous restons sous l'emprise de la paresse, la porte des accomplissements spirituels reste fermée pour nous. La paresse vide notre vie de tout son sens. Elle nous trompe et nous fait errer sans but dans le samsara. Si nous pouvons échapper à son influence et nous immerger profondément dans l'entraînement spirituel, nous allons rapidement atteindre le but ultime. S'entraîner aux voies spirituelles, c'est comme construire un grand bâtiment, cela demande un effort constant. Si nous permettons à notre effort d'être interrompu par la paresse, nous ne verrons jamais la fin de notre ouvrage.

Nos accomplissements spirituels dépendent de nos propres efforts. Une compréhension intellectuelle des enseignements spirituels n'est pas suffisante pour nous faire atteindre le bonheur suprême de la libération. Nous devons surmonter notre paresse et mettre notre savoir en pratique. Bouddha l'a exprimé ainsi :

> Si vous avez seulement l'effort, vous aurez tous les
>   accomplissements,
> Mais si vous n'avez que la paresse, vous n'aurez rien.

Une personne sans grande connaissance spirituelle mais qui fait néanmoins des efforts continuels, va progressivement atteindre toutes les qualités vertueuses. Par contre, celle qui a de grandes connaissances mais dont le seul défaut est la paresse ne pourra pas accroître ses qualités et obtenir l'expérience des voies spirituelles. Comprenant tout cela, nous faisons des efforts joyeux pour étudier et mettre les enseignements spirituels en pratique dans notre vie de tous les jours.

DEUXIÈME PARTIE

Progresser

Apprendre à chérir et
à nous préoccuper des autres

Apprendre à chérir et à nous préoccuper des autres

Du plus profond de notre cœur, nous voulons être heureux tout le temps, mais habituellement nous ne nous sentons pas concernés par le bonheur et la liberté des autres. Pourtant, notre propre bonheur et notre propre souffrance sont en réalité insignifiants comparés à ceux des autres êtres vivants. Les autres sont innombrables, alors que nous ne sommes qu'une seule personne. Comprenant cela, nous devons apprendre à les chérir, à nous préoccuper d'eux et accomplir le but ultime et suprême de la vie humaine.

Quel est le « but ultime et suprême » de la vie humaine ? Nous devrions nous interroger sur ce que nous considérons le plus important – ce que nous désirons, ce qui nous pousse à faire des efforts, ce dont nous rêvons. Pour certains ce sont les biens matériels, comme une grande maison équipée du dernier cri, une voiture de sport ou un travail bien rémunéré. Pour d'autres, c'est la réputation, l'élégance, le pouvoir, les émotions fortes ou l'aventure. Beaucoup essayent de trouver le sens de leur vie dans les relations qu'ils entretiennent avec leur famille et leur cercle d'amis. Toutes ces choses peuvent nous rendre superficiellement heureux un certain temps, mais elles peuvent aussi être sources de beaucoup de soucis et de souffrances. Elles ne peuvent jamais nous donner le bonheur parfait et durable auquel nous aspirons tous au plus profond de notre cœur. Puisque nous ne pouvons pas emporter ces choses avec nous au moment de mourir, elles finiront par nous décevoir si nous en avons fait le sens principal de notre vie. Les accomplissements ordinaires sont vains s'ils sont pris comme une fin en soi. Ceux-ci ne sont pas le véritable sens de la vie humaine.

Parmi tous les biens de ce monde, il est dit que le légendaire joyau qui exauce les souhaits est le plus précieux. En ces temps dégénérés, il est impossible de trouver un tel joyau mais, autrefois, lorsque les êtres humains avaient du mérite en abondance, il existait des joyaux magiques ayant le pouvoir d'exaucer les souhaits. Toutefois, ces joyaux n'avaient le pouvoir de procurer qu'un bonheur contaminé. Ils ne pouvaient jamais accorder le bonheur pur provenant d'un esprit pur. De plus, un joyau qui exauce les souhaits avait le pouvoir d'accorder des souhaits au cours d'une seule vie ; il ne pouvait pas protéger son propriétaire dans ses vies à venir. Ainsi, en fin de compte, même un joyau qui exauce les souhaits est trompeur.

L'accomplissement de la pleine illumination est la seule chose qui ne nous décevra jamais. L'illumination, qu'est-ce que c'est ? Il s'agit d'une sagesse omnisciente, libérée de toutes les apparences fausses. Une personne qui possède cette sagesse est un être pleinement éveillé. Selon le bouddhisme, « être pleinement éveillé » et « bouddha » sont synonymes. À l'exception des êtres pleinement éveillés, tous les êtres perçoivent tout le temps des apparences fausses, jour et nuit, même pendant le sommeil.

Tout ce qui nous apparaît est perçu comme existant de son propre côté. C'est cela l'apparence fausse. Nous percevons *je* et *mien* comme existant de façon intrinsèque, et nous les saisissons fermement, croyant que ces apparences sont vraies. À cause de cela, nous effectuons de nombreuses actions inappropriées qui nous font connaître la souffrance. Voilà la raison fondamentale pour laquelle nous éprouvons la souffrance. Les êtres pleinement éveillés sont entièrement libérés des apparences fausses et des souffrances qu'elles produisent.

C'est seulement en atteignant l'illumination que nous pouvons réaliser notre désir le plus profond, le désir d'un bonheur pur et durable. En effet, rien en ce monde impur n'a le pouvoir d'exaucer ce désir. C'est seulement au moment où nous deviendrons un bouddha pleinement éveillé que nous connaîtrons la paix profonde et durable provenant d'une cessation définitive de toutes nos perturbations mentales et de leurs empreintes. Nous serons libérés de tout défaut et de tout obscurcissement mental, et nous posséderons les qualités nécessaires pour aider directement tous les êtres vivants. Nous serons alors un objet de refuge pour tous les êtres vivants. Comprenant cela, nous pouvons clairement voir que l'accomplissement de l'illumination est notre but ultime, suprême, et le véritable sens de notre précieuse vie humaine. Puisque notre souhait principal est d'être toujours heureux, libérés de tout défaut et de toute souffrance, nous devons développer une puissante intention d'atteindre l'illumination. Nous pouvons penser : « J'ai besoin d'atteindre l'illumination, car dans le samsara il n'existe nulle part de véritable bonheur. »

La bodhitchitta est la cause principale de l'illumination, et la racine de la bodhitchitta est la compassion. Puisque le développement de la compassion dépend de chérir et de se préoccuper des autres, la première étape vers le bonheur sublime de l'illumination est d'apprendre à chérir les autres – à les porter dans notre cœur – et à nous préoccuper d'eux. Une mère chérit ses enfants et se préoccupe d'eux et il se peut que, par amour, nous nous préoccupions de nos amis dans une certaine mesure, mais ce sentiment n'est pas impartial. Il est habituellement mélangé à l'attachement. Nous avons besoin de développer un esprit pur, de porter tous les êtres vivants dans notre cœur et de nous préoccuper de tous, sans parti pris ni partialité.

En chaque être vivant sans exception se trouve la graine, ou potentialité, qui lui permet de devenir un être pleinement éveillé. Cette graine est notre nature de bouddha. Les enseignements de Bouddha présentent la meilleure méthode pour réaliser ce potentiel. Ce qu'il nous faut faire maintenant, c'est mettre ces enseignements en pratique. Seuls les êtres humains ont cette capacité. Les animaux sont capables d'accumuler des ressources, de vaincre leurs ennemis et de protéger leur famille, mais ils ne peuvent ni comprendre la voie spirituelle, ni s'y engager. Il serait extrêmement dommage d'utiliser notre vie humaine pour ne faire rien de plus que ce que les animaux eux-mêmes sont capables de faire, et gâcher ainsi cette opportunité unique que nous avons de devenir une source de bienfaits pour tous les êtres vivants.

Nous avons le choix. Nous pouvons soit continuer à gâcher notre vie, à poursuivre les plaisirs de ce monde qui ne nous procurent aucune véritable satisfaction et qui disparaîtront au moment de notre mort, soit dédier notre vie à la réalisation de tout notre potentiel spirituel. Si nous faisons l'effort de pratiquer les instructions contenues dans ce livre, il est certain que nous atteindrons l'illumination. Par contre, si nous ne faisons aucun effort, l'illumination ne se produira jamais naturellement, quelle que soit la durée de notre attente. Pour suivre la voie de l'illumination, il n'est pas nécessaire de changer notre mode de vie extérieur. Nous n'avons pas besoin d'abandonner notre famille, nos amis ou nos plaisirs, ni de nous retirer dans une grotte dans la montagne. La seule chose que nous ayons à faire est de changer l'objet que nous chérissons, dont nous nous préoccupons.

Jusqu'à présent, nous nous sommes préoccupés de nous-mêmes plus que de toute autre personne. Tant que nous continuerons à faire cela, nos souffrances ne cesseront jamais. Toutefois, si nous apprenons à chérir tous les êtres et à nous préoccuper d'eux, plus que de nous-mêmes, nous ne tarderons pas à jouir de la félicité de l'illumination. La voie de l'illumination est vraiment très simple : nous avons juste besoin d'arrêter de nous chérir et de nous préoccuper de nous-mêmes, et d'apprendre à chérir et à nous préoccuper des autres. Toutes les autres réalisations spirituelles découleront naturellement de cela.

Nous pensons instinctivement que nous sommes plus importants que tous les autres, alors que les êtres pleinement éveillés considèrent que les autres sont les êtres les plus importants. De ces deux manières de voir, quelle est la plus bénéfique ? Vie après vie, depuis des temps sans commencement, nous avons été l'esclave de notre esprit de préoccupation de soi. Nous lui avons implicitement fait confiance, obéissant à tous ses ordres, croyant que le moyen de résoudre nos problèmes et de trouver le bonheur consistait à nous placer devant tout le monde. Nous nous sommes épuisés pendant si longtemps pour assurer notre propre bien, mais pour quel résultat ? Avons-nous résolu tous nos problèmes et trouvé le bonheur durable que nous désirons ? Non. Il est clair que la poursuite de nos propres intérêts égoïstes nous a trompés. Nous nous sommes préoccupés de nous-mêmes pendant tant de vies, il est temps à présent de comprendre que cela ne marche tout simplement pas. Maintenant, il est temps de changer l'objet dont nous nous préoccupons, pour passer de nous-mêmes à tous les êtres vivants.

D'innombrables êtres pleinement éveillés ont découvert qu'en renonçant à se préoccuper de soi et en chérissant et en se préoccupant uniquement des autres, ils étaient parvenus à connaître une paix et un bonheur vrais. Si nous mettons en pratique les méthodes enseignées par ces êtres, il n'y a aucune raison que nous n'arrivions pas à faire de même. Nous ne pouvons pas nous attendre à changer notre esprit du jour au lendemain, mais en pratiquant patiemment, consciencieusement et régulièrement les instructions sur l'amour qui chérit et se préoccupe des autres, tout en accumulant du mérite, en purifiant la négativité et en recevant des bénédictions, nous pouvons remplacer progressivement notre attitude ordinaire basée sur la préoccupation de soi, par l'attitude sublime consistant à porter tous les êtres vivants dans notre cœur et à nous préoccuper d'eux.

Pour y parvenir nous avons besoin de changer, non pas notre façon de vivre, mais nos manières de voir les choses – nos vues – et nos intentions. Notre manière ordinaire de voir – notre vue ordinaire –, c'est que nous sommes le centre de l'univers et que les autres et les choses ne prennent de l'importance que dans la mesure où ils nous affectent. Ainsi, notre voiture est importante simplement parce que c'est *la nôtre*, et nos amis sont importants parce qu'ils *nous* rendent heureux. Les inconnus, par contre, ne semblent pas si importants car ils n'affectent pas directement notre bonheur. Le fait que la voiture d'un inconnu soit accidentée ou volée ne nous affecte pas plus que cela. Nous verrons dans les chapitres suivants que cette vue du monde, centrée sur soi, est basée sur l'ignorance et ne correspond pas à la réalité. Cette vue est la source de toutes nos intentions ordinaires, égoïstes. C'est précisément parce que nous pensons « Je suis important, j'ai besoin de ceci, je mérite cela » que nous commettons des actions négatives qui engendrent un flot interminable de problèmes pour nous-mêmes et pour les autres.

En pratiquant ces instructions, nous pouvons parvenir à voir le monde avec réalisme, en nous basant sur une compréhension de l'égalité et de l'interdépendance de tous les êtres vivants. Lorsque nous considérerons que tous les êtres vivants sont d'égale importance, nous développerons naturellement de bonnes intentions envers eux. L'esprit qui ne se préoccupe que de soi est la base de toutes les expériences samsariques impures, alors que l'esprit qui, par amour, se préoccupe des autres est la base de toutes les qualités de l'illumination.

Chérir et se préoccuper des autres n'est pas si difficile que ça, nous avons seulement besoin de comprendre pourquoi nous devrions le faire, puis prendre la ferme décision de le faire. En méditant sur cette décision, nous développerons un sentiment profond et puissant – nous porterons précieusement tous les êtres vivants dans notre cœur et nous nous préoccuperons d'eux. Puis, nous maintenons ce sentiment particulier dans notre vie de tous les jours.

Nous avons besoin de chérir et de nous préoccuper de tous les êtres vivants pour deux raisons principales. La première, c'est que dans le passé ces êtres nous ont témoigné une immense bonté. La deuxième, c'est que faire cela apporte d'immenses bienfaits. Ces deux raisons vont maintenant être expliquées.

LA BONTÉ DES AUTRES

Contemplons la grande bonté de tous les êtres vivants. Nous pouvons commencer par nous souvenir de la bonté de notre mère de cette vie puis, par extension, de la bonté de tous les autres êtres vivants qui, comme il sera expliqué plus loin, ont été notre mère dans les vies antérieures. Si nous ne pouvons pas apprécier la bonté de notre mère actuelle, comment pourrons-nous jamais apprécier la bonté de toutes nos mères précédentes ?

Il est très facile d'oublier la bonté de notre mère, ou bien de croire qu'elle nous est due, et de ne nous souvenir que des moments où nous pensons qu'elle nous a fait du mal. C'est pourquoi il est nécessaire de nous remémorer en détail la bonté que notre mère nous a témoignée depuis le tout début de cette vie.

Au début, notre mère a eu la bonté de nous offrir un endroit où renaître. Avant notre conception dans son ventre, nous étions un être du bardo – un être qui est entre la mort et la renaissance – errant de place en place et n'ayant nulle part où nous reposer. Nous étions emportés par les vents de notre karma, sans la liberté de choisir où nous irions, et toutes nos rencontres étaient fugaces. Nous ressentions beaucoup de douleurs et de peurs, mais nous avons réussi à quitter cet état pour entrer dans un lieu sûr, le ventre de notre mère. Nous n'y avions pas été invités, mais lorsque notre mère a appris que nous étions entrés dans sa matrice, elle nous a permis d'y rester. Elle aurait pu nous chasser si elle avait voulu et nous n'aurions alors pas la vie qui nous permet de jouir aujourd'hui de toutes nos possibilités présentes. C'est uniquement parce que notre mère a été suffisamment bienveillante pour nous permettre de rester dans sa matrice que nous pouvons maintenant développer l'aspiration d'atteindre l'illumination. En hiver, si une personne nous invite à entrer dans sa maison bien chauffée et prend soin de nous, alors que dehors soufflent le froid et la tempête, nous pensons que cette personne est extrêmement bienveillante. La bienveillance de notre mère n'est-elle pas bien plus grande encore, car elle nous a laissé entrer dans son propre corps et nous y a offert une hospitalité incomparable !

Lorsque nous étions dans son ventre, notre mère nous a protégés avec un soin plus grand que si elle avait veillé sur le joyau le plus précieux. Dans chaque situation, elle pensait à notre sécurité. Elle a consulté des médecins, fait de la gymnastique, mangé une nourriture spéciale et nous a nourris jour et nuit pendant neuf mois. Elle a aussi fait très attention à ne rien faire qui puisse entraver le développement de nos facultés physiques et mentales. Grâce à tous ses soins, nous avons pu naître avec un corps sain et normalement développé que nous pouvons utiliser pour accomplir tant de bonnes choses.

Au moment de notre naissance, notre mère a éprouvé de grandes douleurs, mais lorsqu'elle nous a vus, sa joie était plus grande que si on lui avait présenté un trésor merveilleux. Elle s'est préoccupée de notre bien-être avant toute autre chose, même pendant les douleurs extrêmes de l'accouchement. Après notre naissance, nous ressemblions davantage à une grenouille qu'à un être humain, mais notre mère nous a aimés tendrement. Nous étions totalement impuissants, plus impuissants encore qu'un poulain nouveau-né qui, lui, peut au moins se lever et se nourrir dès sa naissance. Nous étions comme aveugles, incapables d'identifier nos parents, et nous ne pouvions rien comprendre du tout. Si quelqu'un avait voulu nous tuer, nous ne l'aurions pas su. Nous n'avions aucune idée de ce que nous faisions. Nous ne pouvions même pas savoir quand nous urinions.

Qui a pris soin de cette petite chose tout juste humaine, et l'a protégée ? Notre mère. Elle nous a habillés, bercés et nourris de son propre lait. Elle a débarrassé notre corps de sa saleté, sans dégoût. Certaines mères enlèvent parfois le mucus du nez de leur bébé en se servant de leur propre bouche, pour ne pas lui faire mal avec leurs mains rêches. Notre mère nous regardait toujours avec tendresse et nous donnait des noms tendres, même lorsqu'elle avait des problèmes. Lorsque nous étions petits, notre mère veillait continuellement sur nous. Si elle nous avait oubliés, même très peu de temps, nous aurions pu mourir ou être handicapés à vie. Dans notre petite enfance, notre mère nous a sauvés la vie plusieurs fois par jour, faisant toujours passer notre propre sécurité et notre bien-être avant toute autre chose.

En hiver, elle veillait à ce que nous ayons bien chaud et que nous soyons bien couverts, même si elle-même avait froid. À table, elle nous donnait toujours les meilleurs morceaux et gardait les moins bons pour elle. Elle aurait préféré être malade plutôt que de nous voir malades. Elle aurait préféré mourir plutôt que de nous voir mourir. Notre mère se comporte tout naturellement avec nous comme une personne qui a atteint la réalisation de l'échange de soi avec les autres. Elle est capable de mettre notre bien-être avant le sien et elle le fait parfaitement et spontanément. Si une personne menaçait de nous tuer, elle offrirait sa vie au tueur pour qu'il nous épargne. Telle est sa compassion pour nous.

Lorsque nous étions petits, notre mère ne dormait pas profondément. Elle dormait d'un sommeil léger et se réveillait fréquemment, sur le qui-vive au moindre de nos cris. Puis, nous avons grandi. Notre mère nous a appris à manger, à boire, à parler, à nous asseoir et à marcher. Elle nous a envoyés à l'école et nous a encouragés à faire de bonnes choses dans la vie. Les connaissances et aptitudes que nous avons maintenant proviennent toutes de sa bonté. Plus tard à l'adolescence, nous avons préféré être avec nos amis et avons oublié complètement notre mère. Lorsque nous nous amusions, c'était comme si notre mère avait cessé d'exister et nous ne nous souvenions d'elle que lorsque nous avions besoin qu'elle nous donne quelque chose. Nous oubliions notre mère, complètement absorbés par les plaisirs partagés avec nos amis, mais elle, elle n'a jamais cessé de se préoccuper de nous. Elle est souvent devenue anxieuse et, au fond d'elle-même, était toujours un peu inquiète pour nous. Elle vivait dans l'inquiétude qu'habituellement nous n'avons que pour nous-mêmes. Notre mère ne cesse jamais de se soucier de nous, même lorsque nous sommes adultes et avons une famille. Même très âgée et faible, tenant à peine sur ses jambes, elle n'oublie jamais ses enfants.

Si nous méditons ainsi, nous souvenant en détail de la bienveillance de notre mère, nous arriverons à chérir notre mère très tendrement. Ce sentiment, lorsqu'il se manifeste du fond du cœur, nous l'étendons à tous les autres êtres vivants, en nous souvenant que chacun d'entre eux nous a manifesté la même bonté.

Comment se fait-il que tous les êtres vivants soient nos mères ? Étant donné qu'il est impossible de trouver un commencement à notre continuum mental, il s'ensuit que nous avons eu d'innombrables renaissances dans le passé et, si nous avons eu d'innombrables renaissances, nous avons dû avoir d'innombrables mères. Où sont maintenant toutes ces mères ? Ce sont tous les êtres qui vivent aujourd'hui.

Penser que nos mères des vies passées ne sont plus nos mères, simplement parce qu'une longue période s'est écoulée depuis l'époque où elles prenaient effectivement soin de nous, est un raisonnement incorrect. Si notre mère actuelle venait à mourir aujourd'hui, cesserait-elle d'être notre mère ? Non, nous continuerions de la considérer comme notre mère et de prier pour son bonheur. C'est la même chose pour toutes nos mères précédentes. Elles sont mortes, mais cependant elles restent nos mères. C'est seulement parce que notre apparence extérieure a changé que nous ne pouvons pas nous reconnaître. Dans notre vie quotidienne, nous voyons beaucoup d'êtres vivants différents, humains et non humains. Nous considérons certains comme des amis, d'autres comme des ennemis et la plupart comme des inconnus. Ces distinctions sont faites par un esprit qui est dans l'erreur, elles ne sont pas vérifiées par un esprit valide.

Nous pouvons méditer ensuite sur la bienveillance de notre mère lorsque nous étions sous d'autres formes de renaissance. Nous considérons par exemple l'attention avec laquelle une mère oiseau protège ses œufs contre tous les dangers et comment elle abrite ses petits sous ses ailes. Lorsqu'un chasseur s'approche, elle ne s'enfuit pas en laissant ses bébés sans protection. Elle passe toute sa journée à chercher de la nourriture pour les nourrir jusqu'à ce qu'ils soient assez forts pour quitter le nid.

Un jour au Tibet, un brigand poignarda une jument qui portait un poulain. Son couteau pénétra si profondément dans le ventre de la jument qu'il fendit l'utérus et que le poulain sortit du flanc de sa mère. Cette mère qui était en train de mourir mit ses dernières forces à lécher son petit avec une grande affection. Voyant cela, le brigand fut rempli de remords. Il était stupéfait de voir que la compassion de cette mère pour son poulain était telle que même dans les douleurs de la mort, son seul souci était le bien-être de son petit. À la suite de cela, le brigand abandonna son mode de vie non vertueux et commença à pratiquer le dharma avec pureté.

Chaque être vivant nous a montré la même sollicitude désintéressée, la parfaite bienveillance d'une mère. Ajoutons que même si nous ne considérons pas les autres êtres vivants comme nos mères, ils nous ont néanmoins témoigné une immense bonté. Notre corps, par exemple, n'est pas seulement le résultat de la bonté de nos parents, mais également de celle d'innombrables êtres qui lui ont procuré nourriture, abri, etc. Nous sommes capables de profiter de tous les plaisirs et de toutes les possibilités d'une vie humaine parce que nous avons ce corps humain, pourvu de toutes ses facultés. Même de simples plaisirs, par exemple faire une promenade ou regarder un beau coucher de soleil, peuvent être considérés comme le résultat de la bonté d'un nombre incalculable d'êtres vivants. Nos talents et capacités proviennent tous de la bonté des autres, car il a fallu nous apprendre à manger, à marcher, à parler, à lire et à écrire. Même la langue que nous parlons n'est pas le produit de notre propre invention, mais celui des nombreuses générations précédentes. Sans elle, nous ne pourrions ni communiquer avec les autres ni partager leurs idées. Nous ne pourrions ni lire ce livre, ni apprendre les pratiques spirituelles, ni même réfléchir avec clarté. Tous les équipements qui pour nous sont normaux, tels que maisons, voitures, routes, magasins, écoles, hôpitaux et cinémas, sont uniquement le produit de la bonté des autres. Lorsque nous voyageons en autocar ou en voiture, nous pensons que c'est normal qu'il y ait des routes, mais de nombreuses personnes ont travaillé très dur pour les construire et pour que nous puissions les emprunter en toute sécurité.

Le fait que certaines personnes nous aident peut-être sans en avoir l'intention est hors de propos. Nous recevons des bienfaits de leurs actions, par conséquent, de notre point de vue, ce sont des actes de bonté. Plutôt que de nous concentrer sur leur motivation, qui de toute façon nous est inconnue, nous devrions plutôt considérer les bienfaits concrets que nous recevons. Tous ceux qui contribuent d'une manière ou d'une autre à notre bonheur et à notre bien-être méritent notre gratitude et notre respect. Si nous devions rendre tout ce que les autres nous ont donné, il ne nous resterait absolument rien.

Nous pourrions répliquer que les choses ne nous sont pas données gratuitement, mais que nous devons travailler pour les obtenir. Quand nous faisons des courses, il faut payer et il en est de même lorsque nous mangeons au restaurant. Nous utilisons peut-être une voiture, mais nous avons dû l'acheter, et maintenant nous devons payer l'essence et l'assurance. Personne ne nous donne rien pour rien. Mais d'où nous vient cet argent ? Il est vrai qu'en général nous devons travailler pour gagner de l'argent, mais ce sont les autres qui nous emploient ou achètent nos produits. Par conséquent, indirectement, ce sont eux qui nous fournissent l'argent. Par ailleurs, nous sommes capables de faire tel ou tel travail parce que nous avons reçu des autres la formation ou l'éducation nécessaire. Où que nous regardions, nous ne trouvons que la bonté des autres. Nous sommes tous reliés les uns aux autres par un réseau de bonté dont il est impossible de nous séparer. Tout ce que nous avons, tout ce dont nous jouissons, jusqu'à notre vie même, provient de la bonté des autres. En fait, tout le bonheur présent dans ce monde se produit en résultat de la bonté des autres.

Notre développement spirituel et le bonheur pur de la pleine illumination dépendent eux aussi de la bonté des êtres vivants. Nous avons la possibilité de lire, de contempler et de méditer sur les enseignements spirituels, et cela dépend entièrement de la bonté des autres. De plus, ainsi qu'il sera expliqué plus loin, s'il n'y avait pas d'êtres vivants à qui nous pouvons donner, qui nous aident en mettant notre patience à l'épreuve ou pour qui nous faisons naître de la compassion, nous ne pourrions jamais acquérir les qualités vertueuses nécessaires pour accéder à l'illumination.

En résumé, nous avons besoin des autres pour notre bien-être physique, émotionnel et spirituel. Sans les autres, nous ne sommes rien. Notre sentiment d'être une île, un individu indépendant qui se suffit à lui-même, ne correspond absolument pas à la réalité. Il est plus juste de nous considérer comme une cellule du vaste corps de la vie, cellule distincte mais intimement liée à tous les êtres vivants. Nous ne pouvons pas exister sans les autres et, de leur côté, eux aussi sont affectés par chacune de nos actions. L'idée qu'il est possible d'assurer notre propre bien-être tout en négligeant celui des autres, ou plus encore aux dépens des autres, est totalement irréaliste.

En contemplant les innombrables manières dont les autres nous aident, nous prenons cette ferme décision : « Je dois absolument chérir et me préoccuper de tous les êtres vivants parce qu'ils sont si bons avec moi. » Sur la base de cette détermination, nous faisons naître en nous un sentiment d'amour qui chérit tous les êtres vivants – qui ressent que tous les êtres vivants sont importants et se préoccupe de leur bonheur. Nous essayons de mélanger en un seul point notre esprit à ce sentiment et nous le maintenons le plus longtemps possible, sans l'oublier. Une fois sortis de cette méditation, nous essayons de maintenir ce sentiment d'amour afin que, chaque fois que nous rencontrons quelqu'un ou que nous nous souvenons de lui, nous pensions naturellement : « Cette personne a de l'importance, son bonheur est important. » De cette manière, nous pouvons faire de chérir et nous préoccuper des êtres vivants notre pratique principale.

LES BIENFAITS DE NOUS PRÉOCCUPER DES AUTRES

Nous avons une autre bonne raison de chérir et de nous préoccuper des autres : c'est la meilleure méthode pour résoudre nos propres problèmes et ceux des autres. Problèmes, inquiétudes, douleur et tristesse sont des états d'esprit. Ce sont des sensations et elles n'existent pas en dehors de notre esprit. Si nous chérissons tous ceux que nous rencontrons, ou à qui nous pensons, et que nous nous préoccupons d'eux, il n'y aura dans notre esprit aucune base pour la jalousie, la colère ou d'autres pensées néfastes. Notre esprit sera tout le temps paisible. La jalousie, par exemple, est un état d'esprit incapable de supporter la bonne fortune des autres, mais si nous nous préoccupons du bonheur de quelqu'un, comment sa bonne fortune pourrait-elle troubler notre esprit ? Comment pouvons-nous souhaiter faire du mal aux autres si nous considérons que le bonheur de chaque être est primordial ? En portant sincèrement tous les êtres vivants dans notre cœur, nous agirons toujours avec amour et bienveillance, dans l'amitié et le respect, et les autres nous rendront notre bonté. Ils n'agiront pas de façon désagréable avec nous, et il n'y aura aucune base pour les conflits ou les disputes. Les gens en viendront à nous aimer et nos relations seront plus stables et plus satisfaisantes.

Chérir et nous préoccuper des autres nous protège également des problèmes provenant de l'attachement désirant. Il est fréquent que nous soyons très attachés à une personne en pensant qu'elle nous aidera à surmonter notre solitude en nous donnant le confort, la sécurité ou les émotions vives auxquelles nous aspirons fortement. Mais si nous éprouvons de l'amour pour tout le monde, nous ne nous sentirons jamais seuls. Nous arrêterons de nous accrocher aux autres pour qu'ils satisfassent nos désirs, et voudrons plutôt les aider à satisfaire leurs besoins et leurs désirs. Nous préoccuper de tous les êtres vivants résout tous nos problèmes, parce que ces problèmes proviennent tous de la préoccupation de soi. Par exemple, si demain notre partenaire nous quittait pour vivre avec quelqu'un d'autre, nous serions probablement bouleversés, mais si nous nous préoccupions vraiment d'eux et de leur bonheur, nous voudrions qu'ils soient heureux et nous nous réjouirions de leur bonheur. Il n'y aurait aucune base pour la jalousie ou la dépression et, même si cette situation représente une épreuve, ce ne serait pas un problème. Chérir et nous préoccuper des autres est la protection suprême contre la souffrance et contre les problèmes. Cela nous permet de rester calmes et paisibles à tout moment.

Nous préoccuper du bonheur et du bien-être de nos voisins et des gens qui nous entourent amènera naturellement l'harmonie dans notre voisinage et plus largement dans la société, et tout le monde en sera plus heureux. Nous ne sommes peut-être pas un personnage connu, occupant une position de pouvoir, mais si nous chérissons et nous préoccupons sincèrement de tous ceux que nous rencontrons, nous pouvons apporter une profonde contribution à notre communauté et aux gens qui nous entourent. Cela est également vrai pour ceux qui nient la valeur de la religion. Certains ne croient ni aux vies passées et futures, ni en les êtres saints, mais essayent néanmoins d'abandonner leurs préoccupations personnelles pour se consacrer aux autres. C'est une attitude très positive qui produira de bons résultats. Si un maître d'école se préoccupe de ses élèves et agit de manière désintéressée, ses élèves le respecteront et apprendront non seulement la matière qu'il enseigne, mais également les qualités admirables de bienveillance dont il fait preuve. Un tel enseignant aura naturellement une influence positive sur ceux qui l'entourent et sa présence transformera toute l'école. Il est dit qu'il existe un cristal magique qui a le pouvoir de purifier tout liquide dans lequel il est placé. Ceux qui chérissent et se préoccupent de tous les êtres vivants ressemblent à ce cristal, leur présence suffit à éliminer la négativité du monde et à donner en retour amour et bienveillance.

Une personne intelligente et influente mais qui n'aime pas les autres rencontrera tôt ou tard des problèmes et aura des difficultés à satisfaire ses désirs. Le dirigeant d'un pays qui ne se préoccupe pas de son peuple mais seulement de ses propres intérêts sera critiqué, éveillera la méfiance et finira par perdre son poste. Un enseignant spirituel qui ne porte pas ses étudiants dans son cœur, ne se préoccupe pas d'eux et n'entretient pas de bonnes relations avec eux ne pourra pas les aider et les étudiants n'atteindront aucune réalisation.

Si un employeur ne pense qu'à ses propres intérêts sans tenir compte du bien-être de ses employés, ceux-ci seront mécontents. Ils seront vraisemblablement inefficaces et ne montreront aucun enthousiasme pour satisfaire les désirs de leur employeur. Ainsi, l'employeur souffrira de son propre manque de considération pour ses employés. De même, si les employés ne sont intéressés que par ce qu'ils peuvent retirer de l'entreprise, l'employeur s'énervera et diminuera peut-être leur salaire ou les licenciera. L'entreprise peut même faire faillite et tout le monde se retrouvera au chômage. Ainsi, les employés souffriront de leur manque de considération pour leur employeur. Dans tous les domaines d'activité, la meilleure manière de réussir est pour toute personne impliquée de moins se préoccuper d'elle-même et d'améliorer sa considération pour les autres. Parfois, il semble que se préoccuper de soi procure des avantages à court terme, mais à long terme il n'y a toujours que des problèmes. Chérir et nous préoccuper des autres est la solution à tous nos problèmes de la vie courante.

Toutes les souffrances que nous éprouvons sont le résultat de notre karma négatif, et la source de tout ce karma négatif est la préoccupation de soi. Nous avons un sentiment si exagéré de notre propre importance que, de ce fait, nous allons à l'encontre des désirs des autres pour satisfaire nos propres désirs. Poussés par nos désirs égoïstes, cela ne nous dérange pas de détruire la paix mentale des autres, les rendant ainsi malheureux. Ces actions sèment uniquement des graines de souffrances futures. Si nous nous préoccupons sincèrement des autres et de leur bien-être, nous n'aurons plus aucun désir de les blesser, nous arrêterons de commettre des actions destructrices et néfastes. Nous observerons naturellement une discipline morale pure et nous nous abstiendrons de tuer ou d'être cruels envers les autres êtres vivants, de les voler ou de nous immiscer dans leurs relations. En résultat, nous n'aurons pas à subir à l'avenir les effets désagréables de ces actions négatives. Voilà pourquoi chérir et nous préoccuper des autres nous protège contre tous nos problèmes futurs provoqués par le karma négatif.

Lorsque nous chérissons et que nous nous préoccupons des autres, nous accumulons continuellement du mérite et, dans toutes nos activités, le mérite est la principale cause de réussite. Si nous nous préoccupons du bonheur de tous les êtres vivants, nous effectuerons naturellement de nombreuses actions vertueuses et utiles. Peu à peu toutes nos actions corporelles, verbales et mentales deviendront pures et source de bienfaits, et nous deviendrons une source de bonheur et d'inspiration pour tous ceux que nous rencontrerons. Nous découvrirons par notre propre expérience que ce précieux esprit d'amour est le véritable joyau qui exauce les souhaits, car il exauce les souhaits purs de tous, les nôtres et ceux de tous les êtres vivants.

L'esprit qui chérit et se préoccupe des autres est extrêmement précieux. Garder constamment ce bon cœur ne produit que du bonheur, pour nous-mêmes et pour tous ceux qui nous entourent. Ce bon cœur est l'essence même de la voie du bodhisattva et la cause principale de la grande compassion, le désir de protéger tous les êtres vivants de la peur et de la souffrance. En améliorant notre grande compassion, nous atteindrons finalement la compassion universelle d'un bouddha qui a le véritable pouvoir de protéger tous les êtres vivants de la souffrance. Ainsi, chérir les autres – c'est-à-dire les porter dans notre cœur et nous préoccuper d'eux – nous mène au but ultime et suprême de la vie humaine.

En contemplant tous les avantages qu'il y a à chérir et à se préoccuper des autres, nous parvenons à la détermination suivante :

> *Je vais chérir et me préoccuper de tous les êtres vivants sans exception parce que ce précieux esprit d'amour est la méthode suprême pour résoudre tous les problèmes et exaucer tous les souhaits. Il me donnera au final le bonheur suprême de l'illumination.*

Nous méditons en un seul point sur cette détermination le plus longtemps possible, et faisons naître en nous un puissant sentiment d'amour, qui chérit et se préoccupe de chaque être vivant sans exception. Notre méditation terminée, nous essayons de maintenir ce sentiment et de mettre notre résolution en pratique. Chaque fois que nous sommes avec les autres, nous gardons à l'esprit que leur bonheur et leurs désirs sont au moins aussi importants que les nôtres. Bien sûr, nous ne pouvons pas chérir et nous préoccuper de tous les êtres vivants tout de suite. Toutefois, si nous entraînons notre esprit à adopter cette attitude, d'abord avec notre famille et nos amis, nous pourrons progressivement étendre le champ de notre amour jusqu'à ce qu'il embrasse tous les êtres vivants. Lorsque nous chérissons et que nous nous préoccupons de tous les êtres vivants de cette manière, que nous les portons tous dans notre cœur, nous ne sommes plus une personne ordinaire, mais sommes devenus un grand être, semblable à un bodhisattva.

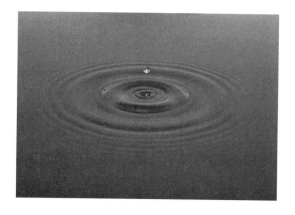

Comment faire grandir l'amour qui chérit et se préoccupe des autres

Comment faire grandir l'amour qui chérit et se préoccupe des autres

En nous familiarisant avec l'amour qui chérit et se préoccupe des autres grâce à une pratique constante, cet amour devient de plus en plus profond. Pour être encore plus déterminés à chérir tous les êtres vivants, à nous préoccuper d'eux, il est nécessaire de recevoir d'autres instructions destinées à faire grandir cet amour.

Nous connaissons tous une personne particulièrement précieuse à nos yeux, par exemple notre enfant, notre partenaire ou notre mère. Cet être semble doté de qualités uniques qui le démarquent des autres. Nous tenons beaucoup à cette personne et nous voulons prendre particulièrement soin d'elle. Nous avons besoin d'apprendre à considérer tous les êtres vivants de la même manière, en reconnaissant que chaque être sans exception a une valeur unique et spéciale. Nous portons déjà dans notre cœur notre famille et nos amis proches, mais nous n'aimons pas les inconnus, et certainement pas nos ennemis. La grande majorité des êtres vivants ne nous importe pas particulièrement. En pratiquant les instructions sur l'amour qui chérit et se préoccupe des autres, nous pouvons nous débarrasser de ce parti pris et arriver à considérer chaque être vivant comme précieux, à développer pour chacun le même sentiment qu'a une mère pour son enfant le plus cher. Plus nous arriverons à approfondir et à faire grandir notre amour de cette manière, plus notre compassion et notre bodhitchitta se renforceront, et plus nous arriverons rapidement à l'illumination.

RECONNAÎTRE NOS DÉFAUTS DANS LE MIROIR DU DHARMA

Une des principales fonctions des enseignements de Bouddha, le dharma, est d'être le miroir dans lequel nous pouvons voir nos propres défauts. Par exemple, si la colère se produit dans notre esprit, au lieu de chercher des excuses, nous avons besoin de nous dire : « Cette colère est un poison intérieur, une perturbation mentale. Elle est sans valeur et n'est aucunement justifiée. Sa seule fonction est de faire du mal. Je ne tolérerai pas sa présence dans mon esprit. » Nous pouvons également nous servir du miroir du dharma pour distinguer l'attachement désirant de l'amour. Il est facile de les confondre, mais il est essentiel de les différencier. En effet, l'amour ne nous apportera que du bonheur alors que l'attachement désirant ne nous apportera que de la souffrance et nous ancrera plus fermement encore dans le samsara. Dès que nous remarquons l'apparition de l'attachement dans notre esprit, nous devrions être sur nos gardes. Peu importe le plaisir qu'il semble y avoir à suivre notre attachement, c'est comme du miel que nous léchons sur le fil d'un rasoir. Par la suite, cet attachement nous conduira invariablement à plus de souffrances.

La raison principale pour laquelle nous ne nous préoccupons pas de tous les êtres vivants est que nous sommes tellement préoccupés par nous-mêmes qu'il ne reste que très peu de place dans notre esprit pour apprécier les autres. Si sincèrement nous souhaitons chérir les autres, nous préoccuper d'eux, nous avons besoin de réduire notre préoccupation obsessionnelle de nous-mêmes. Pourquoi considérons-nous que nous, nous sommes si précieux, mais pas les autres ? C'est parce que nous avons tellement l'habitude de nous préoccuper de nous-mêmes. Depuis des temps sans commencement, nous saisissons un *je* existant vraiment. Cette saisie d'un *je* donne automatiquement naissance à la préoccupation de soi, qui ressent instinctivement « Je suis plus important que les autres. » Pour les êtres ordinaires, la saisie de son propre *je* et la préoccupation de soi sont comme les deux faces d'une même pièce : la saisie d'un *je* saisit un *je* qui existe vraiment, tandis que la préoccupation de soi ressent que ce *je* est précieux et s'en préoccupe. La raison fondamentale à cela est notre familiarité constante avec la préoccupation de soi, jour et nuit, même pendant notre sommeil.

Considérer que notre *je* – c'est-à-dire nous-mêmes – est extrêmement précieux et important, nous fait exagérer nos propres qualités et développer une vision exagérée de nous-mêmes. Tout, ou presque, peut servir de base à cet esprit arrogant : notre apparence, nos biens, notre savoir, nos expériences, notre position sociale, etc. Si nous faisons un mot d'esprit, nous pensons « Je suis vraiment intelligent ! » Si nous avons voyagé de par le monde, nous avons l'impression que cela fait automatiquement de nous une personne fascinante. Nous pouvons même développer de l'orgueil à partir de choses dont nous devrions avoir honte, comme par exemple notre capacité à tromper les autres, ou simplement à partir de qualités que nous imaginons seulement posséder. À l'inverse, nous avons beaucoup de mal à accepter nos erreurs et nos manquements. Nous passons tellement de temps à contempler nos qualités réelles ou imaginaires que nous en venons à oublier nos défauts. En réalité, notre esprit est plein de perturbations mentales grossières, mais nous les ignorons et nous sommes même capables de nous faire croire à nous-mêmes que nous n'avons pas d'états d'esprit aussi horribles. C'est comme prétendre qu'il n'y a plus de saleté dans la maison après avoir tout balayé sous le tapis.

Il est souvent si douloureux d'admettre que nous avons des défauts qu'au lieu de modifier la vue exaltée que nous avons de nous-mêmes, nous cherchons plutôt à trouver toutes les excuses possibles. L'une des manières les plus courantes pour ne pas faire face à nos défauts est de tenir les autres pour responsables. Si nous avons par exemple une relation difficile avec une personne, nous en concluons naturellement que cette situation est entièrement de sa faute et nous sommes incapables d'accepter que cela puisse être, au moins partiellement, la nôtre. Au lieu de prendre la responsabilité de nos actions et de faire des efforts pour changer notre comportement, nous nous entêtons ou nous disputons avec elle et insistons sur le fait que c'est à elle de changer. Le sentiment exagéré de notre propre importance nous conduit ainsi à avoir une attitude critique envers les autres et il devient ainsi presque impossible d'éviter les conflits. Le fait que nous ne soyons pas conscients de nos défauts n'empêche pas les autres de les remarquer et de nous les signaler mais, lorsqu'ils le font, nous avons l'impression qu'ils sont injustes. Au lieu de regarder honnêtement notre propre comportement pour voir si la critique est justifiée ou non, notre esprit de préoccupation de soi se met sur la défensive et contre-attaque en trouvant des défauts chez eux.

Une autre raison nous empêche de considérer que les autres sont précieux : nous prêtons attention à leurs défauts et ignorons leurs qualités. Malheureusement, nous sommes maintenant très habiles pour remarquer les défauts des autres, et nous consacrons énormément d'énergie mentale à en dresser la liste, à les analyser et même à méditer dessus ! Avec cette attitude critique, si nous sommes en désaccord avec notre partenaire ou nos collègues, nous n'essayons pas de comprendre leur point de vue, mais pensons obstinément aux nombreuses raisons qui nous donnent raison et leur donnent tort. En centrant notre attention exclusivement sur leurs défauts et sur leurs limites, nous faisons naître en nous colère et ressentiment, et nous avons le désir, non pas de les chérir et de nous préoccuper de leur bonheur, mais de leur nuire ou de les discréditer. De légers désaccords peuvent ainsi facilement se transformer en conflits qui couvent pendant des mois.

Rien de bon ne sortira jamais de la contemplation de nos propres qualités et des défauts des autres. Le seul résultat sera une vue très déformée et présomptueuse de nous-mêmes, ainsi qu'une attitude arrogante et irrespectueuse à l'égard des autres. Dans *Le Guide du mode de vie du bodhisattva*, le maître bouddhiste Shantidéva dit :

> Si nous avons une haute estime de nous-mêmes, nous
> renaîtrons dans les règnes inférieurs
> Et plus tard en tant qu'être humain, notre statut social sera
> bas et notre esprit stupide.

Considérer que nous sommes supérieurs et que les autres sont inférieurs nous conduit à commettre de nombreuses actions négatives qui mûriront plus tard sous la forme d'une renaissance dans les règnes inférieurs. Et même lorsque nous prendrons à nouveau naissance dans le règne des humains, en raison de cette attitude hautaine, notre statut social sera inférieur, nous serons serviteurs ou esclaves. Par orgueil, nous pouvons nous croire très intelligents, mais en réalité cet orgueil nous rend stupides et remplit notre esprit de négativité. Il ne sert à rien de nous considérer plus importants que les autres et de ne penser qu'à nos propres qualités. Cela n'augmente pas nos qualités et ne réduit pas nos défauts, cela n'incite pas non plus les autres à partager l'opinion exaltée que nous avons de nous-mêmes.

Si inversement nous nous concentrons sur les qualités des autres, notre orgueil diminuera et nous arriverons à considérer les autres comme plus importants et plus précieux que nous-mêmes. En résultat, notre amour et notre compassion grandiront et nous accomplirons naturellement des actions vertueuses. Nous renaîtrons ainsi dans les règnes supérieurs, en tant qu'humain ou dieu, et gagnerons le respect et l'amitié de bien des gens. Contempler les qualités des autres n'apporte que de bonnes choses. C'est pourquoi, alors que les êtres ordinaires cherchent à trouver des défauts chez les autres, les bodhisattvas ne cherchent à voir que leurs qualités.

Dans *Les Conseils qui viennent du cœur d'Atisha*, il est dit :

> Ne cherchez pas à voir les défauts des autres, mais recherchez les vôtres et purgez-vous-en comme si c'était du mauvais sang.

> Ne contemplez pas vos propres qualités, mais contemplez celles des autres et respectez chacun comme le ferait un serviteur.

Il est nécessaire de penser à nos propres défauts car, tant que nous n'en serons pas conscients, nous ne serons pas motivés pour les surmonter. C'est en examinant constamment leur esprit pour y trouver défauts et imperfections, puis en faisant de grands efforts pour les abandonner que ceux qui sont maintenant des êtres pleinement éveillés ont été capables de libérer leur esprit des perturbations mentales, la source de tous les défauts. Bouddha a dit que les êtres qui comprennent leurs propres défauts sont des sages, alors que ceux qui n'en sont pas conscients et pourtant cherchent des défauts chez les autres sont des insensés. Contempler nos propres qualités et les défauts des autres ne sert qu'à faire grandir la préoccupation de soi et diminue notre amour pour eux. À l'inverse, tous les êtres pleinement éveillés sont d'accord sur le fait que la préoccupation de soi est la racine de tous les défauts et que chérir et se préoccuper des autres est la source de tout bonheur. Les seules personnes en désaccord avec ce point de vue sont les êtres qui sont encore dans le samsara. Nous pouvons conserver notre point de vue ordinaire ou bien, si nous le souhaitons, adopter le point de vue de tous les êtres saints. Ce choix nous appartient, mais si nous voulons jouir d'une paix et d'un bonheur véritables, il serait sage d'adopter le second.

Certains soutiennent que le manque d'estime de soi est l'un de nos problèmes majeurs et que nous avons besoin de porter une attention exclusive à nos qualités afin de faire grandir la confiance que nous avons en nous. Il est vrai que pour faire d'authentiques progrès spirituels, nous avons besoin de cultiver la confiance en notre potentiel spirituel, et également de reconnaître nos qualités et de les améliorer. Mais nous avons aussi besoin d'avoir une perception précise et réaliste des imperfections et des défauts que nous avons actuellement. Si nous sommes honnêtes avec nous-mêmes nous reconnaîtrons qu'en ce moment notre esprit est plein d'impuretés, comme la colère, l'attachement et l'ignorance. Ce n'est pas en prétendant que ces maladies mentales n'existent pas qu'elles vont disparaître. La seule manière de nous en débarrasser est de reconnaître honnêtement leur existence, puis de nous efforcer de les éliminer.

Nous avons besoin de prendre conscience avec précision de nos défauts, mais sans que ces défauts nous accablent ou nous découragent. Il est possible que nous ayons beaucoup de colère dans notre esprit. Cela ne signifie pas pour autant que nous sommes une personne intrinsèquement colérique. Nos perturbations mentales, quels qu'en soient le nombre et l'intensité, ne sont pas une partie essentielle de notre esprit. Ces impuretés contaminent temporairement notre esprit mais ne souillent pas sa nature pure, essentielle. Elles sont semblables à la boue qui trouble l'eau mais qui ne devient jamais une partie inhérente à l'eau. Il est toujours possible d'éliminer la boue et de faire ainsi apparaître une eau claire et pure. De même, il est possible d'éliminer les perturbations mentales et de révéler ainsi la pureté et la clarté naturelles de notre esprit. Nous reconnaissons que nous avons des perturbations mentales, mais nous ne nous identifions pas à ces perturbations mentales en pensant « Je suis égoïste, je ne vaux rien » ou « Je suis une personne colérique. » Au lieu de cela, nous nous identifions à notre potentiel de pureté et développons la sagesse et le courage de surmonter nos perturbations mentales.

Habituellement, lorsque nous observons des objets extérieurs, nous distinguons les objets utiles et de valeur des objets inutiles et sans valeur. Nous avons besoin d'apprendre à observer notre esprit de la même manière. La nature de notre esprit racine est pure et claire, mais de nombreuses pensées conceptuelles émanent de cet esprit comme les bulles d'un océan ou les rayons de lumière provenant d'une flamme. Certaines de ces pensées sont bénéfiques et nous apportent le bonheur, maintenant et à l'avenir, tandis que d'autres pensées conduisent à la souffrance et au malheur effroyable des renaissances dans les règnes inférieurs. Il est nécessaire d'observer constamment notre esprit et d'apprendre à distinguer les pensées bénéfiques des pensées néfastes qui naissent à chaque instant. Les êtres capables de faire cela sont de vrais sages.

Un jour, un malfaiteur qui avait tué des milliers de personnes rencontra un roi nommé Tchandra, un bodhisattva. Ce dernier l'aida en lui enseignant le dharma et en lui montrant l'erreur de son parcours de vie. L'homme lui dit : « J'ai regardé dans le miroir du dharma et je comprends à présent à quel point mes actions ont été négatives. Je ressens un grand regret de les avoir commises.» Motivé par ce profond remords, il effectua sincèrement des pratiques de purification et devint finalement un yogi très accompli. Cela nous montre que même l'être le plus négatif peut devenir un être complètement pur s'il identifie ses propres défauts dans le miroir du dharma, et qu'il fait ensuite les efforts appropriés pour les éliminer.

Autrefois vivait au Tibet un célèbre pratiquant du dharma, nommé Guéshé Ben Goungyal. Il ne récitait aucune prière et ne méditait pas dans la position de méditation traditionnelle. Sa seule pratique consistait à observer très attentivement son esprit et à contrer les perturbations mentales dès qu'elles se manifestaient. Dès qu'il remarquait que son esprit s'agitait, même légèrement, il redoublait de vigilance et refusait de suivre ses pensées négatives. Par exemple, s'il avait l'impression que la préoccupation de soi était sur le point de se réveiller, il se remémorait immédiatement les conséquences négatives de cet état d'esprit et l'empêchait de se manifester en utilisant la pratique de l'amour, son opposant. Lorsque son esprit restait naturellement paisible et positif, il se reposait et se permettait de jouir de ses états d'esprit vertueux.

Pour mesurer ses progrès, il déposait un caillou noir devant lui chaque fois qu'une pensée négative se produisait, et un caillou blanc chaque fois qu'il avait une pensée positive. À la fin de la journée, il comptait les cailloux. Si les cailloux noirs étaient plus nombreux, il se réprimandait et s'entraînait de plus belle le lendemain. Mais si les cailloux blancs étaient plus nombreux, il faisait son propre éloge et s'encourageait. Au début, les cailloux noirs étaient de loin plus nombreux que les cailloux blancs, mais avec les années son esprit s'améliora au point qu'il passait des journées entières sans caillou noir. Avant de rencontrer le dharma, Guéshé Ben Goungyal avait la réputation de n'en faire qu'à sa tête et d'être indiscipliné. Mais, grâce à l'observation minutieuse et continuelle de son esprit qu'il jugeait avec une honnêteté totale dans le miroir du dharma, il était progressivement devenu un être très pur et très saint. Pourquoi ne pourrions-nous pas faire de même ?

Autrefois, les maîtres, ou guéshés, kadampas enseignaient qu'un guide spirituel a pour fonction de montrer leurs défauts à ses disciples. Les disciples avaient ainsi une compréhension claire de leurs déficiences et la possibilité de les surmonter. Toutefois, si aujourd'hui un enseignant faisait remarquer leurs défauts à ses disciples, ceux-ci en seraient probablement contrariés, et pourraient même perdre leur foi. C'est pourquoi l'enseignant a besoin d'adopter une approche plus douce. Cependant, bien que notre guide spirituel s'abstienne avec tact de nous faire remarquer nos défauts directement, nous avons besoin d'en prendre conscience en examinant notre esprit dans le miroir de ses enseignements. En faisant le lien entre les enseignements de notre guide spirituel sur le karma et les perturbations mentales et notre situation personnelle, nous serons capables de comprendre ce que nous avons besoin d'abandonner et ce que nous avons besoin de pratiquer.

Un malade ne guérit pas en lisant simplement la notice d'un remède, mais il peut guérir en prenant effectivement ce remède. De même, Bouddha a donné les instructions du dharma comme remède suprême pour guérir notre maladie intérieure, nos perturbations mentales. Mais nous ne pouvons pas guérir de cette maladie simplement en lisant et en étudiant les livres du dharma. La seule manière de résoudre nos problèmes quotidiens est d'amener le dharma dans notre cœur et de le pratiquer avec sincérité.

CONSIDÉRER QUE TOUS LES ÊTRES VIVANTS SONT DES ÊTRES SUPRÊMES

Le grand bodhisattva Langri Tangpa composa cette prière :

> Avec une intention pure,
> Puissé-je chérir les autres comme des êtres suprêmes.

Si nous souhaitons atteindre l'illumination ou développer la bodhitchitta supérieure qui vient de l'échange de soi avec les autres, nous avons absolument besoin d'adopter la vue qui considère que les autres sont plus précieux que nous-mêmes. Cette vue est basée sur la sagesse et conduit à notre but final, alors que la vue qui considère que nous sommes plus précieux que les autres est basée sur l'ignorance de saisie d'un soi et nous maintient dans le samsara.

Qu'est-ce que cela signifie exactement de dire qu'une chose est précieuse ? Si l'on nous demandait « Quel est le plus précieux entre un os et un diamant ? », nous répondrions « un diamant », parce qu'un diamant est plus utile qu'un os. Cependant, pour un chien l'os est plus précieux car il peut le manger alors qu'il ne peut rien faire d'un diamant. Cela indique que la valeur d'une chose n'est pas une qualité inhérente à l'objet, mais que cette valeur dépend des besoins et des désirs de chacun, et ces besoins et ces désirs dépendent à leur tour du karma. Pour la personne dont le désir principal est d'atteindre les réalisations spirituelles que sont l'amour, la compassion, la bodhitchitta et la grande illumination, les êtres vivants sont plus précieux qu'un univers entier rempli de diamants ou même de joyaux qui exaucent les souhaits. Pourquoi ? Parce que les êtres vivants aident cette personne à développer l'amour et la compassion et à exaucer son souhait d'atteindre l'illumination. Tout un univers rempli de joyaux ne pourrait jamais faire cela.

Personne ne veut rester éternellement un être ordinaire et ignorant. Nous avons tous le désir de nous améliorer et d'atteindre des niveaux de plus en plus élevés. La pleine illumination est l'état le plus élevé, et les réalisations de l'amour, de la compassion, de la bodhitchitta ainsi que la pratique des six perfections – les perfections du don, de la discipline morale, de la patience, de l'effort, de la concentration et de la sagesse – forment la voie principale qui mène à l'illumination. Nous dépendons totalement des autres pour développer ces qualités. Comment pouvons-nous apprendre à aimer sans personne à aimer ? Comment pouvons-nous pratiquer le don sans personne à qui donner, ou la patience sans personne pour nous irriter ? Chaque fois que nous voyons un être vivant nous pouvons faire grandir nos qualités spirituelles comme l'amour et la compassion, et nous rapprocher ainsi de l'illumination et de l'accomplissement de nos souhaits les plus profonds. Les êtres vivants sont si bons d'être les objets de notre amour et de notre compassion. Ils sont si précieux !

Lorsqu'il était au Tibet, Atisha avait un assistant indien qui le critiquait sans cesse. Les Tibétains lui demandèrent pourquoi il gardait cet assistant alors que tant de Tibétains fidèles le serviraient volontiers. Atisha répondit : « Sans cet homme, je n'aurais personne avec qui pratiquer la patience. Cet homme est très bon pour moi. J'ai besoin de lui ! » Atisha avait compris que la seule manière d'accomplir son désir le plus profond – venir en aide à tous les êtres vivants – était d'atteindre l'illumination, et que pour ce faire il avait besoin de parfaire sa patience. Pour Atisha, cet assistant au mauvais caractère était plus précieux que des biens matériels, des compliments ou tout autre accomplissement ordinaire.

Nos réalisations spirituelles sont notre richesse intérieure car elles nous aident dans toutes les situations et ce sont les seuls biens que nous pourrons emporter avec nous à notre mort. Lorsque nous apprenons à valoriser la richesse intérieure de la patience, du don, de l'amour et de la compassion au-dessus des conditions extérieures, nous arrivons à considérer que tous les êtres sensibles sans exception sont suprêmement précieux, quelle que soit la manière dont ils nous traitent. Grâce à cela, il sera très facile de les chérir et de nous préoccuper d'eux.

Durant notre séance de méditation, nous contemplons les raisons données ci-dessus jusqu'à ce que nous parvenions à la conclusion suivante :

Les êtres sensibles sont extrêmement précieux parce que sans eux je ne peux pas rassembler la richesse intérieure des réalisations spirituelles qui finiront par m'apporter le bonheur ultime de la pleine illumination. Puisque sans cette richesse intérieure je serais contraint de rester pour l'éternité dans le samsara, je vais toujours considérer les êtres sensibles comme suprêmement importants.

Nous méditons en un seul point sur cette détermination le plus longtemps possible. Une fois sortis de la méditation, nous essayons de maintenir constamment cette détermination, en reconnaissant à quel point chaque être sensible sans exception est nécessaire pour notre pratique spirituelle. En maintenant cette reconnaissance, nos problèmes intérieurs – colère, attachement, jalousie, etc. – vont disparaître et nous en viendrons tout naturellement à chérir et à nous préoccuper des autres. En particulier, chaque fois que quelqu'un interfère avec nos désirs ou nous critique, souvenons-nous que nous avons besoin de cette personne pour développer les réalisations spirituelles qui sont le vrai sens de notre vie humaine. Si tout le monde nous traitait avec les égards que notre préoccupation de soi se croit en droit d'attendre, cela ne ferait que renforcer nos perturbations mentales et épuiser notre mérite. Imaginez à quoi nous ressemblerions si nous obtenions toujours ce que nous voulons ! Nous serions exactement comme un enfant gâté qui a l'impression que le monde entier tourne autour de lui, mais que personne n'apprécie. En fait, nous avons tous besoin de l'assistant d'Atisha, car une telle personne nous donne la possibilité de détruire notre préoccupation de soi et d'entraîner notre esprit, donnant ainsi un vrai sens à notre vie.

Le raisonnement précédent est exactement à l'opposé de notre façon habituelle de penser. Nous avons donc besoin de le contempler très attentivement jusqu'à ce que nous soyons convaincus que chaque être sensible sans exception est

effectivement plus précieux que tout accomplissement extérieur. En réalité les bouddhas et les êtres sensibles sont aussi
précieux les uns que les autres – les bouddhas parce qu'ils
révèlent la voie de l'illumination, et les êtres sensibles parce
qu'ils agissent en tant qu'objets des pensées vertueuses nécessaires pour atteindre l'illumination. Puisqu'en nous donnant
la possibilité d'atteindre notre but suprême, l'illumination, ils
nous manifestent la même bonté, nous devrions considérer
que les bouddhas et les êtres sensibles sont tout aussi importants et précieux. Shantidéva dit dans *Le Guide du mode de vie
du bodhisattva* :

> Puisque les êtres vivants et les êtres pleinement éveillés
>   sont semblables,
> Dans le sens où les qualités d'un bouddha se produisent
>   grâce à eux,
> Pourquoi n'avons-nous pas autant de respect pour les êtres
>   vivants
> Que pour les êtres pleinement éveillés ?

LES ÊTRES VIVANTS N'ONT AUCUN DÉFAUT

Nous pourrions objecter que s'il est vrai que nous dépendons des êtres sensibles en tant qu'objets de notre patience,
de notre compassion, etc., il n'en demeure pas moins impossible de les considérer comme précieux alors qu'ils ont tant
de défauts. Comment pouvons-nous considérer comme précieux quelqu'un dont l'esprit est rempli d'attachement, de
colère et d'ignorance ? La réponse à cette objection est assez
profonde. Bien que l'esprit des êtres sensibles soit rempli de
perturbations mentales, les êtres sensibles eux-mêmes ne sont
pas en faute. Nous disons que l'eau de mer est salée, mais en
fait c'est le sel qui se trouve dans l'eau qui la rend salée, l'eau
elle-même ne l'est pas. Le goût réel de l'eau n'est pas salé.

De même, tous les défauts que nous voyons chez les gens sont en réalité les défauts de leurs perturbations mentales, et non pas ceux des gens eux-mêmes. Les bouddhas voient que les perturbations mentales ont de nombreux défauts, mais ils ne voient jamais les personnes comme étant fautives, parce qu'ils font la distinction entre les personnes et leurs perturbations mentales. Si quelqu'un est en colère, nous pensons « Cette personne est mauvaise et coléreuse », alors que les bouddhas pensent : « C'est un être qui souffre de la maladie intérieure qu'est la colère. » Si un de nos amis souffre du cancer, nous ne lui reprochons pas sa maladie physique. De la même manière, si quelqu'un souffre de la colère ou de l'attachement, nous ne devrions pas lui reprocher les maladies touchant son esprit.

Les perturbations mentales sont les ennemies des êtres sensibles. Nous n'en voudrions pas à une victime pour les défauts de son agresseur, alors pourquoi en vouloir aux êtres sensibles pour les défauts de leurs ennemies intérieures ? Rien ne sert d'en vouloir à une personne qui est temporairement dominée par son ennemie intérieure, la colère, car cette personne et la colère dans son esprit sont deux phénomènes séparés. Les défauts d'un micro ne sont pas les défauts d'un livre, les défauts d'une tasse ne sont pas les défauts d'une théière. De même, les défauts des perturbations mentales ne sont pas les défauts d'une personne. La compassion est la seule réponse qu'il convient de donner à ceux qui, poussés par leurs perturbations mentales, font du mal aux autres. Il est parfois nécessaire de maîtriser ceux qui se comportent d'une manière très perturbée – dans leur propre intérêt et également pour protéger les autres –, mais il n'est jamais approprié de les tenir pour responsables, de le leur reprocher ou de nous mettre en colère contre eux.

Habituellement, nous faisons allusion à notre corps et à notre esprit en disant *mon corps* et *mon esprit*, comme nous le ferions pour désigner nos autres biens. Cela indique que notre corps et notre esprit sont différents de notre *je*. Le corps et l'esprit sont la base sur laquelle nous établissons notre *je*, mais ne sont pas le *je* lui-même. Les perturbations mentales sont des caractéristiques de l'esprit d'une personne, pas les caractéristiques de la personne. Nous ne pouvons jamais trouver aucun défaut propre aux êtres sensibles et, de ce fait, nous pouvons dire qu'à cet égard les êtres sensibles sont semblables aux bouddhas.

Nous faisons la distinction entre une personne et ses perturbations mentales, et de même il est nécessaire de nous souvenir que les perturbations mentales sont seulement des caractéristiques temporaires et accidentelles de l'esprit de cette personne, mais pas sa nature réelle. Les perturbations mentales sont des pensées conceptuelles déformées qui se forment à l'intérieur de l'esprit, comme les vagues sur l'océan. Les vagues peuvent s'apaiser totalement sans que l'océan ne disparaisse, et de même nos perturbations mentales peuvent prendre fin sans que cesse notre continuum mental.

Les bouddhas font la différence entre perturbations mentales et personnes et, de ce fait, ils sont capables de voir les défauts des perturbations mentales sans jamais voir un seul défaut chez un être sensible. Ainsi, leur amour et leur compassion pour les êtres sensibles ne diminuent jamais. Nous par contre, ne sachant pas faire cette différence, nous trouvons constamment des défauts chez les autres alors que nous ne voyons pas les défauts des perturbations mentales, même de celles qui se trouvent à l'intérieur de notre propre esprit.

Une prière dit :

> Ce défaut que je vois n'est pas le défaut de la personne
> Mais le défaut de la perturbation mentale.

Réalisant cela, puissé-je ne jamais voir de défauts chez les
autres,
Mais les considérer tous comme des êtres suprêmes.

Nous concentrer sur les défauts des autres est à l'origine d'une
grande partie de notre négativité. C'est également l'un des obstacles principaux qui nous empêche de voir les autres comme
des êtres suprêmement précieux. Si nous nous intéressons vraiment au développement de l'amour qui chérit et se préoccupe
des autres, nous avons besoin d'apprendre à faire la distinction
entre une personne et ses perturbations mentales, et de réaliser
que ce sont les perturbations mentales qui sont à tenir pour
responsables de tous les défauts que nous percevons.

Il semble qu'il y ait une contradiction entre ce passage et le
passage précédent dans lequel il nous est conseillé d'identifier
nos propres défauts. Si nous avons des défauts, alors les autres
en ont certainement eux aussi ! En réalité, il n'y aucune contradiction. Pour que notre pratique de purification soit efficace,
nous avons besoin d'identifier nos propres défauts, c'est-à-
dire nos perturbations mentales et nos actions non vertueuses.
Cela s'applique également aux autres. Et pour que notre pratique de l'amour et de la bienveillance envers tous les êtres
vivants soit efficace, nous avons besoin de comprendre que les
défauts que nous voyons dans les actions des êtres vivants ne
sont pas les défauts des êtres vivants, mais les défauts de leurs
ennemies, leurs perturbations mentales. Il nous faut comprendre ces enseignements de façon pratique, nous n'avons
pas besoin de débats inutiles.

Quand une mère voit son enfant piquer une crise de colère,
elle sait que l'enfant agit de manière perturbée, mais cela
ne diminue en rien l'amour qu'elle lui porte. Elle n'est pas
aveugle à la colère de son enfant, mais elle n'en conclut pas
pour autant que l'enfant est mauvais ou intrinsèquement colé-
reux. Elle fait la différence entre la perturbation mentale et la

personne, et continue ainsi à voir la beauté et tout le potentiel de son enfant. De la même manière, nous devrions considérer tous les êtres sensibles comme suprêmement précieux tout en comprenant clairement qu'ils sont atteints d'une maladie, les perturbations mentales.

Nous pouvons aussi appliquer ce raisonnement à nous-mêmes, en reconnaissant que nos défauts sont en réalité ceux de nos perturbations mentales et non pas les nôtres. Cela nous empêche de nous identifier à nos défauts et donc de nous sentir coupables et complexés. Cela nous aide aussi à considérer nos perturbations mentales de manière réaliste et pratique. Nous avons besoin de reconnaître la présence de nos perturbations mentales et de prendre la responsabilité de les éliminer. Toutefois, pour que cela soit efficace nous avons besoin de mettre une certaine distance entre elles et nous. Par exemple, nous pouvons penser : « La préoccupation de soi est actuellement présente dans mon esprit, mais ce n'est pas moi. Je peux la détruire sans me détruire moi-même. » Ainsi, nous pouvons être absolument impitoyables avec nos perturbations mentales, mais bons et patients avec nous-mêmes. Nous n'avons pas besoin de nous en vouloir pour les nombreuses perturbations mentales héritées de notre vie précédente. Par contre, si nous avons le désir que notre futur moi jouisse de la paix et du bonheur, c'est notre responsabilité de retirer ces perturbations mentales de notre esprit.

Il a déjà été mentionné qu'une des meilleures méthodes pour considérer que les autres sont précieux consiste à nous souvenir de leur bonté. Là encore, nous pouvons rétorquer : « Comment puis-je considérer que les autres sont bons alors qu'ils commettent tant d'actions cruelles et néfastes ? » Pour répondre à cela, nous avons besoin de comprendre que, lorsqu'ils nuisent aux autres, les êtres sont sous le contrôle de leurs perturbations mentales. Les perturbations mentales agissent à la manière d'une puissante drogue hallucinogène qui force les gens à agir de manière totalement opposée à leur nature réelle. Une personne sous l'influence de perturbations mentales n'a pas toute sa tête parce qu'elle crée de terribles souffrances pour elle-même, et qu'aucune personne sensée ne créerait ses propres souffrances. Toutes les perturbations mentales sont basées sur une manière incorrecte de voir les choses. Lorsque nous voyons les choses telles qu'elles sont réellement, les perturbations mentales disparaissent naturellement et des états d'esprit vertueux se manifestent naturellement. Ces états d'esprit vertueux, par exemple l'amour et la bienveillance, sont basés sur la réalité et sont une expression de notre nature pure. Ainsi, lorsque nous voyons la bonté des autres, nous voyons au-delà de leurs perturbations mentales et nous nous relions à leur nature pure, leur nature de bouddha.

Bouddha a comparé notre nature de bouddha à une pépite d'or noyée dans la boue. En effet, peu importe le caractère écœurant des perturbations mentales d'une personne, la nature réelle de son esprit reste non souillée, comme de l'or pur. Même dans le cœur de la personne la plus cruelle et la plus dégénérée, il existe le potentiel d'un amour, d'une compassion et d'une sagesse sans limite. Contrairement aux graines de nos perturbations mentales, qu'il est possible de détruire, ce potentiel est absolument indestructible : c'est la nature pure, l'essence de chaque être vivant. Chaque fois que nous rencontrons d'autres personnes, plutôt que de nous concentrer sur leurs perturbations mentales, nous devrions nous concentrer sur l'or, c'est-à-dire leur nature de bouddha. Cela nous permettra non seulement de considérer que ces personnes sont uniques et spéciales, mais cela aidera aussi à faire ressortir leurs qualités. En identifiant chaque être comme un futur bouddha, par amour et par compassion nous aiderons et encouragerons naturellement ce potentiel à murir.

Nous considérer comme plus importants que les autres nous est si familier que l'attitude qui consiste à considérer tous les êtres sensibles comme des êtres suprêmement importants ne se manifeste pas aisément en nous. Il est nécessaire d'entraîner patiemment notre esprit pendant des années avant que cette attitude ne devienne naturelle. Un océan est formé d'une multitude de gouttes d'eau minuscules qui se rassemblent sur une longue période. De même, les réalisations de l'amour et de la compassion des pratiquants avancés sont le résultat d'un entraînement constant. Nous devrions commencer en essayant de chérir et de nous préoccuper de nos parents, de notre famille et de nos amis proches, puis étendre ce sentiment aux autres personnes de notre entourage. Progressivement, nous pouvons augmenter le champ de notre amour jusqu'à y inclure tous les êtres sensibles.

Il est important de commencer par notre entourage le plus proche, car si nous essayons d'aimer tous les êtres sensibles de manière générale, en négligeant de chérir et de nous préoccuper de ceux que nous fréquentons, notre amour pour les autres restera abstrait, faux. Nous pourrons avoir de bons ressentis en méditation mais, sortis de la méditation, ces sentiments disparaîtront vite et notre esprit restera fondamentalement inchangé. Toutefois, si à la fin de chaque séance nous prenons la détermination spéciale de chérir et de nous préoccuper de ceux avec qui nous allons passer du temps, et que nous mettons cette détermination en pratique, la base de cet amour pour les autres sera solide et sincère. En faisant un sérieux effort pour aimer les personnes de notre entourage immédiat, alors, même si celles-ci nous mènent la vie dure, notre préoccupation de soi sera continuellement érodée et nous établirons progressivement dans notre esprit une fondation solide d'amour pour les autres. Sur cette base, il ne sera pas difficile d'étendre notre amour à un nombre croissant d'êtres sensibles

jusqu'à faire naître en nous l'amour et la compassion universels d'un bodhisattva.

Notre capacité à aider les autres dépend également des liens
karmiques créés avec eux dans cette vie-ci et dans nos vies
antérieures. Nous avons tous un cercle de personnes avec lesquelles nous avons un lien karmique spécial dans cette vie-
ci. Il est nécessaire d'apprendre à aimer tous les êtres vivants
de manière égale, mais cela ne signifie pas que nous soyons
obligés de nous comporter avec tout le monde exactement de
la même manière. Par exemple, il serait inapproprié de nous
conduire avec notre employeur de la même façon qu'avec nos
amis proches et notre famille. Par ailleurs, certaines personnes
préfèrent qu'on les laisse seules et d'autres n'aiment pas les
marques d'affection. Aimer les autres est principalement une
attitude mentale, et la manière dont nous exprimons cet amour
dépend des besoins et des désirs de chaque individu, ainsi
que de notre lien karmique avec eux. Nous ne pouvons pas
physiquement prendre soin de tout le monde, mais nous pouvons développer une attitude attentionnée à l'égard de tous
les êtres. C'est le but principal de l'entraînement de l'esprit.
En entraînant notre esprit de cette manière, nous deviendrons
finalement un bouddha qui a le véritable pouvoir de protéger
tous les êtres sensibles.

En contemplant attentivement tous les points précédents,
nous parvenons à la conclusion suivante :

> *Parce que tous les êtres sensibles me sont très précieux, je dois*
> *absolument les chérir, me préoccuper d'eux et ressentir à quel*
> *point ils me sont chers.*

Nous devrions considérer cette détermination comme une
graine que nous maintenons continuellement dans notre
esprit et nous la nourrissons jusqu'à ce qu'elle grandisse et
devienne un sentiment spontané : nous chérissons et nous

nous préoccupons des autres autant que de nous-mêmes. Cette réalisation est appelée mise à égalité de soi et des autres. Notre propre paix et notre propre bonheur ont de l'importance pour nous. De la même manière, la paix et le bonheur de tous les êtres vivants devraient aussi avoir de l'importance à nos yeux. Nous agissons pour nous libérer de la souffrance et des problèmes. De même, nous devrions agir pour libérer les autres.

DÉVELOPPER L'HUMILITÉ

Le bodhisattva Langri Tangpa a dit :

> Chaque fois que je me trouve en présence des autres,
> Puissé-je me considérer comme inférieur à tous.

Langri Tangpa nous encourage ici à développer l'esprit d'humilité et à nous considérer comme inférieurs et moins importants que les autres. Nous avons déjà vu que la valeur d'un objet n'est pas une qualité inhérente à cet objet, mais dépend du karma de chaque individu. En raison du lien karmique spécial qu'une mère a avec ses enfants, ceux-ci lui paraissent naturellement précieux. Un pratiquant qui cherche à atteindre l'illumination considère que tous les êtres sensibles sont précieux, de manière égale, à la fois parce que la bonté de ces êtres est immense et aussi parce qu'ils agissent en tant qu'objets suprêmes pour développer et faire grandir ses propres réalisations spirituelles. Pour ce pratiquant, pas un seul être vivant n'est inférieur ou moins important, pas même un insecte. Nous pouvons nous demander : « Puisque cette importance dépend du karma, est-ce qu'un pratiquant qui cherche à atteindre l'illumination voit tous les êtres comme précieux en raison de son lien karmique avec eux ? » Le pratiquant acquiert cette vue spéciale en contemplant des raisons correctes qui font mûrir le potentiel karmique grâce auquel il voit tous les êtres comme ses précieuses mères. En réalité, tous les êtres sensibles sont nos mères, il est donc évident que nous avons un lien karmique avec chacun d'entre eux. Toutefois, en raison de notre ignorance, nous ne nous doutons pas que ces êtres sont nos précieuses mères.

De façon générale, nous aimerions tous bénéficier d'un statut social élevé et d'une bonne réputation, et l'humilité nous intéresse peu, voire pas du tout. Les pratiquants accomplis comme Langri Tangpa sont tout le contraire. Ils recherchent en fait les positions subalternes et souhaitent aux autres de jouir du bonheur de positions plus élevées. Les pratiquants s'efforcent de pratiquer l'humilité pour trois raisons. Premièrement, en pratiquant l'humilité, nous n'épuisons pas notre mérite pour réussir dans les affaires de ce monde, mais le réservons au développement des réalisations intérieures. Notre réserve de mérite est limitée. Alors, si nous la gaspillons en biens matériels, réputation, popularité ou pouvoir, il restera trop peu d'énergie positive dans notre esprit pour atteindre de profondes réalisations spirituelles. Deuxièmement, en pratiquant l'humilité et en souhaitant que les autres jouissent d'une position plus élevée, nous accumulons une immense quantité de mérite. Nous avons besoin de comprendre que maintenant, c'est le moment d'accumuler du mérite, pas de le gaspiller. Troisièmement, nous avons besoin de pratiquer l'humilité parce qu'il n'y a aucun *je* existant intrinsèquement. Nous avons besoin de percevoir notre *moi, je* – l'objet de notre préoccupation de soi – comme inférieur, le moins important de tous, comme une chose qu'il est nécessaire de négliger ou d'oublier. Ainsi, notre préoccupation de soi s'affaiblira et notre amour pour les autres grandira.

De nombreux pratiquants pratiquent l'humilité, mais acceptent néanmoins toute position sociale leur permettant d'aider au mieux les êtres sensibles. Il se peut qu'un tel pratiquant devienne riche, puissant et qu'il soit un membre respecté de la société, mais sa seule motivation pour cela sera d'aider les autres. La réussite dans les domaines de ce monde ne l'attire absolument pas, parce qu'il sait que cette réussite est trompeuse et qu'elle gaspille son mérite. Même s'il devenait roi, il considérerait que toutes ses richesses appartiennent aux autres et, dans son cœur, il continuerait à considérer les autres comme suprêmes. Sa position ou ses biens n'épuiseraient pas son mérite puisqu'il ne considérerait pas ces choses comme étant siennes.

Nous avons besoin de pratiquer l'humilité même en compagnie de ceux qui, dans les conventions sociales, nous sont égaux ou inférieurs. Nous ne sommes pas capables de voir l'esprit des autres et, de ce fait, nous ne savons pas qui est un être réalisé et qui ne l'est pas. Une personne peut être de condition sociale modeste mais, si elle maintient dans son cœur amour et bienveillance envers tous les êtres vivants, cette personne est en réalité un être réalisé. Par ailleurs, les bouddhas sont capables de se manifester sous n'importe quelle forme pour aider les êtres vivants et, à moins d'être nous-mêmes un bouddha, nous n'avons aucun moyen de savoir qui est une émanation d'un bouddha et qui n'en est pas une. Nous ne pouvons pas affirmer avec certitude que notre ami le plus proche, ou notre pire ennemi, que notre mère ou même notre chien n'est pas une émanation. Le fait que nous croyons très bien connaître une personne et d'avoir vu chez elle des comportements perturbés ne signifie pas que cette personne est une personne ordinaire. Ce que nous voyons est un reflet de notre propre esprit. Un esprit ordinaire, perturbé, percevra naturellement un monde rempli de personnes ordinaires, perturbées.

Seule la purification de notre esprit nous permettra de voir directement des êtres saints, purs. En attendant, il nous est impossible de savoir avec certitude si une personne est, ou non, une émanation. Tous ceux que nous connaissons sont peut-être des émanations de Bouddha ! Cela peut nous paraître improbable, mais c'est seulement parce que nous avons tellement l'habitude de voir les autres comme des personnes ordinaires. En réalité, nous n'en savons rien. Tout ce que nous pouvons dire honnêtement c'est que telle personne est peut-être une émanation, ou peut-être pas. Cette manière de penser est très utile car, si nous pensons qu'une personne est peut-être l'émanation d'un bouddha, nous la respecterons naturellement et éviterons de la blesser. Le fait de penser qu'une personne est peut-être un bouddha produit sur notre esprit un effet presque semblable au fait de penser que cette personne est un bouddha. Puisque la seule personne dont nous soyons sûrs qu'elle n'est pas un bouddha, c'est nous-mêmes, en nous entraînant à penser ainsi, nous en viendrons progressivement à considérer tous les autres comme étant supérieurs et plus précieux que nous.

Au début, il n'est pas facile d'accepter de nous considérer comme inférieurs à tous. Lorsque nous croisons un chien par exemple, sommes-nous censés nous considérer comme inférieurs à lui ? Nous pouvons penser à l'histoire d'Asanga qui rencontra sur son chemin un chien mourant, qui en réalité s'avéra être une émanation de Bouddha Maitreya. Le chien devant nous peut sembler être un animal ordinaire, mais le fait est que nous ne connaissons pas sa nature véritable. Lui aussi a peut-être été émané par Bouddha pour nous aider à développer la compassion. Puisque nous sommes incapables de savoir avec certitude, dans un sens comme dans l'autre, plutôt que de perdre notre temps à nous demander si le chien est un animal ordinaire ou une émanation, nous devrions simplement penser : « Il est possible que ce chien soit une émanation de Bouddha. » En voyant les choses ainsi, nous pouvons penser que nous sommes inférieurs au chien, et cette pensée nous protégera de tout sentiment de supériorité.

L'un des avantages de l'humilité est de nous permettre d'apprendre de tout le monde. Une personne orgueilleuse ne peut pas apprendre des autres parce qu'elle a déjà l'impression de mieux savoir qu'eux. À l'inverse, une personne humble respecte tout le monde et reconnaît que les autres peuvent même être une émanation de Bouddha. Cette personne a l'ouverture d'esprit nécessaire pour apprendre de chacun et de toute situation. L'eau ne peut pas se rassembler au sommet d'une montagne. De même, les qualités et les bénédictions ne peuvent pas se rassembler sur les sommets rocailleux de l'orgueil. Si, au contraire, nous maintenons une attitude humble et respectueuse envers chacun, les qualités et l'inspiration se déverseront constamment dans notre esprit, telle une rivière se déversant dans une vallée.

L'échange de soi avec les autres

L'échange de soi avec les autres

Les deux chapitres précédents nous expliquent la pratique de ce qui est appelé « la mise à égalité de soi et des autres », c'est-à-dire chérir de façon égale soi-même et tous les autres êtres vivants. Ce chapitre nous montre maintenant comment pratiquer l'échange de soi avec les autres. Cela veut dire que nous abandonnons notre préoccupation de soi et parvenons à ne chérir et à ne nous préoccuper que des autres. Étant donné que le principal obstacle à cette réalisation, ce sont nos perturbations mentales, je vais expliquer maintenant comment nous pouvons surmonter ces perturbations mentales, et en particulier notre préoccupation de soi.

Habituellement, nous divisons le monde extérieur en fonction de ce que nous pensons être bon ou intéressant, mauvais ou sans intérêt, ou encore ni l'un ni l'autre. La plupart du temps ces discriminations sont incorrectes ou n'ont pas beaucoup de sens. Par exemple, notre habitude de classer les gens en amis, ennemis et inconnus, en fonction de la manière dont nous nous sentons en leur présence est incorrecte et constitue également un grand obstacle au développement d'un amour impartial envers tous les êtres vivants. Plutôt que de maintenir si fermement notre manière de discriminer le monde extérieur, il serait bien plus bénéfique d'apprendre à discriminer les états d'esprit qui ont de la valeur de ceux qui sont inutiles.

Pour surmonter une perturbation mentale donnée, nous devons être capables de l'identifier correctement et de la distinguer clairement d'autres états d'esprit. Il est relativement facile d'identifier des perturbations mentales comme la colère ou la jalousie, et de voir comment ces perturbations nous font du mal. Les perturbations mentales comme l'attachement, l'orgueil, la saisie d'un soi et la préoccupation de soi sont en revanche plus difficiles à identifier et il est facile de les confondre avec d'autres états d'esprit. Nous avons, par exemple, de nombreux désirs mais tous ne sont pas motivés par l'attachement désirant. Nous pouvons avoir le désir de dormir, de manger, de rencontrer nos amis ou de méditer, sans être forcément influencés par l'attachement. Un désir qui est de l'attachement dérange nécessairement notre esprit, mais puisqu'il peut nous affecter subtilement ou indirectement, il se peut que nous ayons du mal à le reconnaître lorsqu'il se manifeste dans notre esprit.

QU'EST-CE QUE LA PRÉOCCUPATION DE SOI ?

Parmi les innombrables pensées conceptuelles qui se manifestent à partir de l'océan de notre esprit racine, la préoccupation de soi est la plus néfaste alors que l'esprit qui chérit et se préoccupe des autres est la plus bénéfique. Qu'est-ce que la préoccupation de soi exactement ? La préoccupation de soi est notre esprit en train de penser « Je suis important » tout en négligeant les autres. Par définition, cet état d'esprit considère notre propre personne comme étant suprêmement importante et précieuse, et se développe à partir de l'apparence d'existence vraie du *je*, ou *soi*. La perturbation mentale qu'est la préoccupation de soi fonctionne dans notre esprit presque tout le temps et c'est le cœur même de notre expérience samsarique.

Notre préoccupation de soi nous fait ressentir que notre bonheur et notre liberté, nos désirs et nos sentiments sont plus importants que ceux de toute autre personne, et que notre vie et nos expériences sont plus intéressantes. À cause de notre préoccupation de soi, nous sommes vexés lorsque nous sommes critiqués ou insultés, alors que nous ne le sommes pas lorsqu'un inconnu est critiqué. Il se peut même que nous nous réjouissions si une personne que nous n'aimons pas est insultée. Lorsque nous souffrons, il nous semble que la chose la plus importante au monde est de faire cesser notre douleur le plus rapidement possible, mais lorsqu'une autre personne souffre, nous sommes bien plus patients. La préoccupation de soi nous est si familière que nous imaginons difficilement vivre sans elle. Elle est pour nous presque aussi naturelle que notre respiration. Toutefois, si nous utilisons notre sagesse nous verrons que la préoccupation de soi est une erreur totale, sans aucune relation avec la réalité. Aucune raison valide ne nous permet de penser que nous sommes plus importants que les autres. Pour les bouddhas, dont l'esprit ne fait aucune erreur et qui voient les choses exactement telles qu'elles sont, tous les êtres sont d'une importance égale.

La préoccupation de soi est une perception erronée car son objet observé – le *soi*, ou *je*, existant intrinsèquement – n'existe pas. Si nous observons attentivement notre esprit au moment où la préoccupation de soi se manifeste fortement, par exemple lorsque nous avons peur, que nous sommes mal à l'aise ou révoltés, nous nous apercevrons que notre sensation de *moi, je* est très intense. À cause de l'ignorance de saisie d'un soi, notre *je* nous apparaît comme une entité réelle, solide, existant de son propre côté, indépendamment de notre corps et de notre esprit. Ce *je* indépendant, appelé *je qui existe intrinsèquement*, n'a aucune existence. Le *je* que nous saisissons si fort, qui nous semble si important et dont nous nous préoccupons tant, et que nous passons toute notre vie à servir et à protéger est uniquement un produit de notre ignorance. Si nous réfléchissons profondément à ce point, nous prendrons conscience qu'il est vraiment ridicule de nous préoccuper d'une chose qui n'existe pas. Une explication de la manière dont le *je* existant intrinsè-quement n'existe pas se trouve dans le chapitre *S'entraîner à la bodhitchitta ultime*.

En raison des empreintes de saisie d'un soi accumulées depuis des temps sans commencement, tout ce qui apparaît à notre esprit paraît exister intrinsèquement, y compris notre *je*. Nous saisissons notre propre *je* comme existant intrinsè-quement et, de ce fait, nous saisissons le *je* des autres comme existant intrinsèquement et nous concevons alors que nous-mêmes et les autres sommes intrinsèquement différents. La préoccupation de soi qui ressent instinctivement : « Je suis suprêmement important et précieux » se manifeste alors en nous. En résumé, notre saisie d'un soi appréhende notre *je* comme existant intrinsèquement et notre préoccupation de soi se préoccupe alors de ce *je* existant intrinsèquement plus que de toute autre chose. Pour les êtres ordinaires, la saisie d'un soi et la préoccupation de soi sont intimement liées et presque inséparables. Nous pouvons dire que toutes deux sont des types d'ignorance parce qu'elles appréhendent incorrectement un objet non existant, le *je* existant intrinsèquement. Puisque toute action motivée par ces états d'esprit est une action conta-minée qui nous fait renaître dans le samsara, il est également juste de dire que, pour les êtres ordinaires, la saisie d'un soi et la préoccupation de soi sont toutes deux la racine du samsara.

Il existe un type de préoccupation de soi plus subtil, qui n'est pas associé à la saisie d'un soi et n'est pas, par consé-quent, un type d'ignorance. Ce type de préoccupation de soi existe dans l'esprit des destructeurs de l'ennemi hinayanas qui ont complètement abandonné l'ignorance de saisie d'un soi et toutes les autres perturbations mentales. Il leur reste cependant encore une forme subtile de préoccupation de soi qui se manifeste à partir des empreintes de saisie d'un soi et qui les empêche d'agir pour le bien de tous les êtres sensibles.

L'explication de ce type de préoccupation de soi n'entre pas dans le cadre de ce livre. Ici, la préoccupation de soi fait référence à la préoccupation de soi des êtres ordinaires, un état d'esprit perturbé qui se préoccupe d'un soi non existant et le considère comme suprêmement important.

LES DÉFAUTS DE LA PRÉOCCUPATION DE SOI

Il est impossible de trouver un seul problème, un seul malheur ou une seule expérience douloureuse qui ne provienne pas de la préoccupation de soi. Comme le dit le bodhisattva Shantidéva :

> Tout le bonheur de ce monde
> Provient du désir que les autres soient heureux.
> Toute la souffrance de ce monde
> Provient du désir d'être soi-même heureux.

Comment faut-il comprendre cela ? Il a été dit précédemment que toutes nos expériences sont les effets de nos actions effectuées dans le passé : les expériences agréables sont les effets d'actions positives et les expériences désagréables les effets d'actions négatives. Les souffrances ne nous sont pas données en punition. Elles proviennent toutes de notre esprit de préoccupation de soi qui désire que nous soyons heureux tout en négligeant le bonheur des autres. Il est possible de comprendre cela de deux manières. Premièrement, l'esprit de préoccupation de soi est le créateur de toutes nos souffrances et de tous nos problèmes. Deuxièmement, la préoccupation de soi est la base pour ressentir toutes nos souffrances et tous nos problèmes.

Nous souffrons parce que dans nos vies précédentes, nous avons effectué, motivées par une intention égoïste – notre préoccupation de soi –, des actions qui ont fait souffrir les autres. En résultat de ces actions, nous éprouvons maintenant nos souffrances et nos problèmes. Ainsi, le véritable créateur de toutes nos souffrances et de tous nos problèmes est notre esprit de préoccupation de soi. Si nous n'avions jamais commis d'actions négatives, il nous serait impossible d'éprouver un effet désagréable. Toutes les actions négatives sont motivées par des perturbations mentales, qui à leur tour proviennent de la préoccupation de soi. Nous pensons d'abord « Je suis important » et cela nous donne l'impression que satisfaire nos désirs est de la plus haute importance. Ensuite, nous souhaitons obtenir ce qui nous paraît attirant et développons de l'attachement, nous ressentons de l'aversion pour ce qui nous paraît déplaisant et développons de la colère, et nous ressentons de l'indifférence vis-à-vis de ce qui nous paraît neutre et développons de l'ignorance. À partir de ces trois-là, toutes les autres perturbations mentales se manifestent. La saisie d'un soi et la préoccupation de soi sont les racines de l'arbre de la souffrance, les perturbations mentales comme la colère et l'attachement sont le tronc de cet arbre, les actions négatives en sont les branches, et enfin toutes les souffrances et douleurs du samsara en sont les fruits amers.

En comprenant la manière dont les perturbations mentales se développent, nous pouvons voir que la préoccupation de soi est au cœur même de notre négativité et de notre souffrance. En ne tenant aucun compte du bonheur des autres et en ne recherchant égoïstement qu'à satisfaire nos propres intérêts, nous commettons de nombreuses actions non vertueuses dont le seul effet sera la souffrance. Il est possible de voir que tous les malheurs comme les maladies, les catastrophes naturelles et les guerres ont pour origine la préoccupation de soi. Il est impossible de connaître la souffrance de la maladie ou de toute autre infortune si nous n'avons pas, à un moment ou à un autre de notre passé, créé sa cause, qui est nécessairement une action non vertueuse motivée par la préoccupation de soi.

Cela ne signifie pas qu'une personne souffre par sa faute et qu'il est donc inapproprié d'avoir de la compassion pour elle. Sous l'emprise de leurs perturbations mentales, les êtres vivants commettent des actions négatives et, chaque fois qu'ils sont sous l'influence d'une perturbation mentale, ils ne contrôlent pas leur esprit. Si un malade mental se blesse en se frappant la tête contre un mur, aucun médecin ne refusera de le soigner sous prétexte que c'est de sa faute. De la même manière, si au cours d'une vie antérieure, une personne a commis une action négative dont le résultat est maintenant une maladie grave, ce n'est pas une raison pour n'éprouver aucune compassion pour elle. En fait, en comprenant que les êtres vivants sont prisonniers des perturbations mentales, la cause de toutes leurs souffrances, notre compassion deviendra beaucoup plus forte. Pour pouvoir aider efficacement les autres, nous avons besoin d'une intention ancrée dans une profonde compassion, qui désire libérer les autres de leurs souffrances manifestes *et* de leurs causes sous-jacentes.

L'esprit de préoccupation de soi est également la base pour éprouver toutes nos souffrances et tous nos problèmes. Par exemple, beaucoup de personnes se sentent déprimées, découragées, malheureuses et souffrent mentalement lorsqu'elles ne peuvent pas réaliser leurs désirs, et certaines veulent même parfois se suicider. Tout cela est dû à leur préoccupation de soi qui croit que leurs désirs sont si importants. C'est donc leur préoccupation de soi la principale responsable de leurs problèmes. Sans préoccupation de soi, il n'y aurait aucune base pour éprouver de telles souffrances.

Il n'est pas difficile de voir comment notre préoccupation de soi actuelle est cause de nos souffrances. Toutes les mésententes, querelles et bagarres proviennent de la préoccupation de soi des personnes impliquées. La préoccupation de soi nous fait maintenir très fermement nos opinions et nos intérêts, et nous ne sommes pas prêts à considérer une situation d'un autre point de vue. En conséquence, nous nous mettons facilement en colère et désirons blesser verbalement, ou même physiquement, les autres. La préoccupation de soi nous rend déprimés chaque fois que nos désirs ne sont pas satisfaits, lorsque nos ambitions n'aboutissent pas ou que notre vie ne prend pas la direction prévue. Si nous examinons tous les moments où nous avons été malheureux, nous allons découvrir qu'ils se caractérisent par une préoccupation excessive de notre propre bien-être. Si nous perdons notre travail, notre maison, notre réputation ou nos amis, nous nous sentons tristes, mais c'est seulement parce que nous sommes très attachés à ces choses. Nous sommes très loin de nous sentir aussi soucieux lorsque d'autres personnes perdent leur travail ou sont séparées de leurs amis.

En elles-mêmes, les conditions externes ne sont ni bonnes ni mauvaises. Par exemple, nous pensons généralement que la richesse est désirable mais, si nous y sommes fortement atta-chés, elle n'amènera que des soucis et ne servira qu'à épui-ser notre mérite. Par contre, si notre esprit est principalement gouverné par l'amour qui chérit et se préoccupe des autres, la perte de toute notre fortune peut même se révéler utile, car elle nous donne la possibilité de comprendre la souffrance de ceux qui vivent des situations semblables et nous permet d'être moins distraits de notre pratique spirituelle. Même si nous arrivions à combler tous les désirs de notre préoccupation de soi, nous n'aurions aucune garantie d'être heureux, car chaque réussite samsarique apporte avec elle de nouveaux problèmes et conduit invariablement à de nouveaux désirs. Rechercher inlassablement à satisfaire nos désirs égoïstes, c'est comme boire de l'eau salée pour étancher notre soif. Plus nous cédons à nos désirs, plus nous avons soif.

Lorsque quelqu'un se suicide, c'est habituellement parce que ses désirs ne se sont pas réalisés. Toutefois, cela lui était devenu insupportable uniquement parce que sa préoccupation de soi lui avait donné l'impression que ses désirs étaient la chose la plus importante au monde. C'est à cause de la préoccupation de soi que nous prenons tellement au sérieux nos désirs et nos projets et que nous sommes incapables d'accepter et d'apprendre des difficultés que la vie nous apporte. Nous ne devenons pas une meilleure personne simplement en satisfaisant nos désirs ordinaires. Nous sommes susceptibles d'atteindre les qualités qui importent vraiment – comme la sagesse, la patience et la compassion – tant par nos échecs que par nos réussites.

Souvent, nous avons l'impression que notre malheur est provoqué par une autre personne et nous pouvons lui en vouloir. Cependant, si nous observons attentivement la situation, nous verrons que c'est toujours notre propre attitude mentale la responsable de notre malheur. Les actions d'une autre personne peuvent nous rendre malheureux uniquement si nous leur permettons d'induire une réponse négative en nous. Les critiques, par exemple, n'ont en elles-mêmes aucun pouvoir de nous blesser, c'est seulement à cause de notre préoccupation de soi que nous sommes blessés. La préoccupation de soi nous rend si dépendants de l'opinion et de l'approbation des autres que nous n'avons plus la liberté de répondre et d'agir de la manière la plus constructive.

Parfois, nous avons l'impression d'être malheureux parce qu'une personne que nous aimons a des ennuis. Nous avons besoin de nous souvenir qu'actuellement notre amour pour les autres est presque invariablement mélangé à l'attachement, qui est un état d'esprit centré sur soi. Par exemple, l'amour que les parents ressentent généralement pour leurs enfants est profond et authentique, mais ce n'est pas toujours un amour pur. D'autres sentiments y sont mêlés, tels que le besoin de se sentir aimés et appréciés en retour, la croyance que leurs enfants font d'une certaine manière partie d'eux-mêmes, le désir d'impressionner les autres à travers leurs enfants et l'espoir que, d'une certaine manière, les enfants réaliseront les rêves et les ambitions de leurs parents. Il est parfois très difficile de faire la différence entre notre amour et notre attachement pour les autres mais, quand nous en serons capables, nous verrons que c'est invariablement l'attachement la source de notre souffrance. Un amour pur et inconditionnel n'entraîne jamais aucune douleur ni aucune inquiétude, mais uniquement de la paix et de la joie.

Tous les problèmes de la société comme la guerre, la criminalité, la pollution, la drogue, la pauvreté, l'injustice et les disputes dans les familles sont le résultat de la préoccupation de soi. En pensant que les êtres humains sont les seuls êtres importants et que la nature est là pour servir les désirs des humains, nous avons exterminé des milliers d'espèces animales et pollué la planète à tel point qu'il y a grand danger qu'elle ne devienne bientôt inhabitable, même pour les êtres humains. Si tout le monde se mettait à se préoccuper du bonheur des autres, la plupart des problèmes majeurs de ce monde seraient résolus en quelques années.

La préoccupation de soi est comme une chaîne d'acier qui nous maintient emprisonnés dans le samsara. La raison fondamentale de toutes nos souffrances est que nous sommes dans le samsara, et nous sommes dans le samsara parce que nous créons continuellement les actions perturbées et égocentriques qui perpétuent le cycle des renaissances incontrôlées. Le samsara est l'expérience d'un esprit centré sur soi. Les six règnes du samsara, du règne des dieux jusqu'au règne des enfers, sont tous des projections semblables au rêve d'un esprit déformé par la préoccupation de soi et la saisie d'un soi. En nous faisant voir la vie comme une lutte constante pour servir et protéger notre propre *moi*, notre propre *je*, la saisie d'un soi et la préoccupation de soi nous poussent à commettre d'innombrables actions destructrices qui nous maintiennent prisonniers du cauchemar du samsara. Tant que nous n'aurons pas détruit ces deux types d'esprit, nous ne connaîtrons jamais de vraie liberté ni de vrai bonheur, nous ne contrôlerons jamais réellement notre esprit et nous ne serons jamais à l'abri du danger d'une renaissance inférieure.

Contrôler, même temporairement, notre préoccupation de soi est d'une grande valeur. Toute inquiétude, toute anxiété et toute tristesse ont pour base la préoccupation de soi. Dès que nous lâchons notre préoccupation obsessionnelle de notre propre bien-être, notre esprit se détend tout naturellement et devient léger. Même à l'annonce de mauvaises nouvelles, si nous parvenons à surmonter notre réaction égocentrique habituelle, notre esprit restera en paix. À l'inverse, si nous n'arrivons pas à soumettre notre préoccupation de soi, même les choses les plus insignifiantes nous perturbent. Si un ami nous critique, nous nous vexons immédiatement. Si le moindre de nos désirs ne se réalise pas, nous sommes abattus. Si un enseignant du dharma dit quelque chose que nous ne voulons pas entendre, il se peut qu'il nous vexe ou que nous perdions même notre foi. Beaucoup de gens peuvent être très agités simplement parce qu'une souris entre dans leur chambre. Les souris ne mangent pas les êtres humains, alors pourquoi en être contrariés ? C'est seulement la préoccupation de soi, cet état d'esprit insensé, qui nous agite. Si nous aimions la souris autant que nous-mêmes, nous serions contents de l'accueillir chez nous et nous penserions : « Elle a tout autant le droit que moi d'être ici ! »

Pour ceux qui aspirent à devenir pleinement éveillés, la préoccupation de soi est le pire défaut. C'est l'obstacle majeur empêchant de chérir et de se préoccuper des autres. Ne pas parvenir à chérir et se préoccuper des autres est l'obstacle majeur au développement de la grande compassion, et ne pas parvenir à développer la grande compassion est l'obstacle majeur au développement de la bodhitchitta et à l'entrée sur la voie mahayana, la voie de l'illumination. Puisque la bodhitchitta est la cause principale de la grande illumination, nous pouvons voir que la préoccupation de soi est aussi l'obstacle majeur à l'accomplissement de la bouddhéité.

Nous sommes peut-être d'accord sur le fait que, objectivement, nous ne sommes pas plus importants qu'une autre personne et que la préoccupation de soi a de nombreux défauts, mais il se peut que nous ayons toujours l'impression qu'elle est néanmoins indispensable. Si nous ne nous préoccupons pas de nous et si nous ne prenons pas soin de nous, il est certain que personne d'autre ne le fera ! Cette manière de penser est incorrecte. Il est vrai que nous avons besoin de prendre soin de nous, mais nous n'avons pas besoin d'être motivés par la préoccupation de soi pour cela. Prendre soin de soi-même n'est pas se préoccuper de soi. Nous pouvons prendre soin de notre santé, avoir un travail, nous occuper de notre maison et de nos biens uniquement par égard pour le bien-être des autres. Si nous considérons que notre corps est un instrument nous permettant d'aider les autres, nous pouvons le nourrir, l'habiller, le laver et lui accorder du repos, tout cela sans préoccupation de soi. Un conducteur d'ambulance prend soin de son véhicule sans considérer que le véhicule lui appartient. De même, nous pouvons prendre soin de notre corps et de nos biens pour aider les autres. Le seul moyen nous permettant de vraiment aider tous les êtres vivants est de devenir un bouddha, et le corps humain est le meilleur véhicule pour y parvenir. Par conséquent, nous avons besoin de prendre bien soin de notre corps. Si nous faisons cela avec la motivation de bodhitchitta, tout ce que nous faisons pour prendre soin de notre corps devient une partie de la voie de l'illumination.

Il est parfois possible de confondre préoccupation de soi avec confiance en soi ou estime de soi, mais en réalité ces choses n'ont rien à voir. Ce n'est pas par estime de soi que nous voulons toujours le meilleur pour nous-mêmes, et ce n'est pas non plus par estime de soi que nous trompons ou exploitons les autres ou que nous négligeons d'assumer nos responsabilités envers eux. Si nous examinons cela honnêtement, nous verrons que c'est notre préoccupation de soi qui nous pousse à agir d'une manière nous privant de l'estime et de la confiance que nous avons en nous-mêmes. Certaines personnes, poussées par leur préoccupation de soi, sombrent dans l'abîme de l'alcoolisme ou de la drogue, perdant complètement toute trace d'estime d'elles-mêmes dans ce processus. À l'inverse, plus nous nous préoccupons du bonheur des autres et agissons pour les aider, plus nous aurons d'estime pour nous-mêmes et plus nous aurons confiance en nous-mêmes. Le vœu du bodhisattva, par exemple, par lequel le bodhisattva promet de vaincre tout défaut et toute limite, d'acquérir toutes les qualités et d'œuvrer jusqu'à ce que tous les êtres vivants soient libérés des souffrances du samsara, est l'expression d'une immense confiance en soi qui va bien au-delà de celle d'un être centré sur lui-même.

Nous pouvons aussi nous demander : « Si je ne me préoccupais pas de moi, cela ne voudrait-il pas dire que je ne m'aime pas ? J'ai nécessairement besoin de m'accepter et de m'aimer, car si je n'arrive pas à m'aimer comment puis-je aimer les autres ? » Il s'agit là d'un point important. Dans *L'Entraînement de l'esprit en sept points*, Guéshé Tchékhawa explique un certain nombre d'engagements qui servent de lignes de conduite au pratiquant de l'entraînement de l'esprit. Le premier engagement stipule : « Ne permettez pas à votre pratique de l'entraînement de l'esprit de provoquer un comportement inapproprié. » Cet engagement conseille à ces pratiquants d'être heureux avec eux-mêmes. Si nous sommes trop critiques avec nous-mêmes, nous nous replierons sur nous et nous nous découragerons. Il deviendra alors très difficile de tourner notre esprit pour chérir et nous préoccuper des autres. Il est nécessaire d'être conscients de nos défauts sans pour autant nous haïr à cause d'eux. Cet engagement nous conseille aussi de prendre soin de nous et de veiller à nos besoins. Si nous essayons de vivre sans un minimum – par exemple, une alimentation équilibrée et un toit – nous nuirons probablement à notre santé et notre capacité à aider les autres en sera affaiblie. De plus, ceux qui nous verront agir de manière extrême en concluront peut-être que nous sommes déséquilibrés et, en conséquence, ils ne nous feront pas confiance ou ne croiront pas nos paroles. Dans de telles circonstances, nous ne serons pas capables de les aider. Abandonner complètement la préoccupation de soi n'est pas une chose facile et cela prendra beaucoup de temps. Si nous ne sommes pas heureux avec nous-mêmes ou négligeons sottement notre propre bien-être, nous n'aurons ni la confiance ni l'énergie nécessaires pour effectuer une transformation spirituelle aussi radicale.

Une fois libérés de toute préoccupation de soi, nous ne perdons pas le désir d'être heureux, mais nous comprenons que le bonheur véritable se trouve en aidant les autres. Nous avons découvert à l'intérieur de notre propre esprit une source inépuisable de bonheur, notre amour pour les autres. Les conditions extérieures difficiles ne nous abattent pas et les conditions agréables ne nous surexcitent pas, car nous sommes capables de transformer et d'apprécier les deux. Au lieu de chercher à réunir de bonnes conditions extérieures, nous canalisons notre désir de bonheur dans la détermination d'atteindre l'illumination, que nous reconnaissons comme étant le seul moyen de parvenir à un bonheur pur. Nous souhaitons de tout cœur jouir de la félicité ultime de la pleine illumination, mais uniquement pour le bien des autres. En effet, atteindre l'illumination est simplement le moyen d'accomplir notre vrai désir, celui d'accorder le même bonheur à tous les êtres vivants. Lorsque nous devenons un bouddha, notre bonheur rayonne éternellement sous forme de compassion, nourrissant tous les êtres vivants et les conduisant progressivement au même état.

En résumé, la préoccupation de soi est un état d'esprit totalement inutile et sans aucune valeur. Il se peut que nous soyons très intelligents, mais si nous nous préoccupons uniquement de notre propre bien-être, nous ne pourrons jamais accomplir notre désir fondamental de bonheur. En réalité la préoccupation de soi nous rend stupides. Elle nous rend malheureux dans cette vie, nous pousse à commettre d'innombrables actions négatives qui provoquent de la souffrance dans les vies futures, nous enchaîne au samsara et bloque la voie de l'illumination. Chérir et nous préoccuper des autres a les effets opposés. En ne nous préoccupant que des autres, nous serons heureux dans cette vie-ci, nous effectuerons de nombreuses actions vertueuses qui nous conduiront au bonheur dans nos vies futures, nous serons libérés des perturbations mentales qui nous maintiennent dans le samsara et nous développerons rapidement toutes les qualités nécessaires pour atteindre la pleine illumination.

COMMENT DÉTRUIRE LA PRÉOCCUPATION DE SOI

En contemplant les défauts de la préoccupation de soi et les bienfaits de chérir et de se préoccuper des autres, nous développerons la ferme détermination de renoncer à notre préoccupation de soi et de toujours chérir et nous préoccuper de tous les êtres vivants, sans exception. Nous maintenons cette détermination en méditation le plus longtemps possible. Lorsque nous sortons de notre méditation, nous devrions essayer de mettre notre détermination en pratique et de la maintenir dans tout ce que nous faisons. Il est impossible de faire cesser immédiatement la préoccupation de soi, car c'est une habitude mentale omniprésente profondément enracinée en nous, qui nous suit depuis des temps sans commencement. Toutefois, en en comprenant ses inconvénients et en faisant de grands efforts, nous pouvons lentement la réduire. Nous pouvons dès maintenant faire cesser les pires excès de préoccupation de soi, puis éliminer progressivement les types de préoccupation de soi plus subtils.

Ayant développé l'intention de vaincre notre préoccupation de soi, l'étape suivante consiste à l'identifier au moment où elle se manifeste dans notre esprit. Pour ce faire, il est nécessaire d'examiner notre continuum mental durant toutes nos actions. Cela signifie que nous avons besoin de pratiquer comme Guéshé Ben Goungyal et d'observer notre propre esprit, ou continuum mental, dans tout ce que nous faisons. D'habitude, nous faisons attention à ce que font les autres, mais il vaudrait bien mieux faire attention à ce qui se passe dans notre propre esprit. Quoi que nous fassions – travailler, parler, nous détendre ou étudier le dharma – une partie de notre esprit devrait toujours être attentive et vérifier les pensées qui se manifestent. Dès qu'une perturbation mentale est sur le point de se manifester, il nous faut essayer de l'arrêter. Si nous parvenons à surprendre une perturbation mentale dans les premiers moments de son développement, il est assez facile de l'arrêter, mais si nous la laissons se développer pleinement, il devient très difficile de la contrôler.

La colère est l'une de nos perturbations mentales les plus destructrices. Étant donné qu'elle nous fait tant de mal dans la vie de tous les jours, j'explique plus en détail comment gérer le problème de la colère dans *Comment résoudre nos problèmes quotidiens.* Nous nous mettons en colère parce que nous laissons notre esprit se fixer sur un objet susceptible d'éveiller notre colère. Si nous surprenons notre esprit dès qu'il commence à se fixer sur ce type d'objet, il est assez facile d'empêcher la colère de se produire et d'orienter nos pensées dans une direction plus constructive. Nous avons seulement besoin de nous dire : « Cette manière de penser est inappropriée et va vite donner naissance à la colère, qui a de nombreux défauts. » Toutefois, si nous ne parvenons pas à intercepter la colère suffisamment tôt et que nous la laissons grandir, elle deviendra vite comme un violent incendie, très difficile à éteindre. Il en va de même pour toutes les autres perturbations mentales, y compris la préoccupation de soi. Si nous sommes conscients suffisamment tôt d'avoir un cheminement de pensées égoïstes, nous pouvons facilement l'écarter, mais si nous le laissons continuer, ces pensées monteront en puissance jusqu'à ce qu'il soit presque impossible de les arrêter.

L'abandon des perturbations mentales a trois niveaux. Le premier niveau consiste à identifier une perturbation mentale particulière lorsqu'elle est sur le point de se manifester et, en nous rappelant ses inconvénients, à l'empêcher de se manifester. C'est quelque chose d'assez simple à faire tant que nous surveillons notre esprit et nous devrions essayer de pratiquer ainsi tout le temps, quoi que nous fassions. En particulier, dès l'instant où nous remarquons que notre esprit se tend, devient mécontent ou malheureux, il est nécessaire d'être particulièrement alertes et vigilants, car un tel esprit est un terrain parfait pour les perturbations mentales. C'est pourquoi Guéshé Tchékhawa dit dans *L'Entraînement de l'esprit en sept points* : « Remettez-vous-en toujours à un esprit heureux et à lui seul. »

Le deuxième niveau d'abandon des perturbations mentales consiste à les maîtriser en appliquant à chacune son opposant particulier. Par exemple, pour maîtriser notre attachement, nous pouvons méditer sur les défauts du samsara et remplacer notre attachement par l'état d'esprit opposé, le renoncement. En méditant de façon régulière et répétée sur la voie de l'illumination, non seulement nous empêcherons nos modes de pensée et nos sentiments perturbés habituels de se manifester, mais nous les remplacerons aussi par des modes de pensée et des sentiments vertueux forts et stables, basés sur la sagesse et non sur l'ignorance. Nous pouvons ainsi empêcher la plupart des perturbations mentales de se manifester. Par exemple, si nous avons une profonde familiarité avec la vue que les autres sont plus importants que nous-mêmes, la préoccupation de soi ne se manifestera que rarement.

Abandonner complètement les perturbations mentales ainsi que leurs graines en parvenant à une réalisation directe de la vacuité est le troisième niveau d'abandon. Nous détruisons ainsi la saisie d'un soi, la racine de toutes les perturbations mentales.

Quand nous pratiquons la mise à égalité de soi et des autres expliquée plus haut, nous pensons : « Tout comme mon bonheur est important, celui de tous les autres l'est également ». De cette façon, nous partageons notre sentiment d'amour, en nous préoccupant des autres. Puisque cette pratique fait appel à notre sens de l'équité et ne remet pas directement en question notre esprit de préoccupation de soi, elle est plus facile à accepter et à pratiquer. Nous pouvons également nous dire que, peu importe la souffrance que nous pouvons ressentir, nous ne sommes qu'une seule personne alors que les autres êtres vivants sont innombrables. Par conséquent, il est évidemment important qu'ils connaissent au moins un peu de paix et de bonheur. Nous considérons que chacun de nos dix doigts est très précieux, mais nous serions prêts à en sacrifier un pour sauver les neuf autres, alors qu'il serait absurde d'en sacrifier neuf pour en sauver un seul. De même, neuf personnes sont plus importantes qu'une seule, donc bien sûr d'innombrables êtres vivants sont plus importants qu'un seul. Il est donc logique de chérir les autres, de nous préoccuper des autres au moins autant que de nous-mêmes.

Parvenus à une certaine familiarité avec la pratique de la mise à égalité de soi et des autres, nous sommes prêts à affronter plus directement l'esprit de préoccupation de soi. Puisque la préoccupation de soi a de nombreux défauts, encourageons-nous à lui faire face et à la vaincre dès qu'elle se manifeste dans notre esprit. En surveillant étroitement notre esprit tout le temps, nous pouvons nous entraîner à identifier la préoccupation de soi dès qu'elle se manifeste, puis nous rappeler immédiatement ses inconvénients. Guéshé Tchékhawa nous conseille de « Rassembler tous les blâmes en un », voulant dire par-là qu'il nous faut tenir la préoccupation de soi pour responsable de tous nos problèmes et de toutes nos souffrances. D'ordinaire, dès que les choses vont mal nous tenons les autres pour responsables, mais la véritable cause de nos problèmes est notre esprit de préoccupation de soi. Une fois que nous avons correctement identifié notre préoccupation de soi, nous devrions la considérer comme notre pire ennemie et la tenir pour responsable de toutes nos souffrances. Il est bon d'être tolérants avec les autres et de leur pardonner leurs faiblesses, mais nous ne devrions jamais tolérer notre préoccupation de soi, car plus nous sommes indulgents avec elle, plus elle nous fera du mal. Il vaut bien mieux être absolument impitoyables avec elle et la tenir pour responsable de tout ce qui va mal. Si nous voulons nous mettre en colère contre quelque chose, nous devrions nous mettre en colère contre le « démon » qu'est notre préoccupation de soi. En réalité, la colère dirigée contre la préoccupation de soi n'est pas une véritable colère, car elle est basée sur la sagesse et non sur l'ignorance, et sa fonction est de rendre notre esprit pur et paisible.

Pour pratiquer ainsi, nous avons besoin d'être très habiles. Si, en tenant notre préoccupation de soi pour responsable de tous nos problèmes, nous nous sentons coupables et incapables, cela indique que nous n'avons pas su faire clairement la distinction entre tenir notre préoccupation de soi pour responsable et nous tenir pour responsables. Il est vrai que la préoccupation de soi est la responsable de tous nos problèmes, mais cela ne veut pas dire que nous sommes nous-mêmes à tenir pour responsables. Une fois encore, nous avons besoin d'apprendre à faire la distinction entre nous et nos perturbations mentales. Si quelqu'un nous attaque, ce n'est pas de notre faute, mais de la faute de notre préoccupation de soi. Pourquoi ? Parce que c'est l'effet karmique d'une de nos actions non vertueuses effectuées dans une vie antérieure sous l'influence de la préoccupation de soi. De plus, notre agresseur ne nous fait du mal qu'à cause de sa propre préoccupation de soi, et lui en vouloir ne servira à rien et ne nous rendra que plus amers. Par contre, si nous rejetons toute la responsabilité sur notre propre préoccupation de soi et décidons de la détruire, non seulement nous resterons sereins, mais nous saperons également la base de toutes nos souffrances à venir.

Reconnaître les défauts de notre préoccupation de soi et développer ensuite le désir de la vaincre n'est pas un enseignement facile à mettre en pratique. Nous avons donc besoin d'être patients. Une pratique qui convient à une certaine personne ne convient pas nécessairement à quelqu'un d'autre, et une pratique qui convient à une personne à un moment donné ne convient pas nécessairement à cette même personne à un autre moment. Bouddha ne s'attendait pas à ce que nous mettions immédiatement tous ses enseignements en pratique, car ceux-ci s'adressent à des pratiquants très divers dont les dispositions et les niveaux sont différents. De plus, certaines instructions ne peuvent pas être pratiquées au moment où nous nous concentrons particulièrement sur d'autres pratiques, comme il n'est pas adapté de boire du thé et du café en même temps. Les instructions du dharma sont semblables à un remède. Elles ont besoin d'être administrées avec habileté, en tenant compte de la nature de chaque individu et de ses besoins particuliers. Par exemple, pour nous encourager à développer le renoncement – le désir de nous libérer du samsara – Bouddha a donné des enseignements détaillés qui montrent que la souffrance est dans la nature de la vie ordinaire. Pourtant, tout le monde ne peut pas immédiatement mettre en pratique ces enseignements. Pour certains, méditer sur la souffrance est uniquement une cause de découragement. Au lieu de leur permettre de développer un esprit de renoncement joyeux, cela ne fait que les déprimer. À ce moment-là, mieux vaut pour ces personnes ne pas méditer sur la souffrance mais reprendre cette méditation plus tard, quand leur esprit sera plus fort et leur sagesse plus claire.

Si nous nous apercevons, en pratiquant des enseignements avancés, que notre orgueil et notre confusion augmentent, cela indique que nous ne sommes pas encore prêts pour ces enseignements et qu'il nous faut d'abord nous appliquer à établir les fondations solides des pratiques de bases. Une méditation ou une pratique qui a un effet négatif sur notre esprit, qui nous rend malheureux ou qui accroît nos perturbations mentales, indique clairement que nous ne pratiquons pas correctement. Plutôt que de forcer obstinément, il vaut mieux mettre cette pratique momentanément de côté et demander conseil à des pratiquants plus expérimentés. Nous pourrons la reprendre une fois que nous aurons compris ce qui ne va pas et comment pratiquer correctement. Par contre, il est très important de ne jamais rejeter un des enseignements du dharma en pensant : « Je ne pratiquerai jamais cela. »

Lorsque nous allons faire des courses, nous ne nous sentons pas obligés de tout acheter, mais il est utile de nous souvenir de ce qui se trouve dans le magasin afin de pouvoir y retourner par la suite quand nous avons besoin de quelque chose. De la même manière, lorsque nous écoutons des enseignements du dharma, il se peut que nous ne soyons pas immédiatement capables de mettre en pratique tout ce que nous avons entendu, mais il est néanmoins important de nous souvenir de tout afin de parvenir à une compréhension bien structurée de l'ensemble du dharma. Plus tard, lorsque nous sommes prêts, nous pouvons mettre en pratique les instructions déjà entendues. Un des grands avantages du Lamrim – les étapes de la voie de l'illumination – est de nous donner une structure, un entrepôt, à l'intérieur duquel nous pouvons conserver tout le dharma que nous avons entendu.

Si nous ne gardons en mémoire que les enseignements que nous sommes capables d'appliquer immédiatement dans notre situation actuelle, alors quand les circonstances changeront, nous n'aurons rien sur quoi nous appuyer. En revanche, si nous pouvons garder en mémoire tous les enseignements déjà reçus, nous aurons à notre disposition un très grand choix d'instructions qui pourront toutes être utilisées au moment voulu. Une pratique qui peut aujourd'hui nous paraître obscure et n'avoir que peu de sens, peut par la suite devenir une partie essentielle de notre pratique spirituelle. Il est important d'avancer avec prudence et à notre propre rythme, sinon nous pourrions nous décourager ou ne plus savoir où nous en sommes, et même finir par rejeter complètement le dharma.

Il n'y a pas de pratique spirituelle plus grande que celle consistant à identifier la préoccupation de soi chaque fois qu'elle se manifeste et à la tenir pour responsable de tous nos problèmes. Peu importe le temps consacré à cela, même si cela nous prend des années ou toute la vie, nous avons besoin de continuer jusqu'à ce que notre préoccupation de soi soit entièrement détruite. Nous ne devrions pas être pressés de voir des résultats, mais plutôt pratiquer avec patience et sincérité. L'attente de résultats rapides est elle-même basée sur la préoccupation de soi et c'est le meilleur moyen d'être déçus. Si nous pratiquons avec joie et constance et que, en même temps, nous purifions notre négativité, accumulons du mérite et recevons des bénédictions, il est certain que nous réussirons à diminuer et finalement à abandonner notre préoccupation de soi.

Même lorsque notre méditation ne se passe pas bien, nous pouvons pratiquer l'attention et la vigilance dans notre vie quotidienne et faire cesser la préoccupation de soi dès qu'elle se manifeste. C'est une pratique simple mais qui donne de très bons résultats. En nous y entraînant continuellement, nos problèmes disparaîtront et nous serons naturellement heureux tout le temps. Certaines personnes ont réussi à abandonner complètement leur préoccupation de soi et se préoccupent maintenant uniquement des autres. En résultat, tous leurs problèmes ont disparu et leur esprit est toujours plein de joie. Je peux vous garantir que moins vous vous préoccuperez de vous et plus vous chérirez et vous vous préoccuperez des autres, plus vous serez heureux.

Il nous faut garder dans notre cœur la ferme détermination de renoncer à notre esprit de préoccupation de soi. Si nous mettons cette détermination en pratique en utilisant l'effort-armure, jour après jour, année après année, notre préoccupation de soi diminuera progressivement et finira par cesser totalement. Les premiers guéshés kadampas avaient l'habitude de dire que pour mener une vie vertueuse, la seule chose à faire est de nuire à nos perturbations mentales autant que possible et d'aider les autres autant que possible. Comprenant cela, nous devons mener une guerre continuelle contre notre ennemie intérieure, la préoccupation de soi, et, à la place, nous efforcer de chérir et de nous préoccuper des autres, et de les aider.

Pour détruire complètement notre préoccupation de soi, nous avons besoin de nous en remettre à la pratique de l'échange de soi avec les autres. Dans cette pratique, nous ne nous accrochons plus à notre propre bonheur mais ressentons à l'inverse que tous les êtres vivants, leurs besoins et leurs souhaits sont d'une importance suprême. Le bien-être des autres est notre unique préoccupation.

Une personne qui s'échange totalement avec les autres n'a aucune préoccupation de soi, mais cela ne signifie pas pour autant que cette personne ne s'occupe pas d'elle-même. Elle prend soin d'elle-même mais en pensant au bien des autres. Elle se considère comme le serviteur de tous les êtres vivants et pense qu'elle leur appartient. Toutefois, les serviteurs eux aussi ont besoin de manger et de se reposer pour rester efficaces. De manière générale, il serait tout à fait insensé de, par exemple, donner tout ce que nous possédons et de ne plus rien avoir pour vivre ou soutenir notre pratique spirituelle. Puisque notre véritable désir est d'aider tous les êtres vivants et que la seule manière de le faire est de devenir un bouddha, nous avons besoin de protéger notre pratique spirituelle en organisant notre vie de façon à pouvoir pratiquer avec le maximum d'efficacité. Par ailleurs, lorsque nous aidons les autres, il est également nécessaire de nous assurer que l'aide apportée à une seule personne ne réduit pas fortement notre capacité à aider un grand nombre de personnes. Même si nous pouvons donner avec joie et du fond du cœur tout ce que nous possédons pour aider une seule personne, en pratique, nous avons besoin de gérer notre temps et nos ressources afin de pouvoir apporter les plus grands bienfaits possibles à tous les êtres vivants.

La pratique de l'échange de soi avec les autres est propre à la lignée spéciale de la sagesse transmise par Bouddha Shakyamouni, par l'intermédiaire de Mandjoushri et de Shantidéva, à Atisha et à Djé Tsongkhapa. La bodhitchitta produite grâce à cette méthode est plus profonde et plus puissante que la bodhitchitta produite par d'autres méthodes. Tous ceux qui s'intéressent au développement spirituel peuvent réduire leur préoccupation de soi et apprendre à chérir et à se préoccuper des autres. Par contre, réussir à s'échanger totalement avec les autres est un accomplissement très profond. Pour transformer notre esprit d'une manière aussi radicale, nous avons besoin d'une foi profonde en cette pratique, de mérite en abondance et des puissantes bénédictions d'un guide spirituel ayant une expérience personnelle de ces enseignements. Quand toutes ces conditions favorables sont réunies, la pratique de l'échange de soi avec les autres n'est pas difficile.

Nous nous interrogeons peut-être sur la nécessité de chérir et de nous préoccuper des autres plus que de nous-mêmes. Plutôt que de tendre vers des réalisations spirituelles aussi élevées, ne vaudrait-il pas mieux nous consacrer à aider les gens concrètement dès maintenant ? En fait, nous avons besoin d'entraîner notre esprit à l'échange de soi avec les autres parce que notre préoccupation de soi interfère avec notre intention et notre capacité d'aider les autres. La préoccupation de soi nous empêche d'avoir un amour universel impartial pour tous les êtres vivants, et tant que notre désir d'aider tous les êtres reste mélangé à la préoccupation de soi, nous ne pouvons jamais être sûrs que nos actions les aideront véritablement. Nous voulons peut-être sincèrement aider certaines personnes, comme les membres de notre famille, nos amis ou les personnes dans le besoin, mais nous attendons généralement quelque chose en retour et sommes blessés ou déçus quand cela ne se produit pas. Puisque notre désir d'aider est mélangé à des préoccupations égoïstes, notre aide s'accompagne presque toujours d'une attente ou de l'espoir d'une récompense personnelle. Puisque notre intention est impure, notre aptitude à aider manque de pouvoir et reste limitée.

Si nous prétendons agir pour le bien de tous sans faire aucun effort pour éliminer notre préoccupation de soi, notre déclaration reste juste des mots et ne vient pas de notre cœur. Bien sûr, il nous faut aider les autres concrètement chaque fois que nous le pouvons, mais en nous souvenant toujours que notre intention principale est d'améliorer notre esprit. En nous entraînant à l'échange de soi avec les autres, nous finirons par connaître le bonheur ultime de la bouddhéité et posséderons le pouvoir nécessaire pour aider tous les êtres vivants. À ce moment-là seulement nous serons en mesure de dire : « Je suis un bienfaiteur de tous les êtres vivants. » Ainsi, notre entraînement à l'échange de soi avec les autres réalise à la fois notre propre objectif et celui des autres.

Actuellement, notre tâche la plus importante est d'entraîner notre esprit, et en particulier de renforcer notre intention d'être au service des autres. Dans *La Lettre amicale*, Nagardjouna dit que même si, pour le moment, nous n'avons peut-être pas la capacité d'aider les autres, si nous gardons continuellement à l'esprit l'intention de le faire, notre aptitude à les aider s'améliorera progressivement. En effet, plus nous chérissons et nous nous préoccupons des autres, plus notre mérite, notre sagesse et notre capacité à véritablement les aider grandissent, et les occasions d'aider concrètement se présenteront naturellement.

COMMENT EST-IL POSSIBLE DE S'ÉCHANGER AVEC LES AUTRES ?

S'échanger avec les autres ne veut pas dire que nous devenons l'autre personne, mais que nous échangeons l'objet dont nous nous préoccupons, qui passe de soi aux autres. Pour comprendre comment cela est possible, nous avons besoin de comprendre que l'objet de notre préoccupation de soi change constamment. Lorsque nous sommes jeunes, l'objet de notre préoccupation de soi est une petite fille ou un petit garçon, mais plus tard cet objet devient un adolescent, puis une personne adulte et finalement une personne âgée. Actuellement, nous nous préoccupons peut-être d'un être humain particulier nommé Marie ou Jean mais, après notre mort, l'objet dont nous nous préoccuperons changera complètement. Ainsi, l'objet dont nous nous préoccupons change continuellement au cours de cette vie, mais aussi d'une vie à l'autre. Puisque notre préoccupation passe naturellement d'un objet à l'autre, en nous entraînant à la méditation, il est tout à fait possible de faire passer l'objet dont nous nous préoccupons de soi aux autres.

À cause de notre ignorance, nous nous accrochons très fermement à notre corps et pensons : « Ceci est mon corps. » En identifiant ce corps comme étant « mien », nous l'aimons très tendrement et nous nous en préoccupons, en ayant l'impression que c'est notre bien le plus précieux. Pourtant, notre corps appartient en réalité aux autres, nous ne l'avons pas apporté avec nous de notre vie précédente mais l'avons reçu de nos parents de cette vie. Au moment de la conception, notre conscience est entrée dans l'union du sperme de notre père et de l'ovule de notre mère, et cette cellule s'est progressivement transformée en notre corps actuel. Ensuite, notre esprit s'est identifié à ce corps et nous avons commencé à nous en préoccuper. Dans *Le Guide du mode de vie du bodhisattva*, Shantidéva dit que notre corps n'est pas réellement à nous, mais qu'il appartient aux autres. Il a été produit par les autres, et après notre mort les autres s'en débarrasseront. Si nous contemplons cela attentivement, nous prendrons conscience que nous sommes déjà en train de chérir, de nous préoccuper d'un objet qui en réalité appartient aux autres. Alors, pourquoi ne pouvons-nous pas chérir et nous préoccuper d'autres êtres vivants ? De plus, nous préoccuper de notre corps n'aboutit qu'à une renaissance à l'intérieur du samsara, alors que chérir et nous préoccuper des autres est une cause pour atteindre le nirvana, l'état au-delà de la douleur.

Moi et *l'autre* sont des termes relatifs, un peu comme *cette montagne-ci* et *cette montagne-là*, mais pas comme *un âne* et *un cheval*. Lorsque nous regardons un cheval, nous ne pouvons pas dire que c'est un âne, de même que nous ne pouvons pas dire qu'un âne est un cheval. Par contre, si nous grimpons d'abord sur une montagne située à l'est, nous l'appelons *cette montagne-ci* et nous appelons la montagne située à l'ouest *cette montagne-là*. Si ensuite nous descendons de la montagne située à l'est pour grimper sur la montagne située à l'ouest, alors la montagne ouest deviendra *cette montagne-ci* et la montagne est *cette montagne-là*. Par conséquent *cette montagne-ci* et *cette montagne-là* dépendent de l'endroit où nous nous situons. Cela est également vrai pour *moi* et *l'autre*. Descendre de la montagne *moi* permet de grimper sur la montagne *l'autre* et ainsi de se préoccuper des autres autant que nous nous préoccupons actuellement de nous-mêmes. Nous pouvons faire cela en reconnaissant que du point de vue de l'autre, c'est lui ou elle qui est *moi*, alors que c'est nous qui sommes *l'autre*.

Les personnes habiles dans la pratique du mantra secret, ou tantra, ont une profonde expérience de l'échange de soi avec les autres. Dans la pratique tantrique de l'autogénération, nous échangeons notre *moi* actuel avec celui d'un bouddha tantrique. Imaginons une pratiquante de Vajrayogini nommée Sarah. Lorsque Sarah n'est pas engagée dans sa pratique tantrique, son corps ordinaire lui apparaît, elle s'identifie à ce corps, le chérit et s'en préoccupe. Par contre, lorsqu'elle se concentre profondément sur la méditation de l'autogénération, le sentiment d'être Sarah et d'avoir le corps de Sarah disparaît complètement. Au lieu de s'identifier au corps de Sarah, la pratiquante s'identifie au corps divin de Bouddha Vajrayogini et elle développe la pensée « Je suis Vajrayogini ». À ce moment-là, la pratiquante a entièrement changé l'objet qu'elle chérit. Elle est passée du corps impur d'un être ordinaire au corps non contaminé d'un être pleinement éveillé, Bouddha Vajrayogini. En s'entraînant à cette méditation, la pratiquante acquiert une profonde familiarité avec le corps de la déité et en vient à s'identifier complètement à ce corps. Puisque le corps de Vajrayogini est un corps pur, s'identifier à lui et le chérir est une cause d'illumination. Nous pouvons voir à partir de cela qu'il est possible de changer notre base d'identification. Cela dépend uniquement de notre motivation et de notre familiarité. Vous pouvez trouver une explication détaillée de la pratique tantrique dans *Le Guide du Pays des Dakinis*, *Les Terres et Les Voies tantriques* et *Un Bouddhisme moderne*.

LA PRATIQUE PROPREMENT DITE DE L'ÉCHANGE DE SOI AVEC LES AUTRES

Nous pensons :

> *Depuis des temps sans commencement, j'ai cherché à réaliser mes propres intérêts, essayant de trouver le bonheur et d'éviter la souffrance, mais que m'ont apporté tous ces efforts ? Je continue de souffrir, mon esprit est toujours incontrôlé, j'éprouve encore déception sur déception et je suis toujours dans le samsara. Tout cela est la faute de ma préoccupation de soi. C'est mon pire ennemi, un poison horrible qui fait du mal, à moi et aussi aux autres.*

> *À l'inverse, chérir et se préoccuper des autres est la base de tout bonheur et de tout bien. Les êtres qui sont maintenant des bouddhas ont compris la futilité d'œuvrer pour leur propre intérêt et, au lieu de cela, ils ont décidé d'œuvrer pour les autres. En résultat, ils sont devenus des êtres purs, libérés de tous les*

problèmes du samsara, et ils ont atteint le bonheur durable de la pleine illumination. Je dois absolument inverser mon attitude puérile ordinaire, à partir de maintenant je cesserai de me préoccuper de moi et ne me préoccuperai que des autres.

Cette décision donnera naissance à un profond sentiment d'amour qui chérit et se préoccupe de tous les êtres vivants. Nous méditons sur ce sentiment le plus longtemps possible.

Nous essayons de conserver en nous ce sentiment au cours de nos activités quotidiennes. Quelle que soit la personne rencontrée, nous pensons : « Cette personne est importante. Son bonheur et sa liberté sont importants. » Chaque fois que la préoccupation de soi commence à se manifester dans notre esprit, nous pensons : « la préoccupation de soi est un poison, je ne la tolérerai pas dans mon esprit. » De cette manière, nous pouvons changer l'objet que nous chérissons et dont nous nous préoccupons, pour passer de nous-mêmes à tous les êtres vivants. Lorsque nous aurons développé pour tous les êtres vivants un amour dans lequel il n'y a pas la moindre trace de préoccupation de soi, nous aurons obtenu la réalisation de l'échange de soi avec les autres.

Si nos désirs ne se réalisent pas et que nous commençons à nous sentir mécontents ou malheureux, il nous faut nous souvenir immédiatement que ce n'est ni la faute de l'autre personne, ni celle de la situation, mais celle de notre propre esprit de préoccupation de soi, qui ressent instinctivement : « Mes désirs sont de la plus haute importance. » Rester continuellement conscients des dangers de notre préoccupation de soi renforcera notre résolution d'abandonner cette perturbation mentale et, au lieu de nous apitoyer sur nous-mêmes lorsque nous avons des problèmes, nous pouvons nous servir de notre propre souffrance pour nous rappeler les souffrances des innombrables êtres mères et faire naître en nous amour et compassion pour eux.

Dans *Le Guide du mode de vie du bodhisattva*, Shantidéva explique une méthode spéciale pour renforcer notre expérience de l'échange de soi avec les autres. Au cours de la méditation, nous imaginons que nous nous échangeons avec une autre personne en prenant sa place et nous essayons de voir le monde de son point de vue. D'ordinaire, nous pensons *moi* sur la base de notre propre corps et de notre propre esprit, mais là nous essayons de penser *moi* en observant le corps et l'esprit d'une autre personne. Cette pratique nous aide à développer une profonde empathie pour les autres et nous montre qu'ils ont un soi qui est également un *moi*, et que ce *moi* est tout aussi important que notre propre *moi*. Une mère est capable de comprendre bien mieux que quiconque les besoins et les désirs de son enfant parce qu'elle peut s'identifier aux sentiments de son bébé. De même, au fur et à mesure que nous nous familiariserons avec cette méditation, notre compréhension des autres et notre empathie pour eux grandiront.

Cette technique est particulièrement puissante quand nous l'appliquons à une personne avec qui nous avons une relation difficile, par exemple une personne que nous n'aimons pas ou que nous considérons comme notre rivale. En nous imaginant être cette personne et en voyant la situation de son point de vue, il nous sera difficile de maintenir nos attitudes perturbées. En comprenant à partir de notre propre expérience la relativité de *moi* et *l'autre*, et en apprenant à voir notre *moi* comme étant *l'autre*, nous deviendrons bien plus objectifs et impartiaux envers nous-mêmes, et notre sensation d'être le centre de l'univers vacillera. Nous serons plus ouverts au point de vue des autres, plus tolérants et plus compréhensifs, et nous traiterons naturellement les autres avec plus de respect et de considération. Une explication plus détaillée de cette pratique se trouve dans *Trésor de contemplation*.

En résumé, grâce à la pratique des instructions de l'entraînement de l'esprit, le bodhisattva Langri Tangpa et d'innombrables autres pratiquants du passé ont atteint de profondes
réalisations spirituelles, en particulier la réalisation complète
de l'échange de soi avec les autres. Au début, ces pratiquants
étaient centrés sur eux-mêmes, comme nous, mais grâce à une
persévérance constante, ils ont réussi à éliminer entièrement
leur préoccupation de soi. Si nous pratiquons ces instructions
patiemment et de tout notre cœur, il n'y a aucune raison pour
que nous n'atteignions pas des réalisations semblables. Il ne
faut pas nous attendre à détruire immédiatement notre préoccupation de soi, mais grâce à une pratique patiente, elle fai-
blira graduellement et finira par cesser totalement.

La grande compassion

La grande compassion

Parvenus à une certaine expérience de l'amour qui chérit et se préoccupe de tous les êtres vivants, nous pouvons alors élargir et approfondir notre compassion. Ce chapitre nous révèle la méthode pour le faire. D'une manière générale, tout le monde possède déjà un certain degré de compassion. Nous ressentons tous de la compassion lorsque nous voyons notre famille ou nos amis dans la détresse et, même les animaux ressentent de la compassion lorsqu'ils voient souffrir leurs petits. Notre compassion est notre graine de bouddha, ou nature de bouddha, c'est notre potentiel permettant de devenir un bouddha. Tous les êtres vivants finiront par devenir des bouddhas parce que tous possèdent cette graine.

Une chienne qui voit souffrir ses chiots développe le désir de les protéger et de faire cesser leur douleur. Ce désir animé par la compassion est sa graine de bouddha. Mais malheureusement les animaux sont incapables de s'entraîner à la compassion. Leur graine de bouddha ne peut donc pas mûrir. Par contre, les êtres humains ont une merveilleuse opportunité de pouvoir développer leur nature de bouddha. Grâce à la méditation, nous pouvons élargir et approfondir notre compassion jusqu'à ce qu'elle se transforme en l'esprit de grande compassion, la compassion universelle – le désir sincère de libérer définitivement tous les êtres vivants de la souffrance. En l'améliorant, cette compassion universelle se transformera finalement en la compassion d'un bouddha, qui possède le véritable pouvoir de libérer tous les êtres vivants. Ainsi, la méthode pour devenir un bouddha consiste à éveiller notre compassion, notre nature de bouddha et à mener à bien l'entraînement à la compassion universelle. Seuls les êtres humains peuvent faire cela.

La compassion est l'essence même d'une vie spirituelle et la pratique principale de ceux qui ont consacré leur vie à l'accomplissement de l'illumination. C'est la racine des trois joyaux, Bouddha, le dharma et la sangha. C'est la racine de Bouddha parce que tous les bouddhas sont nés de la compassion. C'est la racine du dharma parce que les bouddhas donnent les enseignements du dharma en ayant pour seule motivation la compassion pour les autres. C'est la racine de la sangha parce qu'en écoutant et en pratiquant les enseignements du dharma, donnés par compassion, nous devenons un sangha, un être supérieur.

QU'EST-CE QUE LA COMPASSION ?

Qu'est-ce que la compassion précisément ? La compassion est un esprit motivé par l'amour qui chérit et se préoccupe des autres êtres vivants, et qui désire les délivrer de leur souffrance. Parfois, nous pouvons souhaiter par égoïsme qu'une autre personne soit libérée de ses souffrances. Cela est assez courant dans les relations affectives basées avant tout sur l'attachement. Si notre ami est malade ou en dépression, par exemple, il se peut que nous souhaitions qu'il se rétablisse rapidement afin de pouvoir à nouveau profiter de sa compagnie. Toutefois, ce souhait est fondamentalement égocentrique et n'est pas une véritable compassion. Une véritable compassion repose nécessairement sur l'amour pour les autres.

Nous avons déjà un certain degré de compassion, mais cette compassion est très partiale et limitée. Si notre famille ou nos amis souffrent, nous ressentons aisément de la compassion pour eux, mais il nous est bien plus difficile de ressentir les mêmes sentiments pour ceux que nous trouvons désagréables ou pour des inconnus. De plus, nous ressentons de la compassion pour ceux qui éprouvent des douleurs manifestes, mais pas pour ceux qui jouissent de bonnes conditions, et moins encore pour ceux qui commettent des actions néfastes. Si nous voulons sincèrement réaliser pleinement notre potentiel en atteignant la pleine illumination, nous avons besoin d'élargir le champ de notre compassion jusqu'à ce qu'elle embrasse tous les êtres vivants sans exception, tout comme une mère aimante ressent de la compassion pour tous ses enfants, que ceux-ci se comportent bien ou mal. Cette compassion universelle est le cœur du bouddhisme mahayana. Contrairement à notre compassion limitée actuelle, qui se manifeste déjà naturellement de temps en temps, la compassion universelle doit être cultivée délibérément en méditation sur une longue période.

COMMENT DÉVELOPPER LA COMPASSION

La compassion universelle se cultive en deux étapes essentielles. D'abord, nous avons besoin d'aimer tous les êtres vivants. Ensuite, sur la base de l'amour qui chérit et se préoccupe des autres, nous avons besoin de contempler leur souffrance. Nous ne pouvons pas avoir une véritable compassion pour une personne que nous n'aimons pas, même si elle souffre. Par contre, si nous contemplons la souffrance d'une personne que nous aimons, la compassion se produira spontanément. Voilà pourquoi nous ressentons de la compassion pour nos amis et pour notre famille, mais pas pour ceux que nous n'aimons pas. Chérir et se préoccuper des autres est le fondement permettant de développer la compassion. La méthode permettant de faire naître et de faire grandir en nous l'amour qui chérit et se préoccupe des autres a déjà été expliquée. Nous avons maintenant besoin de comprendre comment chaque être samsarique fait l'expérience de la souffrance.

Pour commencer, nous pouvons penser à ceux qui actuellement éprouvent d'intenses douleurs manifestes. Un très grand nombre d'êtres humains éprouvent de terribles souffrances mentales et physiques dues à des maladies comme le cancer, le sida ou la maladie de Parkinson. Combien de personnes ont perdu un être cher, un enfant ou un ami, mort du fléau du sida, après l'avoir vu dépérir, et sachant qu'il n'y avait aucun remède ? Tous les jours des milliers de personnes meurent en éprouvant les douleurs atroces dues à la maladie ou à un accident. Ils sont séparés pour toujours de tous ceux qu'ils aiment, sans en avoir le choix, et ceux qu'ils laissent derrière eux restent souvent inconsolables dans leur chagrin et dans leur solitude. Imaginez une vieille femme qui perd son mari, le compagnon de toute une vie, rentrant pleine de tristesse chez elle après les obsèques, dans une maison vide, pour y vivre seule le restant de ses jours.

Partout dans le monde, nous pouvons voir que des millions de personnes souffrent des horreurs de la guerre et de la purification ethnique, victimes de bombes, de mines antipersonnel et de massacres. Imaginez que c'est votre enfant qui est sorti jouer dans les champs et qui, en marchant sur une mine, perd un de ses membres, ou même la vie. Dans le monde entier, des centaines de milliers de réfugiés vivent dans des camps sordides, espérant pouvoir un jour retourner vivre dans leur maison en ruine. Beaucoup d'entre eux attendent chaque jour de retrouver les personnes qu'ils aiment, ne sachant pas si elles sont encore vivantes.

Chaque année, des catastrophes naturelles − inondations, tremblements de terre, ouragans, etc. − dévastent des peuples entiers et laissent les populations sans abri et affamées. En quelques secondes, un tremblement de terre peut tuer des milliers de personnes, détruire leurs maisons et tout enfouir sous des tonnes de gravats. Pensez à ce que nous ressentirions si cela nous arrivait. La famine et la sécheresse sont le quotidien dans de nombreux pays à travers le monde. Des populations entières ont tout juste de quoi survivre, arrivant difficilement à trouver chaque jour quelques restes pour maigre repas, tandis que d'autres, moins fortunées encore, meurent de faim. Imaginez les tourments de voir mourir à petit feu ceux que vous aimez, sachant que vous ne pouvez rien y faire. Chaque fois que nous lisons un journal ou que nous regardons les nouvelles à la télévision, nous voyons des êtres vivants pris dans d'effroyables douleurs, et nous connaissons tous dans notre entourage des personnes qui éprouvent d'immenses souffrances mentales ou physiques.

Nous pouvons aussi considérer la détresse dans laquelle vivent d'innombrables animaux qui subissent les extrêmes de la chaleur et du froid, et souffrent intensément de la faim et de la soif. Tous les jours nous pouvons voir autour de nous la souffrance des animaux. Dans la nature, les animaux vivent presque constamment dans la peur d'être la proie des autres et, en effet, beaucoup d'entre eux sont dévorés vivants par des prédateurs. Pensez simplement à la terreur et à la douleur d'un mulot à l'instant où il est attrapé et déchiqueté par un faucon ! D'innombrables animaux sont utilisés par les êtres humains pour le travail, la nourriture ou le divertissement. Ils vivent souvent dans des conditions atroces jusqu'à ce qu'ils soient abattus, découpés en morceaux et empaquetés pour la consommation humaine. Les esprits affamés et les êtres de l'enfer éprouvent des souffrances bien plus effroyables encore sur des périodes de temps inconcevablement longues.

Nous avons besoin de nous souvenir aussi que même ceux qui n'éprouvent pas actuellement de douleur manifeste éprouvent malgré tout d'autres formes de souffrance. Dans le samsara, chaque être éprouve la souffrance de ne pas réaliser ses désirs. Tant de personnes ont du mal à satisfaire même les désirs les plus modestes, comme celui d'avoir un abri, de la nourriture ou de la compagnie. Et même lorsque ces désirs sont satisfaits, d'autres désirs surgissent pour les remplacer. Plus nous obtenons ce que nous voulons, plus notre attachement se renforce. Et plus notre attachement est fort, plus nous avons du mal à trouver la satisfaction. Les désirs des êtres samsariques sont sans fin. Il n'existe aucun être ordinaire ayant satisfait tous ses désirs. Seuls les êtres ayant transcendé leur égoïsme sont capables de faire cela.

Toute souffrance est le résultat d'un karma négatif. Si nous avons de la compassion pour ceux qui éprouvent les effets de leurs actions négatives antérieures, pourquoi ne pouvons-nous pas aussi avoir de la compassion pour ceux qui sont en train de créer la cause pour éprouver de la souffrance dans le futur ? À long terme, la situation d'un tortionnaire est pire que celle de sa victime, car sa souffrance est juste en train de commencer. Si la victime est capable d'accepter sa douleur sans développer de haine, elle épuisera ce karma négatif-là et n'en créera pas davantage. Sa souffrance touche donc à sa fin. Par contre, le tortionnaire aura d'abord à endurer de nombreux éons en enfer puis, lorsqu'il renaîtra à nouveau en tant qu'être humain, il aura à éprouver une douleur semblable à celle qu'il a infligée à sa victime. Pour cette raison, il est tout à fait approprié de développer une puissante compassion pour ces personnes.

Qu'un enfant se brûle en mettant sa main dans le feu n'empêchera pas sa mère de ressentir de la compassion, même si auparavant l'enfant avait été prévenu des dangers du feu. Personne ne veut souffrir mais, par ignorance, les êtres vivants créent les causes de la souffrance – les actions non vertueuses – parce qu'ils sont sous le contrôle de leurs perturbations mentales. Nous avons donc besoin de ressentir une compassion égale pour tous les êtres vivants – c'est-à-dire aussi forte pour ceux qui créent les causes de la souffrance que pour ceux qui souffrent déjà des conséquences de leurs actions malhabiles. Il n'existe pas un seul être vivant qui ne soit pas digne de notre compassion.

Nous pouvons aussi avoir du mal à ressentir de la compassion pour les personnes riches, en bonne santé, qui jouissent d'une bonne réputation et ne semblent pas éprouver de douleur manifeste. Pourtant, elles aussi en vérité éprouvent beaucoup de souffrances mentales et il leur est très difficile de toujours garder un esprit serein. Elles sont soucieuses de leur argent, de leur corps et de leur réputation. Comme tous les autres êtres samsariques, elles souffrent de la colère, de l'attachement et de l'ignorance, et n'ont pas d'autre choix que de subir les souffrances inévitables de la naissance, du vieillissement, de la maladie et de la mort, et cela vie après vie, sans cesse, inexorablement. De plus, leur richesse et les bonnes conditions dont elles jouissent n'ont rigoureusement aucun sens si, par ignorance, elles ne les utilisent que pour créer la cause de souffrances futures.

Si, sur la base de l'amour qui chérit et se préoccupe de tous les êtres, nous contemplons le fait que tous les êtres font l'expérience du cycle de la souffrance physique et mentale, vie après vie, sans fin, ainsi que leur incapacité à se libérer de la souffrance, leur manque de liberté et comment, en effectuant des actions négatives, ils créent les causes de souffrances futures, nous développerons une profonde compassion pour eux. Nous avons besoin de nous identifier à eux et de ressentir leur douleur aussi vivement que si c'était la nôtre.

Tous les êtres vivants souffrent parce qu'ils ont pris des renaissances contaminées. Les êtres humains n'ont pas d'autre choix que d'éprouver des souffrances humaines considérables parce qu'ils ont pris une renaissance humaine, contaminée par le poison intérieur que sont les perturbations mentales. De même, les animaux n'ont d'autre choix que d'éprouver les souffrances animales alors que les esprits affamés et les êtres des enfers doivent éprouver les souffrances de leur règne respectif. Si les êtres vivants éprouvaient toute cette souffrance une vie seulement, ce ne serait pas si grave, mais le cycle de la souffrance continue vie après vie, sans fin.

Pour commencer, nous pouvons contempler les souffrances des membres de notre famille et celles de nos amis proches, puis étendre notre compassion jusqu'à ce qu'elle embrasse tous les êtres vivants. Lorsque ce sentiment de compassion universelle se manifeste, nous le mélangeons à notre esprit et essayons de le maintenir le plus longtemps que nous le pouvons. De cette manière, nous familiarisons notre esprit avec la grande compassion. Au début, nous ne pourrons probablement tenir ce sentiment que quelques minutes mais, avec de l'entraînement, nous serons en mesure de le maintenir pendant des périodes de plus en plus longues jusqu'à ce qu'il se manifeste spontanément jour et nuit et imprègne toutes nos pensées. À partir de ce moment-là, tout ce que nous ferons nous rapprochera de l'illumination et toute notre vie prendra tout son sens.

En résumé, nous pensons :

> *Je ne peux pas supporter la souffrance de ces innombrables êtres mères. Noyés dans l'océan immense et profond du samsara – le cycle des renaissances contaminées – ils doivent endurer des souffrances physiques et des douleurs mentales insupportables dans cette vie et dans d'innombrables vies futures. Je dois absolument libérer définitivement tous ces êtres vivants de leurs souffrances.*

Nous méditons continuellement sur cette détermination, qui est la compassion universelle, et faisons de grands efforts pour accomplir son objectif.

LA RICHESSE INTÉRIEURE DE LA COMPASSION

Lorsque nous sortons de la méditation, nous essayons de maintenir notre sentiment de compassion entre les séances de méditation. Chaque fois que nous rencontrons quelqu'un, nous devons nous souvenir qu'il souffre et développer de la compassion à son égard. Alors, le simple fait de voir un être vivant sera comme la découverte d'un trésor rare et précieux. En effet, la compassion que nous ressentons en rencontrant les autres est une richesse intérieure suprême, une source inépuisable de bienfaits pour nous, dans cette vie comme dans nos vies futures.

Il a déjà été indiqué que la richesse extérieure ne peut pas nous aider dans nos vies futures. Il n'est même pas certain qu'elle nous rende heureux dans cette vie-ci, car elle est souvent source d'anxiété et peut même mettre notre vie en danger. Les riches ont des soucis que les pauvres ne connaîtront jamais. Par exemple, ils s'inquiètent souvent des voleurs, des investissements et des taux d'intérêt, de la perte de leur fortune et de leur statut social. Pour eux, c'est un lourd fardeau. La plupart des personnes peuvent se promener librement quand elles le veulent, alors que de nombreuses personnalités riches et célèbres ont besoin de gardes du corps et redoutent peut-être même d'être kidnappées. Les personnes riches ont peu de liberté ou d'indépendance et ne se sentent jamais totalement détendues. Plus notre position sociale est élevée, plus la chute sera dure. Il est plus prudent de rester vers le bas de l'échelle.

Nous pouvons améliorer nos conditions extérieures autant que nous le voulons, elles ne nous apporteront jamais un bonheur pur et ne nous protégeront jamais véritablement contre la souffrance. Il est impossible de trouver un vrai bonheur dans ce monde impur. Au lieu de faire tant d'efforts pour nous procurer la richesse extérieure, il vaudrait mieux rechercher la richesse intérieure de la vertu car, contrairement à la richesse extérieure, la richesse intérieure ne peut jamais nous décevoir et il est certain qu'elle nous apportera la paix et le bonheur que nous désirons.

Si nous sommes habiles, nos amis peuvent être comme des trésors dans lesquels nous pouvons puiser la précieuse richesse de l'amour, de la compassion, de la patience et ainsi de suite. Toutefois, pour que nos amis puissent jouer ce rôle, notre amour pour eux a besoin d'être sans attachement. Si notre amour pour nos amis est mêlé à un fort attachement, il dépendra du fait qu'ils se comportent d'une manière qui nous plaît. Dès qu'ils feront quelque chose que nous désapprouvons, nos bons sentiments pour eux seront susceptibles de se transformer en colère. En fait, les objets les plus habituels de notre colère sont souvent nos amis, et non nos ennemis ou des inconnus !

Si nous nous mettons souvent en colère contre nos amis, nous les transformons en maras. Un mara, ou démon obstructeur, est une personne ou une chose qui interfère avec notre pratique spirituelle. Personne n'est un mara de son propre côté, mais si nous laissons des personnes éveiller en nous des états d'esprit perturbés, comme la colère, un fort attachement ou la préoccupation de soi, nous les transformons en mara pour nous. Un mara n'a besoin ni de cornes ni d'une expression terrifiante, une personne qui semble être un très bon ami, qui nous flatte et nous entraîne dans des activités futiles peut être un bien plus grand obstacle à notre pratique spirituelle. Que nos amis soient des trésors précieux ou des maras dépend entièrement de nous. Si nous pratiquons habilement le dharma, nos amis peuvent être semblables à des joyaux inestimables, mais si notre pratique est mélangée aux huit préoccupations de ce monde, ils peuvent devenir des maras.

Nous serions ravis de trouver un trésor enfoui sous terre ou de gagner une grosse somme d'argent, et nous nous considérerions très chanceux. Toutefois, si nous considérons le caractère trompeur des richesses extérieures et la supériorité de la richesse intérieure de la vertu, nous devrions nous sentir bien plus chanceux et fortunés lorsque nous rencontrons un autre être vivant, source potentielle d'une richesse intérieure illimitée ! Pour un pratiquant mahayana sincère, le simple fait de voir d'autres êtres vivants, de leur parler ou simplement de penser à eux ressemble à la découverte d'un trésor enfoui. Toutes ses rencontres avec d'autres personnes servent à renforcer sa compassion, et même ses activités quotidiennes, faire les courses ou bavarder avec des amis par exemple, deviennent des causes de l'illumination.

Parmi tous les états d'esprit vertueux, la compassion est suprême. La compassion purifie notre esprit et, quand notre esprit est pur, les objets de notre esprit deviennent également purs. De nombreux récits racontent comment, en développant une puissante compassion, des pratiquants spirituels purifièrent leur esprit de la négativité qui avait longtemps fait obstacle à leur progrès spirituel. Par exemple, Asanga, grand maître bouddhiste indien du Ve siècle, médita dans une grotte isolée dans une montagne afin de parvenir à une vision de Bouddha Maitreya. Après douze années, il n'y était toujours pas parvenu et, découragé, il abandonna sa retraite. En descendant de la montagne il croisa un vieux chien couché au milieu du chemin. Son corps était couvert de plaies infestées d'asticots et il semblait être sur le point de mourir.

En voyant cette scène, Asanga fut submergé de compassion pour tous les êtres vivants piégés dans le samsara. Alors qu'il retirait minutieusement les vers du chien mourant, ce dernier se transforma brusquement en Bouddha Maitreya lui-même. Maitreya lui expliqua qu'il avait été à ses côtés depuis le début de sa retraite mais qu'il n'avait pas pu le voir en raison des impuretés de son esprit. Ce fut grâce à sa compassion extraordinaire qu'Asanga finit par purifier les obstructions karmiques qui l'avaient empêché de voir Maitreya. En réalité, le chien n'avait été rien d'autre qu'une émanation de Bouddha Maitreya, sous la forme d'un être qui souffre dans le but de faire naître la compassion d'Asanga. Cet exemple nous montre que les bouddhas se manifestent de nombreuses manières différentes pour aider les êtres vivants.

Toute personne qui meurt avec un esprit de compassion pure est assurée de renaître dans un pays pur où elle n'aura jamais plus à éprouver les souffrances du samsara. Le souhait principal du bodhisattva Guéshé Tchékhawa était de renaître en enfer afin de pouvoir aider les êtres qui y souffrent. Toutefois, sur son lit de mort, il eut une vision du pays pur et il comprit alors que son souhait ne serait pas exaucé. Au lieu de renaître en enfer, il n'avait pas d'autre choix que d'aller au pays pur ! C'est parce que sa compassion avait tant purifié son esprit que, du point de vue de sa propre expérience, les objets impurs comme les règnes de l'enfer n'existaient plus. Pour lui, tout était pur. Toutefois, bien que Guéshé Tchékhawa prît renaissance dans un pays pur, il put aider les êtres de l'enfer grâce à ses émanations.

Nous avons peut-être du mal à croire à ces histoires, mais c'est parce que nous ne comprenons pas le lien existant entre notre esprit et ses objets. Nous avons l'impression que le monde existe « là-bas », indépendamment de l'esprit qui le perçoit. En réalité, les objets sont totalement dépendants de l'esprit qui les perçoit. Ce monde impur que nous connaissons actuellement n'existe que par rapport à notre esprit impur. Lorsque notre esprit sera complètement purifié grâce à notre entraînement à l'échange de soi avec les autres, à la compassion et ainsi de suite, ce monde impur disparaîtra et nous percevrons un monde nouveau, un monde pur. Notre impression que les choses existent séparément de notre esprit, avec leur propre nature intrinsèque, figée, provient de l'ignorance de saisie d'un soi. Lorsque nous comprendrons la vraie nature des choses, nous verrons que notre monde est semblable à un rêve, dans le sens où toutes les choses existent en tant que simple apparence à l'esprit. Nous réaliserons que nous pouvons changer notre monde simplement en changeant notre esprit, et que si nous souhaitons être libérés de la souffrance, nous avons seulement besoin de purifier notre esprit. Après avoir purifié notre esprit, nous serons alors en mesure de réaliser le souhait de notre compassion en montrant aux autres comment faire de même.

Considérant tous ces bienfaits de la compassion, nous prenons la résolution d'utiliser toutes les occasions pour la développer. La chose la plus importante est de mettre en pratique les enseignements sur la compassion, sinon ces enseignements ne resteront pour nous que des paroles en l'air.

La compassion pure est un état d'esprit qui trouve la souffrance des autres insupportable, mais elle ne nous déprime pas. En fait, la compassion pure nous donne cette énergie formidable grâce à laquelle nous agissons pour les autres et menons à terme la voie spirituelle pour leur bien. Grâce à elle, notre complaisance vole en éclat et il nous est impossible de nous contenter du bonheur superficiel procuré par l'assouvissement des désirs de ce monde. Au lieu de cela, nous en viendrons à connaître une paix intérieure profonde qui ne sera jamais perturbée par les conditions changeantes. Il est impossible que de fortes perturbations mentales se manifestent dans un esprit empli de compassion. Si aucune perturbation mentale ne se manifeste, les conditions extérieures à elles seules n'ont pas le pouvoir de nous troubler. Ainsi, notre esprit est toujours en paix lorsqu'il est dirigé par la compassion. Telle est l'expérience de tous ceux qui ont étendu leur compassion au-delà de la compassion limitée ressentie habituellement à l'égard d'un cercle karmique proche, la transformant en une compassion désintéressée pour tous les êtres vivants.

Faire grandir notre compassion et notre sagesse, et aider ceux qui en ont besoin chaque fois que cela est possible, c'est cela le véritable sens de la vie. En faisant grandir notre compassion, nous nous rapprochons de l'illumination et de la réalisation de nos désirs les plus profonds. Les êtres vivants sont tellement bons d'agir ainsi en tant qu'objets de notre compassion. Ils sont si précieux ! S'il ne restait plus d'êtres souffrants à aider, les bouddhas seraient obligés d'en émaner pour nous ! En effet, si nous considérons l'histoire de Maitreya et d'Asanga, nous verrons qu'il est impossible de savoir avec certitude si ceux que nous essayons d'aider en ce moment ne sont pas en fait des émanations de Bouddha, manifestées pour notre bien. Le signe indiquant que nous avons maîtrisé les méditations sur l'amour qui chérit et se préoccupe des autres, et sur la compassion est que, chaque fois que nous rencontrons une autre personne, même si elle nous fait du mal, nous avons vraiment le sentiment d'avoir trouvé un trésor rare et précieux.

L'amour désirant

L'amour désirant

De manière générale, il y a trois types d'amour : l'amour affectueux, l'amour qui chérit et se préoccupe des autres et l'amour désirant. L'amour affectueux est un état d'esprit non mélangé à l'attachement désirant, qui voit une autre personne comme étant agréable, sympathique ou belle. Par exemple, lorsqu'une mère regarde ses enfants, elle ressent une grande affection pour eux et elle les perçoit comme étant beaux, quelle que soit la manière dont ils apparaissent aux autres. En raison de son amour affectueux, elle ressent naturellement qu'ils sont précieux et importants. Ce sentiment est l'amour qui chérit et se préoccupe des autres. Puisqu'elle chérit et se préoccupe de ses enfants, elle désire sincèrement leur bonheur. Ce désir est l'amour désirant. L'amour désirant provient de l'amour qui chérit et se préoccupe des autres qui, lui-même, provient de l'amour affectueux. Nous avons besoin de développer ces trois types d'amour envers tous les êtres vivants, sans exception.

COMMENT DÉVELOPPER L'AMOUR DÉSIRANT

La manière de faire naître et de faire grandir en nous notre amour qui chérit et se préoccupe des autres a déjà été expliquée. Nous avons maintenant besoin de développer l'amour désirant en contemplant à quel point ces êtres vivants que nous portons si précieusement dans notre cœur ne connaissent pas de vrai bonheur. Tout le monde veut être heureux, mais dans le samsara personne ne connaît de vrai bonheur. En comparaison de toutes les souffrances endurées par les êtres vivants, leur bonheur est rare et éphémère et ce n'est en plus qu'un bonheur contaminé, dont la nature est en réalité souffrance. Bouddha a qualifié les sensations agréables qui proviennent des plaisirs ordinaires de « souffrance changeante » parce que ces plaisirs sont simplement une diminution temporaire d'une douleur manifeste. En d'autres termes, nous ressentons du plaisir parce que notre douleur précédente est soulagée. Par exemple, le plaisir que nous prenons en mangeant n'est en réalité qu'une diminution temporaire de notre faim, le plaisir que nous prenons en buvant n'est qu'une diminution temporaire de notre soif et le plaisir que nous prenons dans nos relations ordinaires est en grande partie simplement une diminution temporaire de notre solitude sous-jacente.

Dans *Quatre cents versets*, le maître bouddhiste Aryadéva dit :

> L'expérience de la souffrance ne sera jamais changée par la même cause
> Mais nous pouvons voir que l'expérience du bonheur sera changée par la même cause.

Cela signifie que, par exemple, la souffrance provoquée par le feu ne sera jamais transformée en bonheur par ce feu. Mais nous pouvons voir que le bonheur induit, par exemple, par le fait de manger sera transformé en souffrance, simplement en mangeant. Comment comprendre cela ? Si nous augmentons la cause de notre bonheur ordinaire, notre bonheur se transformera graduellement en souffrance. Lorsque nous mangeons notre plat préféré, son goût est délicieux, mais si nous devions continuer à en manger, assiette après assiette, notre plaisir se transformerait vite en inconfort, en dégoût et finalement en douleur. Pourtant, l'inverse ne se produit pas avec les expériences douloureuses. Par exemple, se taper encore et

encore sur les doigts avec un marteau ne peut jamais devenir agréable, car cette action est une vraie cause de souffrance.
Une vraie cause de souffrance ne peut jamais donner naissance au bonheur et, de même, une vraie cause de bonheur ne
peut jamais donner naissance à la douleur. Puisque les sensations agréables qui résultent des plaisirs ordinaires se transforment en douleur, elles ne peuvent donc pas être un véritable
bonheur. Nous adonner de façon prolongée à la nourriture, au
sport, au sexe ou à tout autre plaisir ordinaire conduit invariablement à la souffrance. Nous n'arriverons jamais à trouver le
bonheur dans les plaisirs ordinaires, quelle que soit la peine
que nous nous donnions. Comme mentionné précédemment,
s'adonner aux plaisirs samsariques est comme boire de l'eau
salée, loin d'étancher notre soif, plus nous buvons, plus nous
avons soif. Dans le samsara, nous ne parvenons jamais au
point où nous pouvons dire : « Maintenant je suis complètement satisfait, je n'ai besoin de rien d'autre. »

Non seulement les plaisirs ordinaires ne sont pas un vrai
bonheur mais, en plus, ils ne durent pas. Les gens consacrent
leur vie à acquérir des biens, une bonne position sociale, à
construire une maison, à fonder une famille, à s'entourer d'un
cercle d'amis. Mais à leur mort, ils perdent tout. Tout ce pour
quoi ils ont œuvré disparaît brusquement et ils entrent dans
leur prochaine vie, seuls et les mains vides. Ils désirent ardemment avoir des amitiés profondes et durables avec les autres,
mais c'est chose impossible dans le samsara. Les amants
les plus proches finiront par connaître le déchirement de la
séparation, et quand ils se rencontreront de nouveau dans
une vie future, ils ne se reconnaîtront pas. Nous avons peut-
être l'impression que ceux qui ont de bonnes relations et qui
ont pu réaliser leurs ambitions sont vraiment heureux, mais
en réalité leur bonheur est aussi fragile qu'une bulle d'eau.
L'impermanence n'épargne rien ni personne, dans le samsara

tous nos rêves sont brisés à la fin. Dans les *Soutras du vinaya*, Bouddha dit :

> L'accumulation finit en dispersion.
> L'ascension finit en chute.
> La rencontre finit en séparation.
> La naissance finit en mort.

La souffrance est la nature du samsara. Ainsi, tant que les êtres vivants renaissent dans le samsara, ils ne peuvent jamais connaître de véritable bonheur. Bouddha a comparé la vie dans le samsara au fait d'être assis sur la pointe d'une aiguille : quels que soient nos efforts pour essayer de réajuster notre position, elle sera toujours douloureuse, et quels que soient nos efforts pour essayer de réajuster et d'améliorer notre situation samsarique, elle nous irritera toujours et donnera toujours naissance à la douleur. Il est possible de trouver le vrai bonheur uniquement en nous libérant du samsara. En contemplant cela, nous allons développer un désir sincère et profond que tous les êtres vivants connaissent un bonheur pur en atteignant la libération.

Nous commençons notre méditation en nous concentrant sur notre famille et nos amis, en contemplant que tant qu'ils resteront dans le samsara, ils ne connaîtront jamais de vrai bonheur, et que même le bonheur limité dont ils jouissent actuellement leur sera bientôt enlevé. Puis, nous étendons ce sentiment d'amour désirant afin d'y inclure tous les êtres vivants et, en comprenant et en croyant que le bonheur et la liberté de chaque être vivant sont bien plus importants que les nôtres, nous pensons alors :

> *Ce serait tellement merveilleux que tous les êtres vivants atteignent le bonheur pur et éternel de l'illumination ! Puissent-ils atteindre ce bonheur. Je vais moi-même œuvrer dans ce but.*

Nous restons le plus longtemps possible centrés en un seul point sur ce précieux esprit d'amour désirant pour tous les êtres vivants. Nous répétons cette méditation encore et encore jusqu'à désirer spontanément que chaque être vivant connaisse le bonheur de l'illumination. Ce désir spontané est la véritable réalisation de l'amour désirant.

Nous mélangeons notre esprit à ce sentiment d'amour désirant, le plus longtemps possible. En dehors de la méditation, chaque fois que nous voyons ou que nous pensons à un être vivant, humain ou animal, nous prions mentalement : « Puisse-t-il être continuellement heureux. Puisse-t-il atteindre le bonheur de l'illumination. » En pensant constamment de cette manière, nous pouvons maintenir l'amour désirant jour et nuit, même pendant notre sommeil.

La méditation sur l'amour est très puissante. L'amour désirant est aussi appelé *amour incommensurable* parce que nous recevrons des bienfaits incommensurables dans cette vie et dans d'innombrables vies futures, simplement en méditant sur l'amour désirant, même si notre concentration n'est pas très forte. Le grand érudit Nagardjouna, se basant sur les enseignements de Bouddha, énuméra huit bienfaits de l'amour affectueux et de l'amour désirant : (1) en méditant sur l'amour affectueux et sur l'amour désirant pendant un seul instant, nous accumulons davantage de mérite qu'en donnant à manger trois fois par jour à tous ceux qui ont faim dans le monde.

Lorsque nous nourrissons ceux qui ont faim, nous ne donnons pas un bonheur véritable. En effet, le bonheur provenant de manger n'est pas un vrai bonheur, mais juste une réduction temporaire de la souffrance due à la faim. Par contre, la méditation sur l'amour affectueux et sur l'amour désirant nous conduit, nous et tous les êtres vivants, au bonheur pur et éternel de l'illumination.

Les sept autres bienfaits sont, qu'à l'avenir : (2) nous recevrons beaucoup d'amour et de bienveillance de la part des humains et des non-humains ; (3) nous serons protégés de diverses manières par les humains et par les non-humains ; (4) nous serons mentalement heureux tout le temps ; (5) nous serons physiquement bien portant tout le temps ; (6) nous ne serons pas blessés par les armes, les poisons et autres conditions néfastes ; (7) nous aurons toutes les conditions nécessaires sans effort ; (8) nous renaîtrons dans un paradis supérieur, le pays d'un bouddha.

Ayant contemplé ces bienfaits, nous devrions faire des efforts pour méditer sur l'amour désirant plusieurs fois par jour.

L'amour est le grand protecteur, qui nous protège de la colère et de la jalousie, et du mal infligé par les esprits. Alors que Bouddha Shakyamouni méditait sous l'arbre bodhi, il fut attaqué par tous les démons terrifiants de ce monde, mais son amour transforma leurs armes en une pluie de fleurs. Notre amour deviendra au final l'amour universel d'un bouddha, qui a véritablement le pouvoir d'accorder le bonheur à tous les êtres vivants.

La plupart des relations entre les gens sont basées sur un mélange d'amour et d'attachement. Ce n'est pas un amour pur car, à sa base, se trouve le désir de notre propre bonheur – nous apprécions les autres parce qu'ils nous font nous sentir bien. L'amour pur n'est pas mélangé à l'attachement et se préoccupe uniquement du bonheur des autres. Il ne donne jamais naissance aux problèmes, mais est seulement source de paix et de bonheur, pour nous et pour les autres. Nous avons besoin d'éliminer l'attachement de notre esprit, mais cela ne veut pas dire que nous devons renoncer à nos relations. Nous avons plutôt besoin d'apprendre à faire la différence entre attachement et amour, d'essayer progressivement d'éliminer toute trace d'attachement dans nos relations avec les autres et d'améliorer notre amour jusqu'à ce qu'il devienne pur.

TRANSFORMER LES CONDITIONS ADVERSES

Lorsque les choses vont bien, que les autres sont gentils avec nous et nous traitent avec respect, il n'est pas trop difficile de souhaiter qu'ils soient heureux. Toutefois, si notre amour pour eux diminue dès qu'ils nous causent des problèmes ou qu'ils ne nous apprécient pas, cela indique que notre amour n'est pas pur. Tant que nos bons sentiments envers les autres dépendront du fait qu'ils nous traitent bien, notre amour sera faible et instable, et nous ne serons pas capables de le transformer en amour universel. Il est inévitable que certaines personnes répondent parfois avec ingratitude et de manière négative à notre gentillesse. Il est donc essentiel de trouver le moyen de transformer cette expérience en voie spirituelle.

Lorsqu'une personne nous fait du mal, nous devrions, plutôt que de nous mettre en colère, essayer de voir cette personne comme un enseignant spirituel et faire naître en nous un sentiment de gratitude à son égard. Nous pouvons utiliser divers raisonnements pour développer cette reconnaissance particulière. Nous pouvons penser :

> *Ces personnes me font du mal uniquement parce que j'ai créé la cause pour qu'elles agissent ainsi, en raison de mes actions négatives antérieures. Ces personnes m'enseignent la loi du karma. En me trompant et en me rendant mon aide par le mal, elles me rappellent que dans le passé j'ai trompé les autres et que je leur ai fait du mal. Elles me trahissent uniquement parce que je les ai trahies, elles ou d'autres, dans des vies passées. Elles m'encouragent à purifier mon karma négatif et à m'abstenir à l'avenir de commettre toute action néfaste. Quelle grande bonté ! Il est certain que ces personnes sont mon guide spirituel, émané par Bouddha.*

En pensant de cette manière, nous transformons une situation qui habituellement donnerait naissance à la colère ou à l'apitoiement sur soi en une puissante leçon sur le besoin de purification et de discipline morale.

Nous pouvons également penser :

> *Cette situation me montre que dans le samsara, il n'y a pas de certitude. Tout change. Les amis deviennent des ennemis et les ennemis deviennent des amis. Pourquoi cela ? Parce que dans le samsara tout le monde est sous le contrôle de ses perturbations mentales et personne n'a de liberté. Cette situation m'encourage à abandonner la renaissance samsarique donc, au lieu de me mettre en colère ou de me décourager, je dois absolument abandonner la renaissance samsarique et faire naître en moi l'esprit joyeux du renoncement – un désir sincère d'atteindre la paix intérieure définitive, la libération. Je prie afin de pouvoir être libéré du samsara, et afin que tous les êtres vivants puissent atteindre le même état.*

En suivant ce raisonnement, nous considérons la personne qui nous traite durement comme un enseignant spirituel qui nous encourage à quitter le samsara et à connaître un bonheur pur. Cette manière habile de considérer notre difficulté la transforme en une possibilité de progresser sur la voie spirituelle. Puisque cette personne nous enseigne une profonde leçon sur la nature du samsara, et qu'elle a un effet si bénéfique sur notre esprit, sa bonté est suprême.

Nous pouvons aussi penser :

> *Cette personne qui me fait du mal ou me dérange m'encourage en réalité à pratiquer la patience. Puisqu'il est impossible de progresser sur la voie spirituelle sans développer une grande patience, cette personne m'est d'une très grande aide.*

La patience est un état d'esprit motivé par une intention vertueuse, qui accepte sereinement, l'esprit heureux, les difficultés et les problèmes provenant des autres. Une personne dépourvue de patience n'a aucune stabilité d'esprit et s'irrite au moindre obstacle ou à la plus légère critique. Par contre, quand nous développons une véritable patience, notre esprit est aussi stable qu'une montagne et aussi calme que les profondeurs d'un océan. Avec cet esprit fort et calme, il ne sera pas difficile de parfaire les réalisations spirituelles que sont l'amour universel, la grande compassion et la bodhitchitta.

En pensant habilement de cette manière, nous pouvons considérer même ceux qui nous font du mal ou qui nous trompent comme nos enseignants spirituels. Ce point est très important, car cela signifie que tout le monde peut être notre enseignant. Qu'une personne soit notre enseignant spirituel ou un obstacle à notre progrès spirituel dépend entièrement de notre esprit. À bien des égards, les personnes qui nous font du mal sont les plus bienveillantes parce qu'elles détruisent notre complaisance qui voit le samsara comme un jardin de plaisir et, tel un puissant guide spirituel, elles nous incitent à nous engager avec plus de force dans la pratique spirituelle. En pensant ainsi, nous pouvons transformer le mal que nous recevons en voie spirituelle, et au lieu de nous décourager, nous pouvons apprendre à chérir, à porter dans notre cœur même ceux qui nous font du mal. Il est particulièrement important d'avoir cette attitude envers ceux qui nous sont proches – nos amis et notre famille. Nous passons tellement de temps avec eux qu'il serait très bénéfique de les considérer comme des enseignants spirituels purs !

Nous attendons beaucoup de nos amis, espérant qu'ils seront une source de vrai bonheur mais, dans le samsara, nous ne pouvons jamais trouver de tels amis. Même s'ils n'essaient pas délibérément de nous faire du mal, ils nous causent inévitablement des problèmes de temps à autre. Nous pensons qu'en cherchant assez longtemps nous trouverons l'ami idéal ou le partenaire parfait qui ne nous décevra jamais, mais dans le samsara il n'y a aucun ami parfait. Les relations samsariques sont, de par leur nature même, trompeuses. Nous espérons trouver une relation constamment harmonieuse et satisfaisante mais, d'une manière ou d'une autre, cela ne marche jamais. Inutile de tenir l'autre pour responsable de ne pas être à la hauteur de nos attentes, c'est la faute de la renaissance samsarique. Ayant pris renaissance dans le samsara, nous n'avons pas d'autres choix que de connaître des relations insatisfaisantes – il est impossible de trouver des amis purs dans ce monde impur. Si nous voulons réellement jouir de relations pures et harmonieuses, nous devons absolument abandonner le samsara. Par conséquent, lorsque nos amis nous déçoivent ou nous laissent tomber, nous ne devrions pas nous mettre en colère contre eux, mais les considérer au contraire comme des enseignants spirituels qui nous montrent les défauts du samsara.

Par nature, les lieux samsariques sont également trompeurs. Nous pensons qu'en changeant de maison, en allant vivre hors de la ville ou dans un autre pays nous trouverons un endroit où nous pourrons nous sentir vraiment bien et heureux. Pourtant, nous ne trouverons jamais un tel endroit tant que nous resterons dans le samsara. Nous avons déménagé tant de fois et nous ne sommes toujours pas satisfaits. Quand nous visitons une nouvelle région, elle nous paraît si belle que nous avons l'impression que tous nos problèmes seraient résolus si nous y habitions. Mais une fois que nous avons effectivement déménagé, de nouveaux problèmes surgissent rapidement. Il n'y a aucun endroit dans ce monde où nous n'aurons aucun problème. Si nous voulons vivre dans un environnement pur ou trouver un endroit où nous nous sentirons toujours bien, nous avons besoin de purifier notre esprit en développant un amour et une compassion universels.

Nous passons notre vie à rechercher le bonheur dans le samsara, allant d'un ami à l'autre et d'un endroit à l'autre, mais nous ne trouverons jamais de vrai bonheur. Nous sommes comme le voleur qui s'était introduit une nuit dans la grotte de Milarépa, recherchant un objet de valeur à voler. Milarépa l'entendit et se mit à rire en disant : « Comment espères-tu trouver un objet de valeur ici, en pleine nuit, quand je ne peux rien y trouver de valeur en plein jour ? » Comment pouvons-nous espérer trouver le bonheur dans cette grotte vide, le samsara, alors que nous sommes plongés dans l'obscurité de nos perturbations mentales, quand tous les bouddhas ont été incapables de le trouver avec leur sagesse omnisciente ? Le samsara est une prison dont nous devons absolument nous échapper et non y perdre notre temps à y rechercher inutilement le bonheur.

En pensant de la sorte, nous pouvons transformer des conditions apparemment adverses en possibilité de développement spirituel. Nous pouvons transformer les conditions adverses en la voie de deux manières : au moyen de la méthode et au moyen de la sagesse. Nous avons en nous les graines de la bouddhéité, mais pour transformer ces graines en le corps et l'esprit parfaits d'un bouddha, nous avons besoin à la fois de les nourrir et de les libérer de tout ce qui fait obstacle à leur croissance. Les pratiques qui favorisent la croissance des graines de bouddha, par exemple le renoncement, la compassion et la bodhitchitta, sont appelées *pratiques de la méthode*, et les pratiques qui libèrent les graines de bouddha de tout obstacle et obstruction sont appelées *pratiques de la sagesse*. Lorsque nous utilisons nos conditions adverses pour renforcer notre expérience du renoncement, de l'amour qui chérit et se préoccupe des autres, etc., nous transformons les conditions adverses en la voie au moyen de la méthode. Lorsque nous utilisons nos conditions adverses pour approfondir notre réalisation de la vacuité, nous transformons les conditions adverses en la voie au moyen de la sagesse. Une explication plus détaillée se trouve dans *La Compassion universelle*.

En ces temps dégénérés, il est vital de transformer les conditions adverses en la voie parce que nous sommes constamment entourés de difficultés, comme la flamme d'une bougie dans le vent, poussés d'abord dans une direction, puis dans une autre. Il est impossible d'éviter les situations difficiles mais, si nous pouvons changer notre attitude vis-à-vis d'elles, elles ne nous poseront plus aucun problème. Au lieu de laisser les adversités nous rendre mécontents ou malheureux et nous décourager, nous pouvons les utiliser pour améliorer notre expérience des étapes de la voie spirituelle, et ainsi maintenir en permanence un esprit pur et paisible.

Dans *La Roue des armes aiguisées*, Dharmarakshita explique que toutes les difficultés que nous connaissons dans cette vie sont le résultat d'actions négatives commises dans nos vies antérieures ou plus tôt dans cette vie. S'il nous est difficile de satisfaire nos désirs, c'est parce que dans le passé nous avons empêché les autres de satisfaire les leurs. Si nous sommes séparés d'amis que nous aimons beaucoup, c'est parce que nous nous sommes immiscés dans les relations des autres. Si nous ne pouvons pas trouver d'amis dignes de confiance, c'est parce que nous avons trompé les gens. Si notre corps est tourmenté par la maladie, c'est parce que nous avons infligé des douleurs physiques aux autres. Si les gens nous trouvent peu attirants, c'est parce que nous nous sommes fréquemment mis en colère contre les autres. Si nous sommes pauvres, c'est parce que nous avons volé les biens des autres. Si notre vie est courte, c'est parce que nous avons tué d'autres êtres. Dharmarakshita donne ainsi de nombreux exemples d'actions et de leurs effets, exemples expliqués par Bouddha dans des soutras comme le *Soutra des cent actions* et les *Soutras du vinaya*. Si nous lisons ces soutras nous pourrons reconnaître que toutes les difficultés que nous connaissons dans notre vie quotidienne sont semblables à une roue d'armes aiguisées qui fait demi-tour et nous revient, en raison du mal que nous avons causé.

Il est important de comprendre la relation existant entre les actions et leurs effets. Notre réaction habituelle face à un problème est d'essayer de trouver une personne à tenir pour responsable. Pourtant, si nous considérons la situation avec sagesse, nous prendrons conscience que nous avons nous-mêmes créé la cause de ce problème par nos actions négatives. La cause principale de tous nos problèmes est nécessairement une action corporelle, verbale ou mentale négative que nous avons nous-mêmes créée dans le passé. Les actions des autres sont seulement des conditions secondaires qui permettent à notre karma négatif de mûrir. Si ces personnes ne nous fournissent pas les conditions permettant à notre karma négatif de mûrir, une autre personne, ou une autre chose, le fera nécessairement. En effet, une fois la cause principale créée, à moins de purifier cette cause au moyen d'une pratique de purification, rien ne pourra empêcher l'effet de se produire tôt ou tard. Au lieu de tenir les autres pour responsables de nos problèmes, mieux vaut nous servir de notre infortune pour approfondir notre compréhension du karma.

En entraînant notre esprit à voir des enseignements spirituels dans tout ce que nous vivons, nous pouvons en arriver à considérer tout être et toute chose comme notre enseignant spirituel, et nous pouvons transformer à notre avantage toute situation sans exception. Il est très important de comprendre cela, car cela signifie que rien de ce que nous vivons n'est jamais gaspillé. Le temps passé à écouter des enseignements du dharma ou à lire des livres du dharma est habituellement assez limité, mais si nous pouvons reconnaître les leçons du dharma dans notre vie quotidienne, nous serons toujours en présence de notre guide spirituel. Comme l'a dit Milarépa :

> Je n'ai pas besoin de lire de livres. Tout ce qui apparaît à mon esprit est un livre du dharma. Toutes les choses

confirment la vérité des enseignements de Bouddha et font grandir mon expérience spirituelle.

Milarépa progressa très rapidement sur la voie spirituelle et atteignit la pleine illumination en l'espace d'une seule vie parce qu'il considérait que toute chose était son enseignant spirituel.

Un bouddha a pour fonction de révéler le saint dharma et d'accorder des bénédictions. Étant donné que notre guide spirituel remplit ces fonctions, de notre point de vue c'est un bouddha. De même, pour un pratiquant qualifié du dharma, tous les êtres vivants sont des enseignants spirituels et toutes les situations lui enseignent le dharma. Si nous pouvons maintenir cette reconnaissance spéciale grâce à l'attention, il n'y aura plus aucun obstacle à notre pratique spirituelle, parce que toutes nos expériences quotidiennes prendront du sens et serviront à faire grandir nos qualités.

Si nous sommes habiles, tout être que nous voyons peut nous enseigner la loi du karma. Lorsque nous voyons ou entendons parler de gens pauvres, nous pouvons réfléchir sur le fait que la pauvreté éprouvée est le résultat de ne pas avoir pratiqué le don dans le passé. Cela nous encouragera à pratiquer le don. Lorsque nous voyons des animaux, nous pouvons penser qu'ils ont pris une renaissance inférieure parce qu'ils n'ont pas pratiqué la discipline morale. Ils m'enseignent que je dois absolument pratiquer une discipline morale pure dès maintenant. De même, les personnes qui souffrent de la colère m'enseignent à quel point il est important de pratiquer la patience. Enfin, tous les êtres enfermés dans la prison du samsara m'enseignent que je dois absolument abandonner la paresse et faire de grands efforts pour atteindre une cessation définitive de la renaissance samsarique et pour aider tous les autres êtres à faire de même. En pensant ainsi, nous arriverons progressivement à prendre profondément conscience que tous les êtres vivants nous donnent le cadeau inestimable que sont les enseignements du dharma. Au lieu de regarder de haut les êtres qui souffrent, nous en viendrons à les respecter et à les apprécier en tant que guides spirituels incomparablement précieux.

Accepter la défaite et
offrir la victoire

Accepter la défaite
et offrir la victoire

Après avoir obtenu une certaine expérience de l'amour et de la compassion pour tous les êtres vivants, nous avons maintenant besoin de mettre ce bon cœur en pratique dans notre vie quotidienne. Par exemple, si une personne nous fait du mal ou nous insulte par colère ou par jalousie, nous acceptons sereinement le mal infligé sans chercher à nous venger ou à répliquer, notre esprit demeurant dans l'amour et la compassion. Voilà ce que signifie accepter la défaite et offrir la victoire aux autres. Cette pratique de la patience nous protège directement du découragement et de la tristesse. La pratique sincère de la patience est la base permettant d'atteindre la réalisation de la prise et du don qui est expliquée dans le chapitre suivant.

Lorsque des objets inanimés ou des personnes nous causent des problèmes et que nous avons fait tout ce que nous pouvions pour améliorer la situation, il n'y a rien d'autre à faire que de supporter patiemment notre souffrance, sans nous mettre en colère ni être contrariés. Une fois que les effets de nos actions négatives ont déjà mûri, il est impossible de les éviter et même un bouddha ne peut empêcher nos souffrances. La seule chose que nous puissions faire, c'est de pratiquer la patience et d'accepter sereinement nos difficultés. De cette manière, nous maintenons un état d'esprit équilibré et positif, peu importe la gravité de notre situation extérieure. Par exemple, si nous pratiquons la patience lorsque nous sommes malades, nous serons capables de rester calmes et paisibles et si nous pratiquons la patience quand quelqu'un nous fait du mal, nous aurons la clarté et la sérénité d'esprit nécessaires pour réagir de façon constructive, sans colère ni apitoiement sur soi. Chaque fois que nous nous trouvons dans une situation désagréable ou douloureuse, nous devrions penser :

Cette situation est le résultat de mon karma négatif. Puisque l'effet a déjà mûri, il est trop tard pour le purifier. Il n'y a rien à faire sinon accepter patiemment la situation, avec un esprit heureux. J'ai moi-même créé la cause de ce problème, c'est donc ma responsabilité d'en accepter le résultat. Si je n'éprouve pas le résultat de mes actions négatives, qui d'autre le fera ?

La patience consistant à endurer volontiers la souffrance n'est pas la pratique proprement dite de la prise, mais si nous sommes capables de supporter courageusement notre propre souffrance, nous n'aurons pas de mal à prendre la souffrance des autres. Les êtres capables de pratiquer cette patience ont un esprit très fort. Ils sont comme des héros ou des héroïnes qui restent imperturbables face aux souffrances du samsara et rien n'a le pouvoir de troubler leur esprit. Dharmarakshita dit :

Celui qui accepte les plaisirs du samsara mais qui ne peut
    accepter la souffrance,
Aura de nombreux problèmes,
Mais un bodhisattva qui accepte la souffrance avec courage
    Sera toujours heureux.

Ceux qui s'attendent uniquement à du bonheur à l'intérieur du samsara et ont du mal à supporter ses souffrances attireront simplement davantage de malheurs sur eux. Nous souffrons parce que nous sommes dans le samsara. Le samsara est la création de notre esprit impur de saisie d'un soi et de préoccupation de soi, sa nature même est donc souffrance.

Tant que nous avons la cause dans notre esprit – l'ignorance de saisie d'un soi et la préoccupation de soi –, nous continuerons à en connaître l'effet – le samsara et tous ses malheurs. Espérer échapper à la souffrance sans purifier notre esprit de préoccupation de soi et de saisie d'un soi révèle un manque fondamental de sagesse. Par manque de sagesse, nous avons cherché vie après vie à nous libérer de la souffrance en manipulant notre monde samsarique tout en négligeant de purifier notre esprit. Plutôt que de continuer sur cette voie, nous devrions maintenant imiter l'attitude sage et courageuse d'un bodhisattva et considérer notre souffrance et nos problèmes comme des encouragements qui nous incitent à pratiquer la voie spirituelle.

La raison pour laquelle nous avons du mal à accepter la souffrance est que notre préoccupation de soi exagère énormément l'importance de notre propre bonheur. En réalité, lorsque nous sommes heureux, une seule personne est heureuse, et lorsque nous souffrons, une seule personne souffre. Notre propre souffrance est insignifiante comparée à la souffrance des innombrables êtres vivants. Bien sûr, même un seul être vivant est important, mais si quelqu'un nous demandait ce qui est plus important, une personne ou dix personnes, nous serions obligés de dire que dix personnes sont plus importantes qu'une seule. Ce raisonnement est très utile et peut nous aider dans notre pratique de l'acceptation de la défaite.

Toutefois, nous avons besoin de nous servir de notre sagesse lorsque nous effectuons cette pratique. Si accepter la défaite et offrir la victoire présente un sérieux obstacle à la réalisation de notre bodhitchitta, cela fera indirectement du tort à d'innombrables êtres vivants, y compris à la personne à qui nous offrons la victoire. Sans sagesse, nous pourrions laisser une personne réduire à néant l'opportunité extraordinaire que nous avons d'atteindre l'illumination et d'aider de nombreux êtres vivants. Cette compassion serait maladroite et mènerait à une pratique incorrecte. Imaginons qu'une pratiquante nommée Marie consacre sa vie à aider les autres. Si par jalousie une personne essaie de tuer Marie et que, pour permettre à son assaillant de réaliser ses souhaits, Marie se laissait tuer, cette compassion serait insensée. Notre compassion à elle seule ne suffit pas. Nous avons besoin de l'équilibrer avec la sagesse, sinon nous commettrons de nombreuses erreurs.

Un jour, un homme d'une grande compassion trouva un gros poisson au bord de la route. Le poisson était tombé de la charrette d'un pêcheur et vivait encore. L'homme voulut le sauver. Il le ramassa avec soin et le remit dans un étang non loin de là. Mais peu après, les habitants s'aperçurent que tous les petits poissons de cet étang avaient disparu et qu'il ne restait qu'un seul gros poisson. Lorsque les villageois comprirent que le gros poisson avait mangé tous les autres, ils se fâchèrent et tuèrent le poisson. L'action de l'homme animé par la compassion eut pour conséquence la mort non seulement de tous les poissons de l'étang, mais aussi du gros poisson qu'il avait essayé de sauver. Cette histoire nous montre que, si nous souhaitons vraiment aider les autres, nous avons besoin d'avoir plus que le simple désir compatissant d'aider. Nous avons également besoin de développer notre sagesse, car sans sagesse nos efforts pour aider pourront souvent avoir des retombées négatives. Dans le bouddhisme, compassion et sagesse sont considérées comme complémentaires. Elles sont aussi nécessaires l'une que l'autre pour aider efficacement les autres.

Supposons que nous ayons abandonné la préoccupation de soi et qu'une personne nous demande de sacrifier notre vie. De notre côté, il se peut que nous ayons la capacité de donner notre vie sans avoir aucun sentiment de perte. Mais avant de faire cela, nous devons nous demander si cela aidera réellement les autres. Dans certains cas, c'est peut-être la chose la plus bénéfique à faire. Le roi tibétain Yéshé Eu sacrifia sa vie pour inviter le grand érudit indien Atisha à venir enseigner le dharma au Tibet. Atisha fut si profondément ému par l'acte altruiste de Yéshé Eu qu'il accepta son invitation. Il put enseigner le précieux dharma kadam aux Tibétains rudes et indisciplinés qui, en retour, lui donnèrent amour et gratitude. Le bouddhadharma pur qu'il enseigna s'épanouit à travers le Tibet et dans d'autres pays. Depuis cette époque, d'innombrables êtres ont reçu et continuent de recevoir de profonds bienfaits du geste habile de Yéshé Eu qui donna sa vie de plein gré. Cette histoire est expliquée plus en détail dans *La Voie joyeuse* et dans *Un Bouddhisme moderne*.

Par contre, à certains moments, donner notre vie peut satisfaire une personne mais également détruire la possibilité d'en aider beaucoup d'autres. Si nous nous rendons compte que nous pouvons aider plus de personnes en restant vivants, nous ne devons pas donner notre vie. Si quelqu'un se met en colère et menace de nous tuer, nous pouvons même nous battre pour protéger notre vie pour le bien du plus grand nombre. Bouddha a dit que donner notre corps sans bonne raison ou mettre inutilement notre santé en danger serait une grave erreur, car ce serait un grand obstacle à notre pratique spirituelle.

Habituellement, il est bon d'essayer de faire plaisir aux autres en agissant en accord avec leurs désirs et en acceptant toutes les critiques ou tous les problèmes qu'ils nous causent. Mais dans certaines situations, il serait très maladroit d'agir ainsi, par exemple lorsque les désirs d'une personne sont destructeurs et qu'ils apporteront des souffrances inutiles. Si quelqu'un venait nous demander de l'aide pour cambrioler une banque, ou si notre enfant nous demandait de lui acheter une canne à pêche ou une carabine pour tuer les oiseaux, nous devrions bien entendu refuser. Nous avons besoin d'utiliser notre sagesse et ne pas dire oui aveuglément à tout ce que l'on nous demande.

Il est aussi possible que nous consacrions la majeure partie de notre temps à satisfaire les désirs des autres et qu'il ne nous reste plus de temps pour étudier, contempler et méditer sur le dharma. Beaucoup de personnes ont également des désirs incorrects et pourraient abuser de nous. À moins de consacrer chaque jour un certain temps pour la méditation, nous aurons du mal à maintenir un esprit paisible et positif dans notre vie quotidienne, et notre pratique spirituelle dans son ensemble en souffrira. Puisque le véritable objectif de la méditation est d'améliorer notre capacité à aider les autres, le fait de prendre chaque jour du temps pour méditer n'est pas égoïste. Nous avons besoin de gérer notre temps et notre énergie de manière à pouvoir aider les autres au maximum, et pour faire cela efficacement nous avons besoin de passer du temps seuls pour retrouver nos forces, rassembler nos idées et voir les choses avec du recul.

S'ils ont été blessés, les pratiquants de l'entraînement de l'esprit acceptent patiemment leur souffrance, mais cela ne veut pas dire qu'ils n'essayent pas d'abord d'empêcher qu'on leur fasse du mal. C'est une erreur de croire que, parce que nous essayons de pratiquer la patience et de détruire notre préoccupation de soi, nous pouvons laisser les autres nous faire du mal. En fait c'est notre devoir de nous protéger du mal que les autres voudraient nous faire car, s'ils y parviennent, ils auront créé la cause de grandes souffrances pour eux à l'avenir. Les bodhisattvas emploient toutes les méthodes paisibles et courroucées qu'ils ont à leur disposition pour empêcher les autres de leur nuire, mais leur seule motivation est de protéger les autres en les empêchant de créer du karma négatif et de sauvegarder leur propre possibilité d'aider les autres. Vu de l'extérieur, il semble peut-être qu'ils agissent dans leur propre intérêt mais en réalité ils protègent leur corps et leur vie par compassion pour tous les êtres vivants. Dans certaines circonstances extrêmes, les bodhisattvas peuvent même se battre afin de protéger de nombreux êtres sensibles.

Il est très difficile de juger, en se basant uniquement sur les actions extérieures d'une personne, si celle-ci pratique le dharma avec pureté ou non. Peut-être qu'en vivant avec quelqu'un pendant de nombreuses années, nous arriverions progressivement à comprendre sa véritable motivation, mais autrement nous ne pouvons pas connaître la motivation de quelqu'un en nous basant uniquement sur son comportement extérieur

Il n'y a également aucune raison d'endurer des souffrances inutiles, par exemple en refusant d'accepter l'aide d'un médecin lorsque nous sommes gravement malades. Nous nous disons peut-être « En tant que pratiquant de l'entraînement de l'esprit je peux résoudre tous mes problèmes grâce à ma seule force intérieure ». Mais en fait, en refusant toute aide nous rompons l'engagement de l'entraînement de l'esprit suivant : « Restez naturels tout en changeant votre aspiration. » Selon la tradition kadampa de Djé Tsongkhapa, même si nous avons de hautes réalisations, nous devons observer les conventions de la société dans laquelle nous vivons. Puisqu'il est d'usage d'accepter les traitements médicaux lorsque nous sommes malades, nous ne devons pas attirer inutilement l'attention sur nous en refusant un traitement qui pourrait nous aider, même si notre esprit est suffisamment fort pour supporter la douleur sans aucune aide. Comme cela se fait dans la tradition de Djé Tsongkhapa, rester extérieurement comme une personne ordinaire tout en cultivant intérieurement des états d'esprit spéciaux est une attitude très pragmatique et très belle.

Nous pensons peut-être que si nous acceptons patiemment la défaite tout le temps, nos souffrances et nos problèmes augmenteront au point de complètement nous submerger. En réalité, la pratique de la patience diminue toujours notre souffrance, car nous n'ajoutons pas de douleur mentale aux difficultés que nous avons. Parce que souffrances, inquiétudes, dépression et douleurs sont des sensations, ce sont des types d'esprit. De ce fait, elles existent à l'intérieur et non à l'extérieur de notre esprit. Si, tout en faisant l'expérience de conditions défavorables, notre esprit reste calme et heureux grâce à la pratique de la patience, nous n'avons pas de problème. Nous sommes peut-être dans une situation difficile, peut-être même malades ou blessés, mais nous n'éprouvons pas de douleur. En contrôlant ainsi notre esprit, nous faisons l'expérience d'une cessation de notre douleur, de notre inquiétude et de notre dépression, et trouvons une vraie paix intérieure. De plus, en conservant un esprit paisible dans les situations difficiles, nous sommes bien plus susceptibles de trouver des solutions et des réponses constructives. La pratique bouddhiste est très douce. Elle ne requiert ni privations ni épreuves physiques, mais consiste essentiellement en un travail intérieur de contrôle et de transformation de l'esprit. Une fois que nous aurons appris comment faire cela, nous aurons compris la véritable signification de ces enseignements.

En résumé, si nous désirons aider efficacement les autres, nous avons absolument besoin de pouvoir accepter nos problèmes sans nous mettre en colère et sans nous décourager. Aider les autres n'est pas toujours facile. Cela exige souvent de grandes épreuves, de grandes contrariétés, et d'aller à l'encontre des désirs de notre préoccupation de soi. Tant que nous ne serons pas capables d'accepter cela, notre engagement de venir en aide aux autres ne viendra pas du fond de notre cœur et ne sera pas stable. Mais, une fois que nous aurons acquis la capacité d'accepter patiemment nos propres problèmes, nous aurons la force d'esprit nécessaire pour prendre sur nous la souffrance des autres et leur donner notre bonheur. Progressivement, nous développerons la réalisation intérieure de l'acceptation de la défaite et l'offrande de la victoire, et rien n'aura le pouvoir de nous décourager dans nos activités bénéfiques.

Prendre et donner

Prendre et donner

Par la pratique de la prise et du don, notre amour et notre compassion peuvent encore être améliorés. Grâce à cette pratique, nous pouvons développer une bodhitchitta très spéciale, qui est la véritable voie qui mène à la bouddhéité.

Dans nos premières méditations sur la prise et le don, nous ne pouvons pas véritablement prendre sur nous la souffrance des autres ni leur donner notre bonheur, mais en imaginant que nous le faisons dès maintenant, nous entraînons notre esprit à pouvoir le faire plus tard. Actuellement, nous sommes incapables d'aider tous les êtres vivants, mais nous en avons le potentiel. Ce potentiel fait partie de notre nature de bouddha. Grâce à la pratique des méditations sur la prise et le don avec une puissante compassion pour tous les êtres vivants, le potentiel de pouvoir aider tous les êtres vivants mûrira et, lorsque cela se produira, nous deviendrons un être pleinement éveillé, un bouddha.

Lorsque nous commençons notre pratique de la prise et du don, il n'est pas utile de trop nous poser de questions sur comment il est possible de soulager la souffrance des autres grâce au seul pouvoir de l'esprit. Au lieu de cela, nous pratiquons simplement la prise et le don avec une bonne motivation, en comprenant que cette méthode est suprême pour accroître notre mérite et notre concentration. Cette pratique purifie également nos non-vertus et nos perturbations mentales, en particulier notre préoccupation de soi, et rend notre amour et notre compassion très puissants. Par un entraînement progressif, notre méditation sur la prise et le don deviendra si puissante que nous aurons la capacité de prendre directement sur nous la souffrance des autres et de leur donner directement le bonheur.

Nous avons de nombreux exemples de yogis accomplis qui utilisent leur concentration pour prendre sur eux la souffrance d'autres êtres avec lesquels ils ont un lien karmique. On raconte l'histoire d'un maître bouddhiste indien nommé Maitriyogi, qui avait pris sur lui la douleur d'un chien qui se faisait battre, de sorte que les plaies apparurent sur son corps au lieu d'apparaître sur le corps du chien. Le grand yogi tibétain Milarépa possédait la maîtrise totale de la méditation sur la prise et le don. Un jour, il prit sur lui la souffrance d'un homme malade, mais ce dernier refusa de croire que c'était grâce à Milarépa qu'il avait été libéré de la douleur. Pour le prouver, Milarépa lui rendit la douleur et lorsque celle-ci devint trop intense, Milarépa la transféra sur une porte qui se mit à vibrer ! Les pratiquants bouddhistes ayant beaucoup de foi croient que lorsque leur guide spirituel est malade, c'est qu'en réalité il, ou elle, est en train de prendre sur lui la souffrance des autres. De nombreux chrétiens croient également qu'en se laissant crucifier, Jésus a pris sur lui les souffrances des êtres humains. Il est fort possible que Jésus pratiquait la prise alors qu'il était sur la croix.

Si les bouddhas et les bodhisattvas supérieurs ont le pouvoir de prendre directement sur eux la souffrance des autres et de leur accorder le bonheur, nous nous demandons peut-être pourquoi les êtres vivants souffrent encore. Puisque les bouddhas ont ce pouvoir, ils accordent continuellement des bénédictions à tous les êtres vivants. Le fait de recevoir ces bénédictions a pour résultat direct que chaque être vivant sans exception, y compris les animaux et les êtres de l'enfer, ressent de temps en temps une paix mentale et, dans ces moments-là, il est heureux et n'éprouve pas de douleur mani-feste. Toutefois, la seule manière permettant aux êtres vivants de se libérer définitivement de la souffrance est de mettre les enseignements de Bouddha en pratique de manière effec-tive. Un médecin ne peut pas guérir une maladie si le patient ne prend pas le remède qui lui a été prescrit. De même, les bouddhas ne peuvent pas guérir nos maladies intérieures que sont les perturbations mentales à moins que nous ne prenions le remède, le dharma, de manière effective. Dans les soutras, il est dit :

> Les bouddhas ne peuvent ni enlever la souffrance des êtres sensibles avec leurs mains,
> Ni laver la négativité de leur esprit avec de l'eau,
> Ni leur donner leurs propres réalisations tel un cadeau.
> Mais ils peuvent les conduire à la libération en révélant la vérité ultime.

Si les volets de notre maison sont fermés, très peu de lumière pourra pénétrer dans notre maison qui restera froide et sombre, même par grand soleil. Par contre si nous ouvrons les volets, les rayons chauds du soleil se déverseront dans la mai-son. De même, si notre esprit est fermé par notre manque de foi, très peu de bénédictions pourront y entrer et notre esprit restera froid et sombre, même si le soleil des bénédictions des bouddhas brille constamment. Par contre, développer une foi puissante ouvrira notre esprit et le plein soleil des bénédic-tions des bouddhas viendra s'y déverser. La foi est la force de vie de la pratique spirituelle. Nous avons besoin d'avoir une foi inébranlable en les enseignements de Bouddha, sinon nous ne trouverons jamais l'énergie nécessaire pour mettre ces enseignements en pratique.

PRENDRE AU MOYEN DE LA COMPASSION

Pour les non-humains, par exemple les animaux ou même les dieux, la souffrance est uniquement source d'angoisse et de tristesse. Ils ne peuvent rien apprendre de leur douleur. À l'inverse, les êtres humains ayant rencontré le bouddhadharma peuvent beaucoup apprendre de leur souffrance. Pour nous, la souffrance peut nous encourager grandement à développer le renoncement, la compassion et la bodhitchitta, et elle peut aussi nous donner le désir d'effectuer des pratiques sincères de purification.

Le lama tibétain Djé Gampopa, à l'époque où il était encore jeune laïc, épousa une femme jeune et belle, et fut très heureux. Mais très vite, sa femme tomba malade et mourut. En raison de son profond attachement à sa femme, Gampopa fut accablé de douleur mais cette perte lui fit réaliser que la mort et l'impermanence sont la nature même du samsara, et cela l'encouragea à chercher à se libérer définitivement du samsara en pratiquant le dharma avec pureté. Il s'en remit d'abord à plusieurs guéshés kadampas et pratiqua le Lamrim kadam. Plus tard, il rencontra Milarépa et reçut les instructions sur le mahamoudra. Finalement, grâce à sa pratique sincère de tous les enseignements qu'il avait entendus, il devint un grand maître qui conduisit beaucoup d'êtres sur les voies spirituelles. Ainsi, nous pouvons voir que pour un pratiquant qualifié du dharma, la souffrance a de nombreuses qualités. Pour ces pratiquants, les souffrances du samsara sont semblables à un guide spirituel qui les conduit sur la voie de l'illumination.

Comme l'a dit Shantidéva :

> De plus, la souffrance a de nombreuses qualités.
> En l'éprouvant, nous pouvons dissiper l'orgueil,

Développer de la compassion pour les êtres piégés dans le
samsara,
Renoncer à ce qui est non vertueux et prendre grand plaisir
à la vertu.

Ayant compris les qualités de la souffrance, nous devrions
faire naître en nous une grande joie d'avoir la possibilité de
pratiquer la prise au moyen de la compassion.

PRENDRE SUR NOUS NOTRE PROPRE SOUFFRANCE À VENIR

Pour nous préparer à la méditation proprement dite consistant
à prendre la souffrance des autres, nous pouvons commencer
par prendre sur nous notre propre souffrance à venir. Cette
méditation est une puissante méthode pour purifier le karma
négatif, cause principale de notre souffrance future. Si nous
éliminons la cause de notre souffrance future, il n'y aura plus
de base pour en éprouver l'effet. Être libéré de la souffrance à
venir est plus important qu'être libéré de la souffrance actuelle,
parce que notre souffrance future est sans fin alors que notre
souffrance actuelle est juste la souffrance d'une courte vie.
C'est pourquoi, nous devrions nous entraîner à prendre sur
nous notre souffrance future pendant que nous avons encore
la possibilité d'en purifier les causes. Cette pratique sert également à réduire notre préoccupation de soi, qui est la raison
principale pour laquelle notre souffrance est si difficile à supporter, et sert aussi à renforcer notre patience. Lorsque, grâce
à la pratique de l'acceptation patiente de notre propre souffrance, nous pourrons endurer les adversités l'esprit heureux,
nous n'aurons pas de mal à prendre la souffrance des autres.
De cette manière, nous acquerrons la capacité d'éviter notre
propre souffrance et d'aider les autres. Comprenant cela, nous
prenons la détermination de purifier nos non-vertus en prenant sur nous leurs effets dès maintenant.

Nous imaginons que toutes les souffrances que nous éprouverons à l'avenir en tant qu'être humain, dieu, demi-dieu,
animal, esprit affamé ou être de l'enfer, se rassemblent sous
l'aspect d'une fumée noire qui se dissout dans notre ignorance de saisie d'un soi et de préoccupation de soi en notre
cœur. Nous croyons très fermement que notre ignorance de
saisie d'un soi et de préoccupation de soi est complètement
détruite, et que nous avons purifié les potentialités négatives
dans notre esprit, la cause de toutes nos souffrances futures.
Nous méditons ensuite sur cette croyance le plus longtemps
possible. Nous répétons de nombreuses fois cette méditation
sur la prise de notre propre souffrance à venir, jusqu'à ce que
nous ayons des signes que notre karma négatif a été purifié.
La joie que nous ressentons en faisant cette méditation nous
encouragera à développer un désir sincère de prendre sur
nous la souffrance des autres, au moyen de la compassion.

Nous pouvons aussi nous préparer à la méditation proprement dite consistant à prendre sur nous les souffrances des
autres en faisant des prières. Il est très facile de réciter des
prières, et si nous le faisons avec un bon cœur et une forte
concentration, elles sont très puissantes. Nous prions en nous
concentrant sur le sens des paroles suivantes, tout en ayant
la conviction que Bouddha Shakyamouni est présent devant
nous :

> C'est pourquoi ô vénérable guide spirituel compatissant, je
> recherche tes bénédictions,
> Pour que toutes les souffrances, négativités et obstructions des
> êtres mères sensibles
> Mûrissent dès maintenant en moi.

Nous ressentons de la joie à la pensée de prendre la souffrance
de tous les êtres vivants et nous maintenons ce sentiment spécial le plus longtemps possible. En répétant cette prière jour
et nuit, nous renforçons continuellement notre désir sincère

de prendre la souffrance des autres. Puis, nous effectuons la méditation proprement dite consistant à prendre la souffrance des autres.

LES BIENFAITS DE PRENDRE LA SOUFFRANCE DES AUTRES

Il y a quatre bienfaits principaux à la méditation sur la prise et le don : ce sont des méthodes puissantes pour (1) purifier les potentialités des actions non vertueuses qui nous font éprouver des maladies incurables comme le cancer ; (2) accumuler une grande quantité de mérite ; (3) faire mûrir notre potentialité d'être capables d'aider tous les êtres vivants ; et enfin (4) purifier notre esprit.

Lorsque nous aurons purifié notre esprit grâce aux pratiques de la prise et du don, toute réalisation spirituelle grandira aisément dans notre esprit. En contemplant les quatre bienfaits principaux de la méditation sur la prise et le don, il nous faut nous encourager à pratiquer sincèrement ces méditations.

En méditant sur la prise des souffrances de tous les êtres, notre compassion se renforce et se transformera finalement en la compassion universelle d'un bouddha. Nous développerons aussi un esprit très fort, capable de faire face à l'adversité avec courage. Actuellement, notre esprit est comme une plaie ouverte : au moindre signe de difficulté, nous nous recroquevillons, perdus. Avec un esprit aussi faible, des difficultés même mineures affectent notre pratique du dharma. Cependant, en nous entraînant à la prise, nous pouvons fortifier notre esprit jusqu'à ce qu'il devienne inébranlable. Les guéshés kadampas avaient l'habitude de prier pour que leur esprit devienne aussi fort et stable que l'enclume d'un forgeron, qui ne se brise jamais quelle que soit la force des coups qu'elle reçoit. Nous avons besoin d'un esprit fort et stable, qui n'est perturbé par aucune des épreuves que la vie nous envoie. Un tel esprit nous permet d'être comme un héros ou une héroïne, et rien ne peut gêner notre avancée vers l'illumination.

Les êtres qui ont une profonde expérience de la pratique de la prise peuvent facilement réaliser leurs propres désirs, ainsi que ceux des autres. Pourquoi cela ? Parce qu'ils ont énormément de mérite et que leurs désirs sont toujours purs et motivés par la compassion. Ils peuvent même réaliser leurs désirs en utilisant la prière ou tout simplement en déclarant la vérité.

Il y a de nombreuses histoires de bodhisattvas qui accomplirent des actions miraculeuses grâce au pouvoir de leur déclaration de la vérité. Ces déclarations sont très puissantes car elles sont motivées par la bodhitchitta, et le pouvoir de la bodhitchitta provient de la grande compassion. Lorsque j'étais un jeune moine au monastère de Djampaling dans l'ouest du Tibet, je fus gravement malade pendant quelques mois. La douleur devenait si forte que j'avais du mal à la supporter. Mon enseignant, Guéshé Paldèn, vint alors me voir. Il possédait un mala béni et nous disait souvent à quel point il était spécial, mais nous pensions qu'il plaisantait. Ce jour-là pourtant, il resta debout près de mon lit et me dit « S'il est vrai que mon mala est béni par Mandjoushri, le bouddha de la sagesse, puisses-tu rapidement être guéri. » Puis il me bénit en touchant le sommet de ma tête avec le mala. Après cela, je me rétablis complètement.

LA MÉDITATION PROPREMENT DITE SUR LA PRISE

Nous pouvons nous entraîner à la prise au moyen de la compassion de deux manières. La première consiste à nous concentrer sur tous les êtres vivants de manière générale et à imaginer prendre leur souffrance. La seconde consiste à nous concentrer sur certains êtres vivants en particulier et à imaginer prendre leurs souffrances.

Pour pratiquer la première méthode, nous visualisons que nous sommes entourés de l'assemblée de tous les êtres mères vivants sans exception. Pour que cela soit auspicieux et pour nous aider à nous sentir plus proches d'eux, nous pouvons tous les visualiser sous forme humaine, mais nous nous souvenons que chacun d'eux éprouve la souffrance de son propre règne particulier. Il n'est pas nécessaire de se les représenter clairement, une image mentale approximative suffira.

Nous faisons ensuite naître en nous de la compassion pour tous ces êtres vivants en pensant à leurs souffrances. Les êtres humains éprouvent les souffrances de la naissance, de la maladie, du vieillissement et de la mort, de la pauvreté, de la faim et de la soif, de devoir rencontrer des conditions difficiles et de ne pas parvenir à réaliser leurs désirs, d'être séparés de ceux qu'ils aiment, ainsi que d'innombrables autres expériences douloureuses. Les animaux éprouvent les mêmes souffrances, mais elles sont bien pires. De plus, ils souffrent d'une grande ignorance, d'être exploités par les humains et de vivre dans la peur constante d'être la proie d'autres animaux. Les esprits affamés souffrent d'une faim et d'une soif extrêmes, et les êtres de l'enfer éprouvent des souffrances inimaginables dues à la chaleur et au froid. Les demi-dieux éprouvent les souffrances de la jalousie et des conflits durant de longues périodes. Même les dieux, qui passent la majeure partie de leur vie à jouir des plaisirs du samsara, ne sont pas exempts de souffrances. Leurs plaisirs, leurs environnements et leurs corps sont contaminés et, par nature, souffrance. Au moment de mourir, ils éprouvent une grande angoisse. Puisqu'ils sont eux aussi sous le contrôle de leurs perturbations mentales, ils ne sont pas libérés de la renaissance samsarique et auront à éprouver les souffrances du samsara sans fin, vie après vie.

En nous concentrant sur tous les êtres vivants des six règnes et en contemplant leurs souffrances, nous pensons du plus profond de notre cœur :

> Dans leurs innombrables vies futures, ces êtres vivants éprouveront continuellement, sans en avoir le choix, les souffrances des humains, des animaux, des esprits affamés, des êtres de l'enfer, des demi-dieux et des dieux. Ce serait tellement merveilleux si tous ces êtres vivants étaient libérés à jamais des souffrances et des peurs de cette vie et des innombrables vies futures ! Puissent-ils y parvenir. Je vais moi-même œuvrer afin qu'ils y parviennent. Je dois absolument faire cela.

Nous pensons de la sorte et imaginons que les souffrances de tous les êtres vivants se rassemblent sous l'aspect de fumée noire. Celle-ci se dissout dans notre ignorance de saisie d'un soi et de préoccupation de soi en notre cœur. Puis nous croyons fermement que tous les êtres vivants sont libérés à jamais de la souffrance, et que notre ignorance de saisie d'un soi et de préoccupation de soi est complètement détruite. Nous méditons sur cette croyance en un seul point le plus longtemps possible.

Avec compassion pour tous les êtres vivants, nous pratiquons continuellement cette méditation jusqu'à ce que nous ayons des signes indiquant que notre esprit a été purifié. Ces signes peuvent être entre autres : nous guérissons d'une maladie que nous pouvons avoir, nos perturbations mentales diminuent, notre esprit est plus paisible et plus heureux, notre foi augmente, nous avons une intention correcte et une vue correcte, et en particulier notre expérience de la compassion universelle devient plus forte.

Nous pouvons peut-être penser que la croyance que les êtres vivants sont libérés à jamais de la souffrance grâce à notre méditation est incorrecte, parce que les êtres vivants n'ont pas véritablement atteint cet état. Bien qu'il soit vrai que les êtres vivants n'ont pas véritablement atteint la libération définitive, notre croyance est néanmoins correcte car elle provient de notre compassion et de notre sagesse. Méditer sur cette croyance permettra à notre potentialité, de pouvoir libérer définitivement tous les êtres vivants de la souffrance, de vite mûrir, et nous atteindrons ainsi l'illumination rapidement. Par conséquent, nous ne devrions jamais abandonner cette croyance qui est si bénéfique et qui est par nature sagesse.

Il est vrai qu'au début nous n'avons pas le pouvoir de prendre directement la souffrance des autres mais, en méditant de façon répétée sur la conviction que nous avons pris leur souffrance, nous acquerrons progressivement le véritable pouvoir de le faire. La méditation sur la prise est la voie rapide vers l'illumination et ressemble à la pratique tantrique appelée *amener le résultat dans la voie*, dans laquelle nous devenons progressivement un bouddha en imaginant très fermement que nous en sommes déjà un. Si nous ne sommes même pas capables d'imaginer atteindre l'illumination, c'est un fait, nous ne pourrons jamais l'atteindre ! Dans les enseignements de l'entraînement de l'esprit, il est dit que la pratique de la prise et du don est semblable à la pratique du mantra secret, ou tantra. Il est dit que les réalisations du tantra peuvent être atteintes simplement en nous en remettant à des croyances et une imagination correctes. Cette pratique est très simple. Tout ce que nous avons à faire, c'est de nous familiariser profondément, en faisant des efforts continuels, avec la méditation sur les croyances et l'imagination correctes telle qu'elle est présentée dans le tantra.

Comment est-il possible qu'une chose qui n'existe que dans notre imagination devienne réalité ? C'est une qualité remarquable de l'esprit : nous commençons par créer les objets avec notre imagination pour les amener ensuite dans notre réalité de tous les jours. En fait, tout commence dans l'imagination. Par exemple, la maison dans laquelle nous vivons actuellement a d'abord été créée dans l'imagination de l'architecte. Il ou elle a ensuite dessiné la maison sur papier et cela a servi de référence pour la construction proprement dite. Si personne n'avait commencé par imaginer notre maison, celle-ci n'aurait jamais été construite. En réalité, notre esprit est le créateur de tout ce dont nous faisons l'expérience. Toutes les créations extérieures, comme l'argent, les voitures ou les ordinateurs, ont été développées à partir de l'imagination de quelqu'un. Si personne ne les avaient imaginées, ces choses n'auraient jamais été inventées. De la même manière, toutes les créations intérieures et toutes les réalisations du dharma, même la libération et l'illumination, se développent à partir de l'imagination. Par conséquent, l'imagination est d'une importance primordiale, à la fois pour les accomplissements ordinaires et spirituels.

Si nous imaginons une chose qui pourrait exister en théorie et qu'ensuite nous familiarisons notre esprit suffisamment longtemps avec elle, elle finira par apparaître directement à notre esprit, d'abord à notre perception mentale, puis même à nos perceptions sensorielles. Tant que cet objet n'est rien de plus qu'un objet imaginé, l'esprit qui l'appréhende est simplement une croyance. Si l'objet est bénéfique c'est une croyance correcte, et si l'objet provoque des perturbations mentales c'est une croyance incorrecte. Une croyance est un esprit conceptuel qui appréhende son objet au moyen d'une image générique, ou mentale, de cet objet. Si nous méditons sur une croyance correcte suffisamment longtemps, l'image générique deviendra progressivement plus transparente jusqu'à finalement disparaître entièrement et nous percevrons directement l'objet. L'objet imaginé sera alors devenu un objet réel. Si nous méditons sur la croyance bénéfique d'avoir libéré tous les êtres sensibles et détruit notre esprit de préoccupation de soi, nous finirons par véritablement accomplir cela. Notre croyance correcte se sera alors transformée en un connaisseur valide, un esprit entièrement fiable.

La deuxième manière de nous entraîner à la prise au moyen de la compassion consiste à prendre les souffrances d'individus spécifiques ou de groupes d'êtres vivants à travers des mondes infinis. Par exemple, nous nous concentrons sur l'assemblée des êtres vivants qui éprouvent les souffrances de la maladie, et nous faisons naître en nous la compassion. Puis, nous pensons :

> Ces êtres vivants éprouvent la souffrance de la maladie dans cette vie, et devront éprouver toute cette souffrance, sans fin, dans leurs innombrables vies futures. Ce serait tellement merveilleux si ces êtres vivants étaient libérés à jamais de toute maladie ! Puissent-ils y parvenir. Je vais moi-même œuvrer afin qu'ils y parviennent. Je dois absolument faire cela.

En pensant de cette manière, nous imaginons que les souffrances de la maladie de tous les êtres vivants se rassemblent sous l'aspect d'une fumée noire. Cette fumée se dissout dans notre ignorance de saisie d'un soi et de préoccupation de soi en notre cœur. Puis nous croyons fermement que tous ces êtres vivants sont à jamais libérés de la maladie, et que notre ignorance de saisie d'un soi et de préoccupation de soi est complètement détruite. Nous méditons sur cette croyance en un seul point aussi longtemps que possible.

De la même manière, nous pouvons pratiquer la méditation sur la prise en nous concentrant sur des êtres qui éprouvent d'autres souffrances comme la pauvreté, les combats et la famine. Nous pouvons nous concentrer sur une personne en particulier ou bien sur un groupe d'êtres vivants.

Chaque fois que nous connaissons un certain problème, que cela vienne de la maladie, du manque de ressources ou de nos perturbations mentales, nous pouvons penser aux

innombrables êtres sensibles qui ont des problèmes semblables puis, avec une motivation de compassion, nous imaginons prendre leurs souffrances. Cela nous aidera à faire face
à nos propres problèmes et, en purifiant le karma négatif qui
fait durer le problème, nous pouvons peut-être même nous en
débarrasser. Si nous souffrons par exemple d'un fort attachement, nous pouvons considérer tous ceux qui souffrent également de l'attachement, faire naître en nous de la compassion
pour eux et imaginer que nous prenons tout leur attachement,
ainsi que la souffrance que cet attachement provoque. C'est une
puissante méthode pour détruire notre propre attachement.

La prise motivée par la compassion est un esprit extrêmement
pur, non contaminé par la préoccupation de soi. Lorsque notre
esprit est pur, cela rend à son tour toutes nos actions pures, de
sorte que nous devenons un être pur. Si nous mourons avec
une forte compassion pour tous les êtres vivants, nous sommes
certains de renaître dans le pays pur d'un bouddha. En effet,
notre compassion qui se manifeste au moment de mourir fera
directement mûrir notre potentiel pour renaître dans le pays
pur d'un bouddha. Tel est le résultat d'un bon cœur. Le résultat de maintenir le bon cœur de souhaiter sincèrement libérer
à jamais tous les êtres vivants de la souffrance est que nous
serons nous-mêmes libérés définitivement de la souffrance en
renaissant dans le pays pur d'un bouddha.

Pour conclure nos séances de méditation sur la prise, nous
dédions notre mérite afin de pouvoir libérer tous les êtres sensibles de leurs souffrances et de leurs problèmes, et pour une
paix durable dans ce monde.

DONNER AU MOYEN DE L'AMOUR

Dans ce contexte, *donner* signifie que nous donnons, avec un esprit pur d'amour désirant, notre propre bonheur aux autres grâce à la méditation. De manière générale, dans le cycle de la vie impure, le samsara, il n'existe absolument aucun véritable bonheur. Il a déjà été dit que le bonheur que nous connaissons habituellement grâce à la nourriture, la boisson, le sexe et ainsi de suite, n'est pas un vrai bonheur, mais une simple réduction d'un problème ou d'une insatisfaction antérieurs.

Comment méditer sur le don ? Dans *Le Guide du mode de vie du bodhisattva*, Shantidéva dit :

> […] pour accomplir le bien-être de tous les êtres vivants,
> Je transformerai mon corps en un joyau qui exauce les
>   souhaits « pleinement éveillé ».

Nous considérons que notre corps qui réside continuellement, notre corps très subtil, est le véritable joyau qui exauce les souhaits. C'est notre nature de bouddha grâce à laquelle nos désirs et ceux de tous les autres êtres vivants seront exaucés. Puis, nous pensons :

> *Tous les êtres vivants veulent être heureux tout le temps, mais ils ne savent pas comment y parvenir. Ils ne connaissent jamais de véritable bonheur parce que, par ignorance, ils détruisent leur propre bonheur en développant des perturbations mentales comme la colère et en effectuant des actions non vertueuses. Ce serait tellement merveilleux si tous ces êtres vivants connaissaient le bonheur pur et éternel de l'illumination ! Puissent-ils connaître ce bonheur. Je vais maintenant donner mon propre bonheur futur de l'illumination à chaque être vivant sans exception.*

En pensant de cette manière, nous imaginons que, de notre corps qui réside continuellement en notre cœur, nous émanons des rayons de lumière infinis qui sont en essence notre bonheur futur de l'illumination. Ces rayons touchent tous les êtres vivants des six règnes et nous croyons fermement que chaque être vivant sans exception connaît le bonheur pur et éternel de l'illumination. Nous méditons sur cette croyance en un seul point aussi longtemps que possible. Nous devrions pratiquer continuellement cette méditation jusqu'à ce que nous croyions spontanément que tous les êtres vivants ont effectivement reçu notre bonheur futur de l'illumination dès à présent.

Si nous voulons méditer de manière plus détaillée sur le don, nous pouvons imaginer que les rayons de lumière que nous émanons comblent tous les besoins et désirs particuliers de chaque être vivant. Les êtres humains reçoivent des amis proches, une maison confortable, un bon travail, une nourriture délicieuse, de beaux habits, ainsi que tout ce dont ils ont besoin et tout ce qu'ils désirent. Les animaux reçoivent de la nourriture, un foyer où ils sont au chaud et en sécurité, et ils sont libérés de la peur. Les esprits affamés reçoivent à boire et à manger. Les êtres des enfers brûlants reçoivent des brises rafraîchissantes et les êtres des enfers glacés reçoivent des rayons de soleil qui les réchauffent. Les demi-dieux reçoivent paix et satisfaction. Les dieux reçoivent un bonheur non contaminé et une vie qui prend tout son sens. En prenant plaisir à ces objets de désir, tous les êtres vivants sont totalement comblés et connaissent la félicité non contaminée de l'illumination.

Bien que nous nous entraînions principalement à la pensée de donner, nous pouvons aussi effectuer la prise et le don concrètement chaque fois que nous en avons la possibilité. À notre niveau, nous ne pouvons pas prendre la souffrance des autres par le pouvoir de notre concentration, mais nous pouvons souvent aider les autres concrètement. Nous pouvons soulager la douleur des malades en prenant bien soin d'eux et nous pouvons aider les autres quand ils ont trop de travail ou en faisant certaines tâches qu'ils n'aiment pas faire. Accepter la difficulté pendant que nous aidons les autres est aussi une forme de don. Nous pouvons aussi donner une aide matérielle, notre travail, nos compétences, des enseignements du dharma ou de bons conseils. Lorsque nous rencontrons des personnes déprimées qui ont besoin qu'on leur remonte le moral, nous pouvons donner notre temps et notre amour.

Nous pouvons également donner aux animaux. Sauver des insectes de la noyade ou, avec douceur, mettre à l'écart un ver de terre qui est sur une route sont des exemples de don de la non-peur, ou protection. Même laisser une souris fouiller dans notre corbeille à papier sans nous irriter peut être une forme de don. Les animaux veulent être heureux autant que nous et ils ont encore plus besoin de notre aide que d'autres êtres humains. La plupart des humains ont une certaine capacité à s'aider eux-mêmes, mais les animaux sont si profondément englués dans leur ignorance qu'ils n'ont aucunement la liberté d'améliorer leur situation. Les animaux ont pris naissance dans un état d'existence inférieur à celui des humains, mais nous ne devrions jamais les considérer comme moins importants. Les bouddhas et les bodhisattvas ont une équanimité totale et portent tout autant dans leur cœur les animaux que les humains.

Nous terminons notre méditation sur le don en dédiant notre mérite afin que tous les êtres vivants puissent trouver un vrai bonheur. Nous pouvons aussi dédier ce mérite de manière spécifique, par exemple prier pour que les malades recouvrent la santé, que les pauvres obtiennent d'abondantes ressources, que les chômeurs trouvent un bon travail, que ceux qui manquent de réussite la trouvent, que les anxieux trouvent la paix mentale, etc. Grâce à la force de notre motivation pure et au pouvoir et aux bénédictions du bouddha-dharma, il est certain que la vertu que nous dédions peut les aider, en particulier si nous avons un fort lien karmique avec les personnes pour lesquelles nous prions. L'action de dédier notre mérite aux autres est en elle-même une forme de don. Nous pouvons aussi pratiquer le don mentalement dans notre vie quotidienne. Chaque fois que nous voyons ou lisons quelque chose sur des personnes pauvres, en mauvaise santé, qui vivent dans la peur, qui n'ont pas de réussite ou qui sont malheureuses, nous pouvons faire grandir notre amour désirant envers elles et dédier notre mérite pour qu'elles soient heureuses et libérées de la souffrance.

MONTER LA PRISE ET LE DON SUR LA RESPIRATION

Une fois que nous nous sommes familiarisés avec les méditations sur la prise et le don, nous pouvons les combiner et les pratiquer en les associant à notre respiration. Nous commençons par méditer sur la compassion et l'amour pour tous les êtres vivants afin de faire naître en nous une puissante détermination de prendre leur souffrance et de leur donner un bonheur pur. Avec cette détermination, nous imaginons que nous inspirons par nos narines la souffrance, les perturbations mentales et les non-vertus de tous les êtres vivants sous forme d'une fumée noire qui se dissout en notre cœur et détruit complètement notre préoccupation de soi. En expirant, nous imaginons que notre souffle, sous l'aspect d'une lumière de sagesse, par nature un bonheur pur non contaminé, pénètre l'univers entier. Chaque être vivant sans exception reçoit tout ce dont il a besoin et tout ce qu'il désire, en particulier le bonheur suprême de la paix intérieure définitive. Nous pratiquons ce cycle de respiration jour et nuit, prenant la souffrance de tous les êtres vivants et leur donnant un bonheur pur à chaque respiration, jusqu'à ce que nous parvenions à une profonde expérience de cette pratique.

Une fois que nous sommes compétents dans cette méditation sur la prise et le don montés sur la respiration, elle est très puissante parce qu'il existe une étroite relation entre le souffle et l'esprit. La respiration est en lien avec les vents d'énergie intérieurs qui circulent dans les canaux de notre corps et qui servent de véhicule, ou monture, aux différents types de perceptions. En utilisant notre respiration à des fins vertueuses, nous purifions nos vents intérieurs. Et lorsque des vents purs circulent dans nos canaux, des états d'esprit purs se manifestent naturellement.

De nombreuses personnes pratiquent la méditation sur la respiration, mais la façon de pratiquer de loin la plus répandue consiste simplement à se concentrer sur la sensation du souffle qui entre et sort par nos narines. Cette méditation permet de calmer temporairement notre esprit et réduit les pensées qui nous distraient, mais elle n'a pas le pouvoir d'effectuer une transformation profonde et durable de notre esprit. Par contre, la méditation sur la respiration associée à la pratique de la prise et du don a le pouvoir de transformer notre esprit de son état actuel, malheureux et centré sur lui, en l'esprit altruiste et plein de félicité d'un bodhisattva. Cette méditation améliore notre concentration, rend notre compassion et notre amour très puissants et accumule un mérite considérable. Ainsi, la simple action de respirer est transformée en une puissante pratique spirituelle. Tout d'abord, nous faisons cette pratique en méditation seulement puis, avec la familiarité, nous pouvons la faire à tout moment. Une profonde familiarité avec cette pratique finira par transformer notre esprit en la compassion d'un bouddha.

La méditation sur la prise et le don peut également être très efficace pour guérir les maladies. Si, avec un esprit de compassion, nous prenons la maladie et la souffrance des autres, nous pouvons purifier le karma négatif qui fait que notre maladie subsiste. Bien qu'il soit toujours important de consulter un médecin lorsque nous sommes malades, il arrive que les médecins soient incapables de nous aider. Au Tibet, de nombreuses histoires racontent comment des personnes se sont guéries elles-mêmes de maladies réputées incurables en méditant avec sincérité sur la prise et le don. Un méditant nommé Kharak Gomtchèn avait contracté une maladie que les médecins étaient incapables de guérir. Il pensait bientôt mourir et donna alors tous ses biens en offrande à Avalokiteshvara, le bouddha de la compassion. Il se retira ensuite dans un cimetière où il avait l'intention de donner un sens aux dernières semaines de sa vie en méditant sur la prise et le don. Toutefois, grâce à sa pratique de la prise et du don, il purifia le karma qui faisait perdurer sa maladie et, à la surprise générale, il retourna chez lui entièrement guéri. Cela nous montre la puissance potentielle de la pratique de la prise et du don.

Si nous purifions notre karma négatif, il est facile de guérir même les maladies les plus graves. Ma mère me parla d'un moine qu'elle avait connu et qui avait attrapé la lèpre. Dans l'espoir de purifier sa maladie il fit un pèlerinage au Mont Kaïlash dans l'ouest du Tibet, montagne que les Tibétains considèrent comme étant le pays pur de Bouddha Hérouka. Il était extrêmement pauvre et, pour l'aider sur son chemin, ma mère lui offrit donc le gîte et le couvert. C'était très bienveillant de sa part car la plupart des gens évitaient les lépreux par peur d'être contaminés. Il resta près de six mois autour du Mont Kaïlash, se prosternant et faisant le tour de la montagne sainte pour se purifier. Quelque temps après, il se reposa au bord d'un lac et rêva qu'un grand nombre de vers sortaient de son corps et rampaient jusque dans l'eau. À son réveil, il se sentit en pleine forme et découvrit peu après qu'il était complètement guéri. Sur le chemin du retour, il s'arrêta pour saluer ma mère et lui raconta ce qui s'était passé.

Nous pouvons réfléchir au fait que, depuis des temps sans commencement, nous avons eu d'innombrables vies et d'innombrables corps, mais nous les avons tous gaspillés dans des activités dénuées de sens. À présent, nous avons la possibilité d'utiliser notre corps de la manière la plus sensée qui soit en nous engageant dans la voie de la compassion et de la sagesse. Ce serait tellement merveilleux pour notre monde si de nombreux pratiquants d'aujourd'hui pouvaient suivre l'exemple des pratiquants de l'entraînement de l'esprit des temps anciens et devenir de véritables bodhisattvas !

Le bon cœur suprême

Le bon cœur suprême

Dans ce contexte, le bon cœur suprême est la bodhitchitta. En sanscrit, *bodhi* signifie « illumination », et *tchitta* signifie « esprit ». Ainsi, *bodhitchitta* signifie littéralement « esprit d'illumination ». C'est par définition un esprit, motivé par la compassion pour tous les êtres vivants, qui cherche spontanément l'illumination. La bodhitchitta naît de la grande compassion, qui dépend elle-même de l'amour qui chérit et se préoccupe des autres. L'amour qui chérit et se préoccupe des autres peut être comparé à un champ, la compassion aux graines, la prise et le don aux méthodes suprêmes permettant de faire pousser les graines, et la bodhitchitta à la récolte. L'amour qui chérit et se préoccupe des autres, produit par la pratique de l'échange de soi avec les autres, est plus profond que celui produit par d'autres méthodes. De ce fait, la compassion et la bodhitchitta qui en résultent sont aussi plus profondes. Sans la grande compassion, c'est-à-dire le désir spontané de protéger tous les êtres vivants de la souffrance, la bodhitchitta ne peut pas se manifester dans notre esprit. À l'inverse, si nous avons la grande compassion, en particulier celle naissant de la pratique de l'échange de soi avec les autres, la bodhitchitta se manifestera naturellement. En fait, la force de notre bodhitchitta dépend entièrement de la force de notre grande compassion.

Parmi toutes les réalisations du dharma, la bodhitchitta est la réalisation suprême. Cet état d'esprit profondément compatissant est l'essence même de l'entraînement du bodhisattva.

Développer le bon cœur, la bodhitchitta, nous permet de parfaire toutes nos vertus, de résoudre tous nos problèmes, de réaliser tous nos souhaits et d'acquérir le pouvoir d'aider les autres par les moyens les plus adaptés et les plus bénéfiques qui soient. La bodhitchitta est le meilleur ami que nous puissions avoir et la qualité la plus élevée que nous puissions développer. Nous pensons généralement qu'une personne qui est bienveillante avec ses amis, qui prend soin de ses parents et donne sans compter pour aider les bonnes causes est une bonne personne. Mais combien plus louable est une personne qui dédie sa vie entière à soulager et remédier aux souffrances de chaque être sensible ? Atisha eut de nombreux enseignants, mais il vénérait le guide spirituel Serlingpa plus que tout autre. Chaque fois qu'il entendait prononcer le nom de Serlingpa, il se prosternait. Les disciples d'Atisha lui demandèrent pourquoi il respectait Serlingpa plus que ses autres enseignants. Il leur répondit : « Grâce à la bonté de mon guide spirituel, Serlingpa, j'ai pu ouvrir mon cœur à la bodhitchitta. » Grâce au pouvoir de sa bodhitchitta, Atisha put apporter une grande joie et un grand bonheur à tous ceux qu'il rencontrait, et tout ce qu'il faisait était bénéfique aux autres.

Comment la bodhitchitta résout-elle tous nos problèmes et comment exauce-t-elle tous nos souhaits ? Il a déjà été expliqué que les problèmes n'existent pas en dehors de l'esprit, c'est notre attitude mentale qui transforme une situation en problème ou en opportunité. Si nous avons la bodhitchitta, les états d'esprit négatifs comme l'attachement, la colère et la jalousie n'auront aucun pouvoir sur nous. Si nous ne pouvons pas trouver de travail bien rémunéré, de maison confortable ou de bons amis, nous ne serons pas contrariés. En effet, nous nous dirons : « Mon désir principal est d'atteindre l'illumination. Peu importe que je ne puisse pas obtenir ces plaisirs ordinaires qui de toute manière ne servent qu'à me lier au samsara. » Avec un esprit aussi pur, il n'y aura pas de base pour nous apitoyer sur nous-mêmes ou pour rejeter la responsabilité sur les autres, et rien ne pourra faire obstacle à notre avancée vers l'illumination. De plus, avec l'esprit suprêmement altruiste qu'est la bodhitchitta, nous créerons une quantité considérable de mérite parce que nous accomplirons toutes nos actions pour le bien des autres. Grâce à cette accumulation de mérite, nos désirs se réaliseront facilement, nous développerons une formidable capacité à aider les autres et toutes nos activités du dharma seront couronnées de succès.

Nous avons besoin de contempler les bienfaits de la bodhitchitta jusqu'à ce que nous soyons profondément inspirés à faire naître en nous cet esprit rare et précieux. Une présentation détaillée de ces bienfaits se trouve dans *Trésor de contemplation* et dans *La Voie joyeuse*.

Actuellement, nous avons cette opportunité tout à fait spéciale de faire naître en nous la bodhitchitta. Cependant, nous ne savons pas combien de temps durera cette bonne fortune et si nous gâchons cette opportunité, elle ne se représentera pas. Si nous laissions passer l'occasion de gagner beaucoup d'argent, d'avoir un bon poste ou un partenaire très attirant, nous ressentirions probablement beaucoup de regrets, mais nous n'aurions en réalité pas perdu grand-chose. Ces choses-là ne sont pas si difficiles à trouver et même lorsque nous les trouvons, elles ne nous apportent pas un véritable bonheur. Par contre, le fait de ne pas profiter de cette opportunité unique de faire naître en nous la bodhitchitta est une perte irréparable. Les humains sont les mieux placés pour grandir spirituellement, et de tous les types possibles de renaissance que nous aurions pu prendre, nous sommes nés humains. De nos jours, la plupart des êtres humains ne s'intéressent pas du tout au développement spirituel et, parmi ceux qui s'y intéressent, bien peu ont rencontré le bouddhadharma. Si nous contemplons cela attentivement, nous réaliserons que c'est une chance inespérée d'avoir cette opportunité très précieuse d'atteindre le bonheur suprême, la bouddhéité.

FAIRE NAÎTRE EN NOUS LA BODHITCHITTA

Après avoir fait naître en nous la grande compassion supérieure – le désir spontané de prendre sur nous les souffrances de tous les êtres vivants – nous comprenons qu'en dépit du grand désir que nous avons de protéger tous les êtres vivants, nous n'avons pas actuellement le pouvoir de le faire. Une personne en train de se noyer ne peut pas en sauver une autre, quelle que soit l'intensité de son désir de le faire. De même, nous serons capables de libérer les autres uniquement après nous être nous-mêmes libérés de la souffrance et des limitations mentales. Si nous cherchons à savoir qui a le véritable pouvoir de protéger tous les êtres vivants, nous réaliserons que seul un bouddha a ce pouvoir. Seul un bouddha s'est libéré de tout défaut et de toute limitation, et possède à la fois la sagesse omnisciente et la capacité d'aider chaque être vivant, sans exception, en fonction des besoins et des aptitudes de chacun. Seul un bouddha a atteint le rivage de l'illumination et est en mesure de délivrer tous les êtres mères du cruel océan du samsara.

L'illumination est la lumière intérieure de sagesse définitivement libérée de toute apparence fausse, et dont la fonction est d'accorder la paix mentale à chaque être vivant, chaque jour. Lorsque nous parviendrons à l'illumination d'un bouddha, nous serons capables d'aider directement chaque être vivant en accordant des bénédictions et grâce à nos innombrables émanations. Si nous considérons cela en profondeur, la bodhitchitta se produira naturellement dans notre esprit. Nous contemplons :

> *Je veux protéger tous les êtres vivants de la souffrance mais,*
> *dans mon état actuel limité, je n'ai aucunement le pouvoir de le*
> *faire. Puisque seul un bouddha possède un tel pouvoir, je dois*
> *absolument devenir un bouddha le plus rapidement possible.*

Nous méditons encore et encore sur cette détermination jusqu'à ce que nous développions le désir spontané d'atteindre l'illumination pour aider directement chaque être vivant.

Nous avons besoin d'avoir cet esprit très précieux de bodhitchitta dans notre cœur. C'est notre guide spirituel intérieur qui nous conduit directement à l'état de bonheur suprême, l'illumination. C'est le véritable joyau qui exauce les souhaits grâce auquel nous pouvons réaliser nos souhaits et ceux des autres. Il n'y a pas d'intention plus bénéfique que cela.

Lorsque nous voulons une tasse de thé, notre désir principal est de boire du thé mais, pour réaliser ce désir, nous avons naturellement le désir secondaire de trouver une tasse. De la même manière, le désir principal des personnes possédant la grande compassion est de protéger tous les êtres vivants de leur souffrance mais, pour réaliser ce désir, elles savent qu'elles doivent d'abord atteindre elles-mêmes la bouddhéité. Elles ont donc naturellement le désir secondaire d'atteindre l'illumination. Le fait de trouver une tasse est le moyen d'arriver à notre but, qui est de boire du thé. De même, le fait d'atteindre l'illumination est le moyen nous permettant d'accomplir notre but ultime, celui d'aider tous les êtres vivants.

Au début, notre bodhitchitta sera artificielle, ou fabriquée : elle se manifestera uniquement lorsque nous ferons un effort particulier pour la faire naître. La meilleure manière de la transformer en bodhitchitta spontanée est d'en obtenir une profonde familiarité grâce à une pratique continuelle. Puisque nous passons la plupart de notre temps en dehors de la méditation, il est vital d'utiliser toutes les situations de notre vie quotidienne pour améliorer nos états d'esprit vertueux. Nous avons besoin de faire en sorte que nos séances de méditation et les périodes entre ces séances se soutiennent mutuellement. Pendant les séances de méditation, il se peut que notre esprit soit paisible et que nous développions de nombreuses intentions vertueuses, mais si nous les oublions dès que nous sortons de la méditation, nous ne serons pas capables de résoudre nos problèmes quotidiens – colère, attachement et ignorance – ni de faire des progrès dans notre pratique spirituelle. Nous devons absolument apprendre à intégrer notre pratique spirituelle dans nos activités quotidiennes afin de pouvoir maintenir, jour et nuit, les états d'esprit paisibles et les intentions pures que nous avons fait naître en nous en méditation.

Actuellement, nous constatons peut-être que nos méditations et notre vie quotidienne vont dans des directions différentes. En méditation, nous essayons de faire naître en nous des états d'esprit vertueux, mais comme nous ne pouvons pas cesser de penser à nos autres activités, notre concentration est très faible. Les sentiments vertueux que nous arrivons à faire naître se dissipent ensuite rapidement dans l'hyperactivité de notre vie quotidienne et nous retournons sur notre siège de méditation fatigués, tendus, l'esprit plein de pensées qui nous distraient. Nous pouvons surmonter ce problème en transformant toutes nos activités et ce que nous vivons quotidiennement en voie spirituelle en développant des manières de penser spéciales. Des activités comme faire la cuisine, travailler, parler et se détendre ne sont pas en elles-mêmes non spirituelles, ordinaires. Elles ne sont ordinaires que si elles sont faites avec un esprit ordinaire. En faisant exactement les mêmes actions avec une motivation spirituelle, elles deviennent des pratiques spirituelles pures. Par exemple, lorsque nous parlons avec nos amis, notre motivation est habituellement mélangée à la préoccupation de soi et nous disons tout ce qui nous passe par la tête, sans considérer si cela sera bénéfique ou non. Nous pouvons toutefois parler aux autres en ayant pour seul objectif de les aider, de les encourager à faire naître en eux des états d'esprit positifs, en prenant soin de ne rien dire qui pourrait les contrarier. Au lieu de penser à la manière dont nous pouvons impressionner les personnes que nous rencontrons, nous pouvons penser à la manière dont nous pouvons les aider, nous rappelant qu'ils sont piégés dans le samsara et qu'ils ne connaissent pas de bonheur pur. Ainsi, parler avec nos amis peut devenir un moyen d'améliorer notre amour, notre compassion et les autres réalisations. Si nous pouvons transformer habilement toutes nos activités quotidiennes de cette manière, au lieu de nous sentir vidés et fatigués au moment où nous nous asseyons pour méditer, nous nous sentirons joyeux et inspirés, et il nous sera beaucoup plus facile d'avoir une concentration pure.

Le développement de la grande compassion est la cause principale, ou cause substantielle, pour faire naître en nous la bodhitchitta – c'est comme la graine de la bodhitchitta. Pour permettre à cette graine de grandir, nous avons aussi besoin des conditions coopérantes : accumuler du mérite, purifier la négativité et recevoir les bénédictions des bouddhas et des bodhisattvas. Si nous réunissons toutes ces causes et conditions, il n'est pas difficile de développer la bodhitchitta. Pour accomplir les désirs de notre esprit compatissant de bodhitchitta, il est nécessaire de nous engager avec sincérité dans les pratiques du don, de la discipline morale, de la patience, de l'effort, de la concentration et de la sagesse. Lorsque ces pratiques sont motivées par la bodhitchitta, elles sont appelées *les six perfections*. Il est particulièrement important d'exercer de grands efforts dans l'entraînement à la sagesse qui réalise la vérité ultime, la vacuité.

S'entraîner à la bodhitchitta ultime

S'entraîner à la bodhitchitta ultime

Nous nous entraînons à la bodhitchitta ultime lorsque nous méditons sur la vacuité pour développer ou accroître la bodhitchitta ultime. La véritable bodhitchitta ultime est une sagesse qui réalise la vacuité directement, motivée par la bodhitchitta. La « bodhitchitta ultime » est ainsi nommée parce que son objet est la vérité ultime, la vacuité, et c'est l'une des voies principales de l'illumination. La bodhitchitta expliquée jusqu'ici est la bodhitchitta conventionnelle, bodhitchitta qui par nature est compassion. La bodhitchitta ultime est par nature sagesse. Ces deux bodhitchittas sont comme les deux ailes d'un oiseau. Elles nous permettent de voler jusqu'au monde de l'illumination.

Sans connaître la signification de la vacuité, il n'y a aucune base pour s'entraîner à la bodhitchitta ultime, parce que la vacuité est l'objet de la bodhitchitta ultime. Djé Tsongkhapa a dit :

> La connaissance de la vacuité est supérieure à toute autre connaissance,
> L'enseignant qui enseigne la vacuité sans erreur est supérieur à tout autre enseignant,
> Et la réalisation de la vacuité est l'essence même du bouddhadharma.

QU'EST-CE QUE LA VACUITÉ ?

La vacuité est la manière dont les choses existent réellement. C'est la manière dont les choses existent par opposition à la manière dont elles apparaissent. Nous croyons naturellement que les choses que nous voyons autour de nous, comme par exemple les tables, les chaises et les maisons, existent vraiment parce que nous croyons qu'elles existent exactement de la manière dont elles apparaissent. Toutefois, la manière dont les choses apparaissent à nos sens est trompeuse et en contradiction totale avec la manière dont elles existent effectivement. Les choses paraissent exister de leur propre côté, sans dépendre de notre esprit. Par exemple ce livre, qui apparaît à notre esprit, semble avoir sa propre existence indépendante, objective. Il semble être « à l'extérieur » alors que notre esprit semble être « à l'intérieur ». Nous avons l'impression que ce livre peut exister sans notre esprit, nous n'avons pas l'impression que notre esprit soit le moins du monde impliqué dans l'existence de ce livre. Cette façon d'exister, indépendante de notre esprit, est appelée de diverses manières : « existence vraie », « existence intrinsèque », « existence de son propre côté » et « existence du côté de l'objet ».

Les choses apparaissent directement à nos sens comme existant vraiment, intrinsèquement. Mais en réalité tous les phénomènes sont dépourvus, ou vides, d'existence vraie. Ce livre, notre corps, nos amis, nous-mêmes et l'univers entier ne sont en réalité que des apparences à l'esprit, comme des choses perçues dans un rêve. Si nous rêvons d'un éléphant, l'éléphant apparaît nettement, dans ses moindres détails, nous pouvons le voir, l'entendre, le sentir et le toucher, mais lorsque nous nous réveillons, nous réalisons que l'éléphant n'était qu'une apparence à notre esprit. Nous ne nous demandons pas « Où est passé l'éléphant ? » parce que nous comprenons que c'était une simple projection de notre esprit, sans aucune existence en dehors de notre esprit. Au moment où la perception du rêve qui appréhendait l'éléphant cesse, l'éléphant ne va nulle part, il disparaît simplement, parce que c'est une simple apparence à l'esprit et qu'il n'existe pas séparément de l'esprit. Bouddha a dit que cela est vrai de tous les phénomènes. Tous les phénomènes ne sont que de simples apparences à l'esprit et ils dépendent totalement de l'esprit qui les perçoit.

Le monde dont nous faisons l'expérience à l'état de veille et le monde dont nous faisons l'expérience lorsque nous rêvons sont tous deux de simples apparences à l'esprit qui proviennent de nos conceptions incorrectes. Si nous affirmons que le monde de nos rêves est faux, nous devons également affirmer que le monde de l'état de veille est faux. Et si nous affirmons que le monde de l'état de veille est vrai, nous devons également affirmer que le monde de nos rêves est vrai. Entre les deux, il n'y a qu'une seule différence : le monde du rêve est une apparence à notre esprit subtil du rêve, alors que le monde de l'état de veille est une apparence à notre esprit grossier de l'état de veille. Le monde de nos rêves n'existe que pendant la durée de la perception du rêve à laquelle il apparaît, et le monde de l'état de veille n'existe que pendant la durée de la perception de l'état de veille à laquelle il apparaît. Bouddha a dit : « Il vous faut savoir que tous les phénomènes sont semblables à des rêves. » Au moment de notre mort, nos esprits grossiers de l'état de veille se dissolvent dans notre esprit très subtil, et le monde que nous connaissions lorsque nous étions en vie disparaît tout simplement. Le monde tel que les autres le perçoivent continuera, mais notre monde personnel disparaîtra aussi totalement et irrévocablement que le monde du rêve de la nuit dernière.

Bouddha a également dit que tous les phénomènes sont semblables à des illusions. Il existe un grand nombre d'illusions de différents types, comme les mirages, les arcs-en-ciel ou les hallucinations provoquées par la drogue. Dans les temps anciens, certains magiciens jetaient un sort à leur auditoire, à la suite de quoi les spectateurs voyaient des objets, tels qu'un morceau de bois, sous une autre forme, par exemple celle d'un tigre. Ceux qui étaient sous l'emprise de ce sortilège voyaient ce qui paraissait être un vrai tigre et prenaient peur, mais ceux qui arrivaient après que le sort ait été jeté voyaient un simple morceau de bois. Ces illusions ont toutes un point commun : leur manière d'apparaître ne correspond pas à leur manière d'exister. Bouddha a comparé tous les phénomènes à des illusions parce que, en raison des empreintes de l'ignorance de saisie d'un soi accumulées depuis des temps sans commencement, tout ce qui apparaît à notre esprit semble naturellement exister vraiment, et nous donnons instinctivement notre assentiment à cette apparence, alors qu'en réalité tout est totalement vide d'existence vraie. Les choses apparaissent de façon trompeuse, comme un mirage apparaît comme étant de l'eau mais n'en est pas en réalité. Nous sommes trompés par les apparences, car nous ne comprenons pas leur nature réelle et nous saisissons les livres, les tables, les corps et les mondes comme existant vraiment. En saisissant les phénomènes de cette manière, la préoccupation de soi, l'attachement, la haine, la jalousie et les autres perturbations mentales se manifestent dans notre esprit, qui s'agite et perd son équilibre. La paix de notre esprit est ainsi détruite. Nous sommes semblables aux voyageurs dans le désert qui s'épuisent à courir après des mirages, ou comme une personne marchant sur la route la nuit qui prend par erreur l'ombre des arbres pour des malfaiteurs ou des animaux sauvages prêts à attaquer.

LA VACUITÉ DE NOTRE CORPS

Pour comprendre comment les phénomènes sont vides d'existence vraie, ou intrinsèque, nous examinons notre propre corps. Après avoir compris que notre corps est dépourvu d'existence vraie, nous pouvons facilement appliquer le même raisonnement à d'autres objets.

Dans le *Guide du mode de vie du bodhisattva*, Shantidéva dit :

> C'est pourquoi il n'y a aucun corps,
> Mais, notre ignorance nous fait voir un corps dans les mains et ainsi de suite,
> Tout comme un esprit appréhendant par erreur une personne
> Lorsqu'au crépuscule il regarde la forme d'un tas de pierres.

À un certain niveau, nous connaissons très bien notre corps, nous savons s'il est en bonne ou mauvaise santé, beau ou laid, etc. Mais jamais nous ne l'examinons plus en profondeur, en nous demandant : « Qu'est-ce que mon corps exactement ? Où est mon corps ? Quelle est sa nature réelle ? » Si nous examinons notre corps de cette manière, nous ne pouvons pas le trouver. Au lieu de trouver notre corps, notre corps disparaît suite à notre examen. La première ligne du verset de Shantidéva, « C'est pourquoi il n'y a aucun corps », signifie que si nous recherchons notre corps « réel », il n'y a aucun corps. Notre corps n'existe que dans la mesure où nous ne cherchons pas un corps réel derrière sa simple apparence.

Il y a deux manières de rechercher un objet. La première, que nous appellerons « recherche conventionnelle », consiste à rechercher, par exemple, notre voiture dans un parc de stationnement. Ce type de recherche conduit à trouver la voiture, dans le sens où nous voyons l'objet que tout le monde s'accorde à dire que c'est notre voiture. Mais supposons qu'après avoir localisé notre voiture, nous ne soyons toujours pas satisfaits de la simple apparence de la voiture et que nous voulions déterminer exactement ce qu'est la voiture. Nous pourrions alors effectuer ce que nous appellerons une « recherche ultime » de la voiture. Nous regardons alors à l'intérieur de l'objet lui-même pour trouver quelque chose qui serait l'objet. Pour ce faire, nous nous interrogeons : « Est-ce que l'une ou l'autre des parties de la voiture prise séparément est la voiture ? Les roues sont-elles la voiture ? Le moteur est-il la voiture ? Le châssis est-il la voiture ? » etc. Lorsque nous procédons à une recherche ultime de notre voiture, nous ne nous contentons pas de simplement montrer le capot, les roues et ainsi de suite, pour ensuite dire « voiture ». Nous voulons savoir ce qu'est réellement la voiture. Au lieu d'utiliser simplement le mot « voiture », comme il se fait communément, nous voulons savoir à quoi le mot se rapporte effectivement. Nous voulons séparer mentalement la voiture de tout ce qui n'est pas la voiture, afin de pouvoir dire « Voilà ce qu'est réellement la voiture. » Nous voulons trouver une voiture, mais en vérité il n'y a aucune voiture, nous ne pouvons rien trouver. Dans le *Soutra condensé de la perfection de la sagesse*, Bouddha dit : « Si vous recherchez votre corps avec sagesse, vous ne pouvez pas le trouver. » Cela s'applique également à notre voiture, à notre maison et à tous les autres phénomènes.

Dans le *Guide du mode de vie du bodhisattva*, Shantidéva dit :

> Lorsque nous examinons de cette manière,
> Qui est-ce qui vit et qui va mourir ?
> Qu'est-ce que le futur et qu'est-ce que le passé ?
> Qui sont nos amis et qui sont les membres de notre
> 　　famille ?

> Je vous implore, vous qui êtes exactement comme moi,
> S'il vous plaît, sachez que toutes les choses sont vides,
> 　　comme l'espace.

Le sens essentiel de ces mots est le suivant. Lorsque nous recherchons avec sagesse, il n'y a personne qui vive ou qui meure, il n'y a ni passé ni avenir, et il n'y a pas de présent, pas de famille et pas d'amis. Il nous faut savoir que tous les phénomènes sont vides, comme l'espace, ce qui signifie qu'il nous faut savoir que tous les phénomènes ne sont pas autres que la vacuité.

Pour comprendre l'affirmation de Shantidéva selon laquelle en réalité aucun corps n'existe, nous avons besoin de faire une recherche ultime de notre corps. Pour une personne ordinaire, tous les objets, y compris notre corps, paraissent exister intrinsèquement. Comme il a été indiqué précédemment, les objets semblent être indépendants de notre esprit et indépendants des autres phénomènes. L'univers paraît être composé d'objets distincts, ayant chacun une existence de son propre côté. Ces objets paraissent exister par eux-mêmes en tant qu'étoiles, planètes, montagnes, personnes et ainsi de suite, « attendant » d'être perçus par des êtres conscients. Habituellement, il ne nous vient jamais à l'esprit que nous sommes impliqués de quelque manière dans l'existence de ces phénomènes. Par exemple, nous avons l'impression que notre corps existe de son propre côté et ne dépend pour exister ni de notre esprit, ni de celui de quelqu'un d'autre. Si toutefois notre corps existait de la manière dont nous le saisissons instinctivement, c'est-à-dire en tant qu'objet extérieur et non pas simplement en tant que projection de l'esprit, nous devrions être capables de montrer du doigt notre corps sans montrer aucun autre phénomène qui ne soit pas notre corps. Nous devrions être capables de le trouver, soit dans ses parties, soit en dehors de ses parties. Si notre corps ne peut être trouvé ni dans ses parties, ni en dehors de ses parties, nous devons en conclure que notre corps que nous voyons habituellement n'existe pas car il n'existe pas de troisième possibilité.

Il n'est pas difficile de comprendre que les parties de notre corps prises séparément ne sont pas notre corps, car il est absurde de dire que notre dos, nos jambes ou notre tête sont notre corps. Si l'une des parties du corps, disons notre dos, était notre corps, alors les autres parties seraient également notre corps, et il s'ensuivrait que nous aurions de nombreux corps. Par ailleurs, notre dos, nos jambes, etc., ne peuvent pas être notre corps puisque ce sont des parties de notre corps. Le corps est le possesseur des parties du corps, tandis que le dos, les jambes, etc., sont les parties possédées. Or le possesseur et l'objet possédé ne peuvent pas être une seule et même chose.

Certains croient que bien qu'aucune des parties du corps prises séparément ne soit le corps, l'assemblage de toutes les parties du corps est le corps. Selon eux, il est possible de trouver notre corps lorsque nous le cherchons par l'analyse car l'assemblage de toutes les parties de notre corps est notre corps. Cependant, cette affirmation peut être réfutée par de nombreuses raisons valides. Il se peut qu'au premier abord la pertinence de ces raisons ne soit pas évidente pour nous, mais si nous les contemplons attentivement avec un esprit positif et calme, nous en viendrons à apprécier leur validité.

Puisque aucune des parties de notre corps prises séparément n'est notre corps, comment l'assemblage de toutes les parties peut-elle être notre corps ? Par exemple, mettre ensemble des chiens ne peut pas donner un être humain parce qu'aucun des chiens pris séparément n'est un être humain. Puisque chaque membre pris séparément est « non-humain », comment cet assemblage de non-humains peut-il se transformer par magie en un être humain ? De même, puisque l'assemblage des parties de notre corps est un assemblage de choses qui ne sont pas notre corps, cet assemblage ne peut pas être notre corps. L'ensemble des chiens reste simplement des chiens, et de même l'assemblage de toutes les parties de notre corps reste simplement des parties de notre corps. Cet assemblage ne se transforme pas comme par magie en notre corps, le possesseur des parties.

Ce point peut nous sembler difficile à comprendre, mais si nous prenons le temps d'y réfléchir longuement avec un esprit calme et positif, et que nous en discutons avec des pratiquants plus expérimentés, il s'éclaircira peu à peu. Nous pouvons aussi consulter des livres authentiques sur ce sujet, comme *Le Cœur de la sagesse* et *Océan de nectar*.

Nous pouvons comprendre d'une autre manière que l'assemblage des parties de notre corps n'est pas notre corps. Si nous pouvons montrer l'assemblage des parties de notre corps et dire que celui-ci est, en lui-même, notre corps, alors cet assemblage des parties de notre corps doit exister indépendamment de tous les phénomènes qui ne sont pas notre corps. Il s'ensuit alors que l'assemblage des parties de notre corps existe indépendamment des parties elles-mêmes. Il est clair que ceci est absurde. Si c'était vrai, nous pourrions alors retirer toutes les parties de notre corps et l'assemblage des parties du corps resterait. Nous pouvons donc en conclure que l'assemblage des parties de notre corps n'est pas notre corps.

Puisque le corps ne peut pas être trouvé dans ses parties, qu'elles soient prises individuellement, ou en tant qu'assemblage, la seule autre possibilité est qu'il existe séparément de ses parties. Si tel était le cas, il serait possible de retirer mentalement ou physiquement toutes les parties de notre corps et notre corps serait toujours là. Or, si nous retirons nos bras, nos jambes, notre tête, notre tronc et toutes les autres parties de notre corps, il ne reste aucun corps. Cela prouve qu'aucun corps n'existe séparément de ses parties. C'est à cause de l'ignorance que chaque fois que nous montrons du doigt notre corps, nous ne faisons que montrer une partie de notre corps, qui n'est pas notre corps.

Nous avons maintenant examiné tous les endroits possibles et nous sommes incapables de trouver notre corps, ni parmi ses parties, ni ailleurs. Nous ne pouvons rien trouver qui corresponde au corps qui apparaît si nettement et que nous saisissons habituellement. Nous sommes obligés d'admettre, comme l'affirme Shantidéva, que lorsque nous cherchons notre corps, aucun corps ne peut être trouvé. Cela prouve clairement que notre corps que nous voyons habituellement n'existe pas. C'est presque comme si notre corps n'existait pas. En effet, nous pouvons dire que notre corps existe mais seulement dans la mesure où nous nous contentons du simple nom « corps », sans nous attendre à trouver un corps réel derrière le nom. Si nous essayons de trouver, ou de montrer, un corps réel auquel le nom « corps » se rapporte, nous ne trouverons absolument rien. Au lieu de trouver un corps existant vraiment, nous percevrons la simple absence du corps que nous voyons habituellement. Cette simple absence de notre corps que nous voyons habituellement est la manière dont notre corps existe effectivement. Nous réaliserons que le corps que nous percevons habituellement, que nous saisissons et chérissons, n'existe pas du tout. Cette non-existence du corps que nous saisissons habituellement est la vacuité de notre corps, la vraie nature de notre corps.

Le terme « vraie nature » a une grande signification. N'étant pas satisfaits de la simple apparence et du simple nom « corps », nous avons examiné notre corps pour découvrir sa vraie nature. Cet examen a abouti à la conclusion que notre corps est incontestablement introuvable. Là où nous nous attendions à trouver un corps existant vraiment, nous avons découvert la totale non-existence de ce corps existant vraiment. Cette non-existence, ou vacuité, est la vraie nature de notre corps. Notre corps n'a aucune autre vraie nature en dehors de la simple absence d'un corps existant vraiment.

Toute autre caractéristique du corps fait juste partie de sa nature trompeuse. Cela étant, pourquoi passons-nous tant de temps à prêter attention à la nature trompeuse de notre corps ? Actuellement, nous nous concentrons seulement sur la nature trompeuse de notre corps et des autres phénomènes, sans tenir compte de leur vraie nature. Pourtant, à force de nous concentrer tout le temps sur des objets trompeurs, notre esprit devient perturbé et nous restons dans les malheurs de la vie du samsara. Si nous désirons connaître un bonheur pur, nous devons familiariser notre esprit avec la vérité. Il vaudrait mieux nous concentrer sur la vraie nature des choses plutôt que de gaspiller notre énergie en ne nous concentrant que sur des objets qui n'ont aucun sens, sur des objets trompeurs.

Il est impossible de trouver notre corps lorsque nous le recherchons par l'analyse, et pourtant notre corps apparaît très clairement lorsque nous n'en faisons aucune analyse. Pourquoi ? Shantidéva dit que, à cause de notre ignorance, nous voyons un corps dans les mains et les autres parties de notre corps. En réalité, notre corps n'existe pas dans ses parties. Tout comme au crépuscule nous pourrions prendre un tas de pierres pour un homme, bien qu'il n'y ait aucun homme dans les pierres, de la même manière, notre esprit ignorant voit un corps dans l'assemblage des bras, des jambes, etc., bien qu'il n'y ait là aucun corps. Le corps que nous voyons dans l'assemblage des bras, des jambes, etc., est simplement une hallucination de notre esprit ignorant. Toutefois, ne reconnaissant pas ce fait comme tel, nous saisissons ce corps très fortement, le chérissons et nous épuisons à essayer de le protéger de tout inconfort.

Nous familiarisons notre esprit avec la vraie nature du corps en nous servant du raisonnement ci-dessus pour rechercher notre corps. Puis, l'ayant cherché dans tous les endroits possibles sans pouvoir le trouver, nous nous concentrons sur la vacuité semblable à l'espace qui est la simple absence du corps que nous voyons habituellement. Cette vacuité semblable à l'espace est la vraie nature de notre corps. Cette vacuité ressemble à l'espace vide, mais elle a une grande signification. Elle a pour signification la totale non-existence du corps que nous voyons habituellement, le corps que nous saisissons si fortement et dont nous nous sommes préoccupés toute notre vie.

En nous familiarisant avec l'expérience de la nature ultime, semblable à l'espace, de notre corps, notre saisie de notre corps diminuera. Nous connaîtrons de ce fait bien moins de souffrances, d'anxiétés et de frustrations liées à notre corps. Notre corps sera moins tendu et notre santé s'améliorera, et même notre inconfort physique, si nous tombons malades, ne perturbera pas notre esprit. Ceux qui ont une expérience directe de la vacuité ne ressentent aucune douleur, même s'ils sont roués de coups ou fusillés. Pour ces êtres qui savent que la nature réelle de leur corps est semblable à l'espace, être battus, c'est comme si l'espace était battu, et être fusillés, c'est comme si l'espace était fusillé. D'autre part, leur esprit ne peut plus être affecté par les conditions extérieures, bonnes et mauvaises, parce qu'ils réalisent que ces conditions sont semblables à l'illusion d'un magicien et qu'elles n'ont aucune existence séparée de leur esprit. Leur esprit, qui connaît la nature ultime de toutes les choses, égale et immuable, reste libre et calme et n'est plus balloté par les changements de conditions comme des marionnettes suspendues à un fil. De cette manière, une personne qui réalise directement la vacuité, la vraie nature des phénomènes, connaît paix et bonheur jour et nuit, vie après vie.

Il nous faut distinguer le corps existant conventionnellement, qui lui existe bien, du corps existant intrinsèquement, qui lui n'existe pas. Nous devons toutefois faire très attention à ne pas nous méprendre sur les mots et penser que le corps existant de façon conventionnelle est plus qu'une simple apparence à l'esprit. Nous pouvons simplement dire, pour éviter toute confusion, qu'il n'existe aucun corps pour un esprit qui voit directement la vérité, la vacuité. Un corps n'existe que pour un esprit ordinaire auquel ce corps apparaît.

Shantidéva nous donne le conseil suivant : nous ne devrions pas examiner les vérités conventionnelles telles que notre corps, nos possessions, notre environnement et nos amis, à moins que nous désirions comprendre la vacuité, mais nous devrions au lieu de cela nous contenter de leur simple nom, comme le font les êtres ordinaires. Une personne ordinaire, dès qu'elle connaît un objet, se satisfait de son nom et de son usage, sans chercher à l'examiner davantage. Nous faisons de même, à moins de vouloir méditer sur la vacuité. Nous nous rappelons néanmoins que nous ne trouverions pas les objets si nous les examinions de plus près, car ils disparaîtraient simplement, tout comme un mirage disparaît quand nous allons à sa recherche.

Le raisonnement dont nous nous sommes servis pour prouver l'absence d'existence vraie de notre corps peut être appliqué à tous les autres phénomènes. Ce livre, par exemple, semble exister de son propre côté, quelque part dans ses parties. Mais, lorsque nous examinons le livre de façon plus précise, nous découvrons qu'aucune de ses pages prise séparément, ni l'assemblage des pages, ne sont le livre, et pourtant sans elles il n'y a aucun livre. Au lieu de trouver un livre existant vraiment, nous nous retrouvons face à une vacuité, qui est la non-existence du livre qui nous semblait précédemment exister. À cause de notre ignorance, le livre semble exister séparément de notre esprit, comme si notre esprit était à l'intérieur et le livre à l'extérieur. Pourtant, en analysant le livre, nous découvrons que la manière dont le livre nous apparaît est complètement fausse. Il n'y a aucun livre en dehors de l'esprit. Il n'y a aucun livre « là-bas », dans les pages. La seule manière dont le livre existe, c'est en tant que simple apparence à l'esprit, en tant que simple projection de l'esprit.

Tous les phénomènes existent par voie de convention, rien n'existe de façon intrinsèque. Cela s'applique à l'esprit, à Bouddha et même à la vacuité elle-même. Tout est simplement imputé par l'esprit. Tous les phénomènes ont des parties, les phénomènes physiques ont des parties physiques et les phénomènes non physiques ont diverses parties, ou attributs, qui peuvent être discernés par la pensée. En utilisant le même type de raisonnement que précédemment, nous pouvons réaliser que tout phénomène n'est ni l'une de ses parties, ni l'assemblage de ses parties, ni séparé de ses parties. De cette manière, nous pouvons réaliser la vacuité de tous les phénomènes, la simple absence de tous les phénomènes que nous voyons ou percevons habituellement.

Il est particulièrement utile de méditer sur la vacuité des objets qui font naître en nous de fortes perturbations mentales, comme l'attachement ou la colère. Grâce à une analyse correcte, nous réaliserons que l'objet que nous désirons, ou l'objet que nous détestons, n'existe pas de son propre côté. Sa beauté ou sa laideur, et son existence même, sont imputées par l'esprit. Ces réflexions nous amèneront à découvrir que l'attachement ou la colère n'ont aucune base.

LA VACUITÉ DE NOTRE ESPRIT

Dans *L'Entraînement de l'esprit en sept points*, Guéshé Tchékhawa nous montre d'abord comment méditer de manière analytique sur la vacuité d'existence intrinsèque des phénomènes extérieurs comme notre corps. Il nous dit ensuite d'analyser notre propre esprit afin de comprendre qu'il est dépourvu d'existence intrinsèque.

Notre esprit n'est pas une entité indépendante, mais un continuum en perpétuel changement qui dépend de multiples facteurs, tels que ses instants précédents, ses objets et les vents d'énergie intérieurs sur lesquels notre esprit est monté. Notre esprit, comme tout le reste, est imputé sur un ensemble de facteurs différents. Il est donc dépourvu d'existence intrinsèque. Par exemple, un esprit principal, ou conscience, a cinq parties ou « facteurs mentaux » : sensation, discrimination, intention, contact et focalisation. Ni les facteurs mentaux pris individuellement ni l'assemblage de ces facteurs mentaux ne sont l'esprit principal lui-même, parce que ce sont des facteurs mentaux, et par conséquent des parties de l'esprit principal. Mais, il n'y a aucun esprit principal qui existe séparément de ces facteurs mentaux. Un esprit principal est simplement imputé sur les facteurs mentaux qui constituent sa base d'imputation, et n'existe donc pas de son propre côté.

Après avoir identifié la nature de notre esprit principal, un vide semblable à l'espace qui perçoit ou comprend les objets, nous le recherchons ensuite dans ses parties, c'est-à-dire la sensation, la discrimination, l'intention, le contact et la focalisation, jusqu'à ce que finalement nous parvenions à réaliser qu'il est introuvable. Cette introuvabilité est sa nature ultime, ou vacuité. Puis nous pensons :

Tous les phénomènes qui apparaissent à mon esprit sont dans la nature de mon esprit. Mon esprit est par nature vacuité.

De cette manière, nous sentons que tout se dissout dans la vacuité. Nous percevons seulement la vacuité de tous les phénomènes et méditons sur cette vacuité. Cette manière de méditer sur la vacuité est plus profonde que la méditation sur la vacuité de notre corps. Notre expérience de la vacuité s'éclaircira progressivement jusqu'à ce que nous obtenions finalement une sagesse immaculée qui réalise la vacuité de tous les phénomènes directement.

LA VACUITÉ DE NOTRE JE

Notre *je*, c'est-à-dire *moi*, est l'objet que nous saisissons avec la plus grande intensité. Notre *je* nous apparaît comme existant intrinsèquement en raison des empreintes d'ignorance de saisie d'un soi accumulées depuis des temps sans commencement. Notre esprit de saisie d'un soi saisit alors automatiquement ce *je* de cette manière. Nous saisissons constamment un *je* existant intrinsèquement, même pendant notre sommeil et pourtant, il n'est pas facile d'identifier la manière dont ce *je* apparaît à notre esprit. Pour pouvoir l'identifier clairement, il est nécessaire de commencer par le laisser se manifester avec force en contemplant des situations dans lesquelles nous avons une sensation exagérée du *je*, par exemple lorsque nous sommes gênés, honteux, effrayés ou indignés. Nous nous remémorons, ou imaginons, une telle situation puis, sans commentaire ni analyse, nous essayons d'obtenir une image mentale claire de la manière dont le *je* apparaît naturellement à ces moments-là. Nous devons être patients lors de cette étape parce que nous n'en aurons peut-être pas une image claire avant de nombreuses séances. Nous verrons finalement que le *je* paraît complètement solide et réel, existant de son propre côté, sans dépendre ni du corps ni de l'esprit. Ce *je* qui apparaît si nettement est le *je* qui existe de façon intrinsèque, celui que nous chérissons tant. C'est le *je* que nous défendons lorsque nous sommes critiqués et dont nous sommes si fiers lorsque nous recevons des compliments.

Après avoir obtenu une image de la façon dont le *je* apparaît dans ces circonstances extrêmes, nous essayons d'identifier la manière dont il apparaît habituellement, dans des situations moins extrêmes. Nous pouvons observer par exemple le *je* qui est actuellement en train de lire ce livre et essayer de découvrir comment il apparaît à notre esprit. Nous verrons finalement que, bien que la sensation de *je* ne soit plus aussi exagérée, le *je* semble néanmoins toujours exister de façon intrinsèque, de son propre côté, sans dépendre ni du corps ni de l'esprit. Quand nous parvenons à une image du *je* qui existe de façon intrinsèque, nous nous concentrons dessus en un seul point pendant un moment. Puis, nous passons à l'étape suivante, en méditation, et contemplons les raisons valides qui prouvent qu'en réalité le *je* existant intrinsèquement, que nous saisissons, n'existe pas. Le *je existant intrinsèquement* et *moi-même tel que je me vois habituellement* sont les mêmes. Il faut savoir que ni l'un ni l'autre n'existe. Ces deux objets sont niés par la vacuité.

Si le *je* existe de la manière dont il apparaît, il existe nécessairement de l'une des quatre manières suivantes : le *je* est soit le corps, soit l'esprit, soit l'assemblage du corps et de l'esprit, soit quelque chose qui existe séparément du corps et de l'esprit. Il n'existe aucune autre possibilité. Nous contemplons cela attentivement jusqu'à en être convaincus, puis nous procédons à l'examen de chacune de ces quatre possibilités :

(1) Si notre *je* est notre corps, cela n'a aucun sens de dire « mon corps » parce que le possesseur et l'objet possédé sont identiques.

Si notre *je* est notre corps, il n'y a pas de renaissance future parce que le *je* cesse quand le corps meurt.

Si notre *je* et notre corps sont identiques, alors, puisque nous sommes capables d'avoir de la foi, de rêver, de résoudre des problèmes de mathématiques et ainsi de suite, il s'ensuit que la chair, le sang et les os peuvent en faire autant.

Rien de cela n'étant vrai, il s'ensuit que notre *je* n'est pas notre corps.

(2) Si notre *je* est notre esprit, cela n'a aucun sens de dire « mon esprit » parce que le possesseur et l'objet possédé sont identiques. Mais nous avons l'habitude de dire « mon esprit » lorsque nous pensons à notre esprit. Cela indique clairement que notre *je* n'est pas notre esprit.

Si notre *je* est notre esprit, alors, puisque chaque personne a plusieurs types d'esprit, tels que les six consciences, les esprits conceptuels et les esprits non conceptuels, il s'ensuit que chaque personne a tout autant de *je*. Puisque c'est absurde, notre *je* ne peut pas être notre esprit.

(3) Puisque notre corps n'est pas notre *je* et que notre esprit n'est pas notre *je*, l'assemblage de notre corps et de notre esprit ne peut pas être notre *je*. L'assemblage de notre corps et de notre esprit est un assemblage de choses qui ne sont pas notre *je*, alors, comment cet assemblage lui-même pourrait-il être notre *je* ? Dans un troupeau de vaches, par exemple, aucun des animaux n'est un mouton, le troupeau n'est donc pas des moutons. De la même manière, dans l'assemblage de notre corps et de notre esprit, ni notre corps ni notre esprit ne sont notre *je*, par conséquent l'assemblage lui-même n'est pas notre *je*.

(4) Si notre *je* n'est ni notre corps, ni notre esprit, ni l'assemblage de notre corps et de notre esprit, il ne reste qu'une seule autre possibilité, c'est qu'il soit quelque chose de séparé de notre corps et de notre esprit. Si c'était le cas, nous pourrions appréhender notre *je* sans que notre corps ou notre esprit n'apparaisse, mais si nous imaginons que notre corps et notre esprit disparaissent complètement, il ne restera plus rien qui puisse être appelé

notre *je*. Il s'ensuit donc que notre *je* n'est pas séparé de notre corps et de notre esprit.

Nous imaginons que notre corps se dissout progressivement dans l'espace, puis que notre esprit se dissout, nos pensées sont dispersées par le vent, nos sensations, nos désirs et nos perceptions fondent dans le néant. Reste-t-il quelque chose qui soit notre *je* ? Il n'y a rien. De toute évidence notre *je* n'est pas quelque chose de séparé de notre corps et de notre esprit.

Nous avons maintenant examiné chacune des quatre possibilités et nous n'avons pas réussi à trouver notre *je*. Puisque nous avons déjà reconnu qu'il n'y a pas de cinquième possibilité, nous devons conclure que le *je* que nous saisissons habituellement et que nous chérissons n'existe pas du tout. Là où précédemment apparaissait un *je* existant intrinsèquement, apparaît maintenant une absence de ce *je*. Cette absence d'un *je* existant intrinsèquement est la vacuité, la vérité ultime.

Nous contemplons de cette manière jusqu'à ce que nous apparaisse une image générique, ou image mentale, de l'absence de notre *je* que nous voyons habituellement, de *moi-même tel que je me vois habituellement*. Cette image est notre objet de méditation placée. Nous essayons de nous familiariser totalement avec cet objet en méditant continuellement en un seul point aussi longtemps que possible.

Au début, la sensation de ne pas réussir à trouver notre *je* en méditation peut être assez choquante puisque, depuis des temps sans commencement, nous avons saisi notre *je* existant intrinsèquement et l'avons chéri plus tendrement que toute autre chose. Certaines personnes prennent peur, en pensant « Je suis devenu complètement inexistant. » D'autres ressentent une grande joie, comme si la source de tous leurs problèmes était en train de disparaître. Ces deux réactions sont de bons signes, car elles indiquent une méditation correcte. Après un certain temps, ces réactions initiales disparaîtront et notre esprit s'installera dans un état plus équilibré. Nous pourrons alors méditer sur la vacuité de notre *je* de manière calme et contrôlée.

Nous laissons notre esprit s'absorber dans la vacuité semblable à l'espace aussi longtemps que possible. Il est important de nous rappeler que notre objet est la vacuité, la simple absence de notre *je* que nous voyons habituellement, et non pas un simple néant. Nous examinons notre méditation de temps en temps avec notre vigilance. Si notre esprit se dirige vers un autre objet, ou si nous ne savons plus ce qu'est la vacuité et que nous nous concentrons sur un simple néant, nous revenons aux contemplations afin que la vacuité de notre *je* apparaisse à nouveau avec clarté à notre esprit.

Nous pouvons nous demander : « Si moi-même tel que je me vois habituellement, je n'existe pas, alors qui est en train de méditer ? Qui sortira de sa méditation, qui parlera aux autres et répondra quand son nom sera prononcé ? » Bien que *moi-même* tel que je me vois habituellement, je n'existe pas, cela ne veut pas dire que je n'existe pas du tout. Nous existons en tant que simple imputation. Tant que nous nous contentons de la simple imputation *je* ou *moi*, il n'y a aucun problème. Nous pouvons penser « J'existe », « Je vais en ville » et ainsi de suite. Le problème survient seulement lorsque nous cherchons notre *je*, un *moi*, autre que la simple imputation conceptuelle *je*, ou *moi*. Notre esprit de saisie d'un soi saisit un *je* existant de façon ultime, indépendamment de l'imputation conceptuelle, comme s'il y avait un *je* « réel », un *moi* « réel » existant derrière l'étiquette. Si un tel *je*, un tel *moi* existait, nous pourrions le trouver, mais nous avons vu qu'après investigation, notre *je* reste introuvable. Notre recherche s'est conclue par une introuvabilité incontestable de notre *je*, de *moi-même*. Cette introuvabilité de *moi-même* est la vacuité de *moi-même*, notre nature ultime. *Moi-même* existant en tant que simple imputation est la nature conventionnelle de *moi-même*.

Au début, nous réalisons la vacuité de façon conceptuelle, au moyen d'une image générique. Peu à peu l'image générique devient progressivement de plus en plus transparente grâce à des méditations répétées sur la vacuité, jusqu'à disparaître complètement. Nous voyons alors directement la vacuité. Cette réalisation directe de la vacuité sera notre première perception parfaitement juste, un esprit immaculé. Tous nos différents types d'esprit sont des perceptions incorrectes, jusqu'à ce que nous réalisions la vacuité directement. En effet, les objets de ces esprits paraissent exister de façon intrinsèque à cause des empreintes de l'ignorance de saisie d'un soi, ou saisie du vrai.

La plupart des gens tendent vers l'extrême de l'existence. Ils pensent qu'une chose qui existe existe nécessairement de façon intrinsèque. Ils exagèrent ainsi la manière dont les choses existent sans se contenter de leur existence en tant que simple nom. D'autres tendent vers l'extrême de la non-existence. Ils pensent que les phénomènes n'existent pas du tout s'ils n'existent pas de façon intrinsèque. Ils exagèrent ainsi leur absence d'existence intrinsèque. Il est nécessaire de réaliser que les phénomènes sont dépourvus de toute trace d'existence de leur propre côté, mais qu'ils existent néanmoins de façon conventionnelle en tant que simples apparences à un esprit valide.

Les esprits conceptuels, qui saisissent notre *je* et les autres phénomènes comme existant vraiment, sont des perceptions erronées. Il est donc nécessaire de les abandonner. Je ne suis toutefois pas en train de dire que toutes les pensées conceptuelles sont des perceptions erronées et qu'il est nécessaire de toutes les abandonner. De nombreux esprits conceptuels sont corrects et utiles dans notre vie quotidienne, par exemple l'esprit conceptuel qui se souvient de ce que nous avons fait hier, ou celui qui comprend ce que nous ferons demain. Il est également nécessaire de cultiver de nombreux esprits conceptuels sur la voie spirituelle. La bodhitchitta conventionnelle dans le continuum mental d'un bodhisattva en est un exemple. Cet esprit est conceptuel parce qu'il appréhende son objet, la grande illumination, au moyen d'une image générique. Par ailleurs, il est nécessaire de réaliser la vacuité au moyen d'un connaisseur issu d'inférence, qui est un esprit conceptuel, avant de pouvoir la réaliser directement avec un esprit non conceptuel. Une image générique de l'absence, ou vacuité, d'existence intrinsèque apparaît à notre esprit lorsque nous contemplons les raisons qui réfutent l'existence intrinsèque. Initialement, c'est la seule manière dont la vacuité d'existence intrinsèque peut apparaître à notre esprit. Nous méditons ensuite sur cette image avec une concentration de plus en plus puissante jusqu'à ce que nous percevions finalement la vacuité directement.

Certains disent que pour méditer sur la vacuité, il suffit simplement de vider son esprit de toute pensée conceptuelle. Ils avancent comme argument que les nuages blancs obscurcissent le soleil autant que les nuages noirs et que, de la même manière, les pensées conceptuelles positives obscurcissent notre esprit autant que les pensées conceptuelles négatives. Cette vue est totalement incorrecte. En effet, la véritable vacuité n'apparaîtra jamais à notre esprit si nous ne faisons aucun effort pour parvenir à une compréhension conceptuelle de la vacuité et qu'au lieu de cela nous essayons d'éliminer toutes les pensées conceptuelles. Nous parviendrons peut-être à une expérience très nette d'un vide semblable à l'espace, mais ce sera seulement l'absence de pensées conceptuelles, et non pas la vacuité, la vraie nature des phénomènes. Méditer sur ce vide peut temporairement calmer notre esprit mais ne pourra jamais détruire nos perturbations mentales et ne nous libérera jamais ni du samsara, ni de ses souffrances.

LA VACUITÉ DES HUIT EXTRÊMES

Si toutes les causes et conditions atmosphériques nécessaires sont rassemblées, des nuages apparaissent. En l'absence de ces conditions, les nuages ne peuvent pas se former. Les nuages dépendent totalement de causes et de conditions pour se former. Sans ces causes et conditions, ils n'ont pas le pouvoir de se former. Il en va de même des montagnes, des planètes, des corps, des différents types d'esprit et de tous les autres phénomènes produits. Ils sont vides d'existence intrinsèque, ou indépendante, et sont de simples imputations de l'esprit parce qu'ils dépendent de facteurs qui leur sont extérieurs pour exister.

Contempler les enseignements sur le karma, c'est-à-dire les actions et leurs effets, peut nous aider à comprendre cela. D'où proviennent toutes nos expériences bonnes ou mauvaises ? Le bouddhisme nous enseigne qu'elles sont le résultat du karma positif ou négatif que nous avons créé dans le passé. Des personnes attirantes et agréables apparaissent dans notre vie, de bonnes conditions matérielles se manifestent et nous vivons dans un bel environnement en résultat d'un karma positif. Des personnes et des choses déplaisantes apparaissent en résultat d'un karma négatif. Ce monde est l'effet du karma collectif créé par les êtres qui l'habitent. Puisque le karma prend son origine dans l'esprit, plus précisément dans nos intentions mentales, nous comprenons que tous les mondes proviennent de l'esprit. Cela est semblable à la façon dont les choses apparaissent dans un rêve. Tout ce que nous percevons lorsque nous rêvons est le résultat de potentiels karmiques mûrissant dans notre esprit et ce qui est perçu n'a aucune existence en dehors de notre esprit. Lorsque notre esprit est calme et pur, des empreintes karmiques positives mûrissent et ce qui apparaît dans nos rêves est agréable. Lorsque notre esprit est agité et impur, des empreintes karmiques négatives mûrissent et ce qui apparaît dans nos rêves est cauchemardesque. De façon similaire, tout ce qui apparaît dans notre monde de l'état de veille provient simplement du mûrissement d'empreintes karmiques positives, négatives ou neutres dans notre esprit.

Le simple fait de voir ou de penser à la production des phénomènes nous rappellera leur vacuité si nous comprenons la manière dont les choses se manifestent à partir de leurs causes et conditions intérieures et extérieures, sans avoir aucune existence indépendante. Au lieu de renforcer notre sensation de solidité et d'objectivité des choses, nous commencerons à voir les choses comme des manifestations de leur vacuité, dont l'existence n'est pas plus concrète que celle d'un arc-en-ciel apparaissant dans un ciel vide.

La production des choses dépend de causes et de conditions, et il en va de même de leur destruction. Ainsi, ni la production ni la destruction n'existent vraiment. Par exemple, nous serions contrariés de voir notre nouvelle voiture détruite parce que nous saisissons à la fois la voiture et la destruction de la voiture comme existant vraiment. Par contre, sa destruction ne nous dérangerait pas si nous comprenions que notre voiture est simplement une apparence à notre esprit, comme une voiture dans un rêve. La même chose est vraie pour tous les objets de notre attachement. Si nous réalisons que les objets eux-mêmes, ainsi que leur cessation sont dépourvus d'existence vraie, il n'y a aucune base pour être contrariés si nous en sommes séparés.

Toutes les choses qui fonctionnent, par exemple notre environnement, nos plaisirs, notre corps, notre esprit et nous-mêmes, changent d'instant en instant. Elles sont impermanentes dans le sens où elles ne durent pas un second instant. Le livre que vous lisez en ce moment n'est pas le même livre que celui que vous lisiez il y a un instant, et il a pu se mettre à exister seulement parce que le livre de l'instant précédent a cessé d'exister. Il n'est pas difficile de comprendre que les phénomènes impermanents sont vides d'existence intrinsèque lorsque nous comprenons l'impermanence subtile, c'est-à-dire que notre corps, notre esprit, nous-mêmes, etc., ne demeurent pas un deuxième instant.

Nous pouvons peut-être accepter que les phénomènes impermanents soient vides d'existence intrinsèque, mais néanmoins penser que les phénomènes permanents existent nécessairement de façon intrinsèque, parce qu'ils ne changent pas et ne se manifestent pas à partir de causes et de conditions. Pourtant, même les phénomènes permanents, comme la vacuité et l'espace non produit – la simple absence d'obstacle physique –, sont des phénomènes en relation dépendante parce qu'ils dépendent de leurs parties, de leurs bases et de l'esprit qui les impute. De ce fait, ils n'existent pas de façon intrinsèque. La vacuité est la réalité ultime, mais elle n'existe pas de façon indépendante, ou intrinsèque, car elle aussi dépend de ses parties, de ses bases et de l'esprit qui l'impute. Une pièce d'or n'existe pas séparément de son or et de la même manière la vacuité de notre corps n'existe pas séparément de notre corps parce qu'elle est simplement l'absence d'existence intrinsèque de notre corps.

Chaque fois que nous allons quelque part, nous pensons « Je vais là-bas » et saisissons alors une action d'aller qui existe de façon intrinsèque. De même, lorsqu'une personne vient nous rendre visite, nous pensons « Elle vient » et saisissons alors une action de venir qui existe de façon intrinsèque. Ces deux conceptions sont la saisie d'un soi et ce sont des perceptions erronées. Lorsqu'une personne s'en va, nous avons l'impression qu'une personne existant vraiment est vraiment partie, et lorsqu'elle revient nous avons l'impression qu'une personne existant vraiment est vraiment revenue. Pourtant, les allées et venues des personnes sont semblables à l'apparition et à la disparition d'un arc-en-ciel dans le ciel. Un arc-en-ciel apparaît lorsque les causes et conditions pour son apparition sont rassemblées, et l'arc-en-ciel disparaît lorsque les causes et conditions nécessaires pour que l'arc-en-ciel continue à apparaître se dispersent. Mais l'arc-en-ciel ne vient de nulle part et ne va nulle part.

En observant un objet tel que notre *je*, nous avons la forte impression que cet objet est une seule et même entité, indivisible, et que son unicité existe de façon intrinsèque. Pourtant, notre *je* compte en réalité de nombreuses parties, telles que les parties qui regardent, écoutent, marchent et pensent, ou bien encore les parties mère, enseignante, fille et épouse. Notre *je* est imputé sur l'assemblage de toutes ces parties. Ce phénomène, comme pour tout phénomène pris individuellement, est une unicité, mais cette unicité est simplement imputée, comme une armée est simplement imputée sur un ensemble de soldats ou une forêt sur un ensemble d'arbres.

Lorsque nous voyons plus d'un objet, nous pensons que la pluralité de ces objets existe de façon intrinsèque. Toutefois, la pluralité est, comme l'unicité, elle aussi une simple imputation de l'esprit et n'existe pas du côté de l'objet. Par exemple, si nous regardons un ensemble de soldats ou d'arbres non plus du point de vue des soldats ou des arbres pris individuellement, mais comme une armée ou une forêt, c'est-à-dire comme un ensemble ou un tout unitaire, dans ce cas nous regardons l'unicité et non la pluralité.

En résumé, l'unicité n'existe pas de son propre côté parce qu'elle est simplement imputée sur une pluralité, ses parties. De même, la pluralité n'existe pas de son propre côté parce qu'elle est simplement imputée sur une unicité, l'ensemble de ses parties. Unicité et pluralité sont donc de simples imputations de l'esprit conceptuel et sont dépourvues d'existence vraie. Si nous réalisons cela clairement, il n'y aura aucune base pour développer attachement ou colère à l'égard des objets, qu'il y ait unicité ou pluralité. Nous avons tendance à projeter les défauts ou les qualités de quelques-uns sur un plus grand nombre, pour développer ensuite de la haine ou de l'attachement, en prenant pour base, par exemple, la race, la religion ou le pays. Contempler la vacuité de l'unicité et celle de la pluralité peut aider à réduire ces sentiments de haine et d'attachement.

La production, la destruction, etc., existent bien, mais pas de façon intrinsèque. Ce sont nos esprits conceptuels d'ignorance de saisie d'un soi qui les saisissent comme existant intrinsèquement. Ces conceptions saisissent les huit extrêmes : la production existant intrinsèquement, la destruction existant intrinsèquement, l'impermanence existant intrinsèquement, la permanence existant intrinsèquement, l'action d'aller existant intrinsèquement, l'action de venir existant intrinsèquement, l'unicité existant intrinsèquement et la pluralité existant intrinsèquement. Ces extrêmes n'existent pas mais nous les saisissons tout le temps à cause de notre ignorance. Les conceptions de ces extrêmes sont à la source de toutes les autres perturbations mentales. Puisque les perturbations mentales nous font faire des actions contaminées qui nous maintiennent piégés dans la prison du samsara, ces conceptions sont la racine du samsara, le cycle de vies impures.

La production existant intrinsèquement et la production que nous voyons habituellement sont une seule et même chose, et il nous faut savoir qu'elles n'existent, en réalité, ni l'une ni l'autre. Il en va de même des sept autres extrêmes. Par exemple, la destruction existant intrinsèquement et la destruction que nous voyons habituellement sont une seule et même chose, et il nous faut savoir qu'elles n'existent, en réalité, ni l'une ni l'autre. Nos esprits saisissant ces huit extrêmes sont différents aspects de notre ignorance de saisie d'un soi. C'est notre ignorance de saisie d'un soi qui nous fait éprouver des souffrances et des problèmes sans fin. Par conséquent, toutes nos souffrances de cette vie et celles de nos innombrables vies futures cesseront définitivement quand cette ignorance cessera définitivement grâce à la méditation sur la vacuité de tous les phénomènes, et nous accomplirons alors le véritable sens de la vie humaine.

Le sujet des huit extrêmes est profond et nécessite des explications détaillées et de longues études. Bouddha les explique en détail dans *Les Soutras de la perfection de la sagesse*. Dans *La Sagesse fondamentale*, commentaire des *Soutras de la perfection de la sagesse*, Nagardjouna utilise également de nombreuses raisons profondes et puissantes pour prouver que les huit extrêmes n'existent pas, en montrant comment tous les phénomènes sont vides d'existence intrinsèque. En analysant les vérités conventionnelles, il établit leur nature ultime, puis il montre la nécessité de comprendre à la fois la nature ultime et la nature conventionnelle d'un objet pour pouvoir comprendre pleinement cet objet.

LES VÉRITÉS CONVENTIONNELLES ET ULTIMES

Tout ce qui existe est soit une vérité conventionnelle soit une vérité ultime. La vérité ultime se rapporte uniquement à la vacuité. Tout, hormis la vacuité, est vérité conventionnelle. Des choses telles que les maisons, les voitures et les tables sont donc toutes des vérités conventionnelles.

Toutes les vérités conventionnelles sont des objets faux parce que la manière dont les vérités conventionnelles apparaissent ne correspond pas à la manière dont elles existent. Une personne peut nous paraître amicale et gentille mais, si son intention réelle est d'obtenir notre confiance dans le but de nous voler, nous dirions qu'elle est fausse ou trompeuse parce la manière dont elle apparaît contredit sa nature réelle. De même, les objets comme les formes et les sons sont faux ou trompeurs parce qu'ils paraissent exister de façon intrinsèque, alors qu'en réalité ils sont complètement dépourvus d'existence intrinsèque. Les vérités conventionnelles sont appelées « phénomènes trompeurs » parce qu'elles apparaissent différemment de la manière dont elles existent. Une tasse, par exemple, semble exister indépendamment de ses parties, de ses causes et de l'esprit qui l'appréhende, mais en réalité, elle dépend totalement de ceux-ci. La tasse est un objet faux puisque la manière dont elle apparaît à notre esprit ne correspond pas à la manière dont elle existe.

Les vérités conventionnelles sont des objets faux, mais elles existent néanmoins parce qu'un esprit qui perçoit une vérité conventionnelle directement est un esprit valide, un esprit entièrement fiable. Par exemple, une conscience de l'œil qui perçoit directement une tasse sur la table est un esprit valide parce qu'elle ne nous trompera pas : si nous faisons le geste de prendre la tasse, nous la trouverons là où notre conscience de l'œil la voit. De ce point de vue, une conscience de l'œil qui perçoit une tasse sur la table est différente d'une conscience de l'œil qui prend par erreur le reflet d'une tasse dans un miroir pour une vraie tasse, ou d'une conscience de l'œil qui prend un mirage pour de l'eau. Une tasse est un objet faux et pourtant la conscience de l'œil qui la perçoit directement est, d'un point de vue pratique, un esprit valide, fiable. Toutefois, bien que cet esprit soit valide, c'est néanmoins une perception incorrecte, car la tasse lui apparaît comme existant vraiment. Cet esprit est valide et non trompeur en ce qui concerne les caractéristiques conventionnelles de la tasse, sa position, sa taille, sa couleur, etc., mais fait erreur en ce qui concerne la façon dont la tasse apparaît.

En résumé, les objets conventionnels sont faux parce qu'ils apparaissent comme existant de leur propre côté, alors qu'en réalité ce sont de simples apparences à l'esprit, comme les choses vues dans un rêve. Dans le contexte d'un rêve cependant, les objets du rêve ont une validité relative et cela les distingue des choses qui n'existent pas du tout. Supposons que dans un rêve nous volions un diamant et qu'ensuite une personne nous demande si c'est nous qui l'avons volé. Même si le rêve est simplement une création de notre esprit, en répondant « oui » nous disons la vérité, alors qu'en répondant « non », nous mentons. De la même manière, bien que l'univers tout entier ne soit en réalité qu'une apparence à l'esprit, dans le contexte de l'expérience des êtres ordinaires, nous pouvons distinguer les vérités relatives des faussetés relatives.

Les vérités conventionnelles se divisent en vérités conventionnelles grossières et en vérités conventionnelles subtiles. L'exemple d'une voiture nous permet de comprendre comment tous les phénomènes possèdent ces deux niveaux de vérité conventionnelle. La voiture elle-même, la voiture qui dépend de ses causes et la voiture qui dépend de ses parties sont des vérités conventionnelles grossières de la voiture. Ces vérités sont appelées « grossières » parce qu'elles sont relativement faciles à comprendre. La voiture qui dépend de sa base d'imputation est une vérité conventionnelle assez subtile, difficile à comprendre, mais elle reste encore une vérité conventionnelle grossière. Les parties de la voiture sont la base d'imputation de la voiture. Pour appréhender la voiture, les parties de la voiture doivent apparaître à notre esprit. Sans que les parties apparaissent, il est impossible de penser « voiture ». C'est la raison pour laquelle les parties sont la base d'imputation de la voiture. Nous disons « Je vois une voiture » mais, strictement parlant, nous ne voyons jamais autre chose que des parties de la voiture. Pourtant, lorsque nous avons la pensée « voiture » en voyant ses parties, nous voyons la voiture. Il n'existe aucune voiture autre que ses parties, il n'existe aucun corps autre que ses parties et ainsi de suite. La voiture qui existe simplement en tant qu'imputation par la pensée est la vérité conventionnelle subtile de la voiture. Nous comprenons cela lorsque nous réalisons que la voiture n'est rien de plus qu'une simple imputation faite par un esprit valide. Nous ne pouvons pas comprendre les vérités conventionnelles subtiles si nous n'avons pas déjà compris la vacuité. Nous réalisons les deux vérités, la vérité conventionnelle et la vérité ultime lorsque nous réalisons totalement la vérité conventionnelle subtile.

Strictement parlant, vérité, vérité ultime et vacuité sont synonymes parce que les vérités conventionnelles ne sont pas réellement des vérités mais des objets faux. Elles ne sont vraies que pour l'esprit de ceux qui n'ont pas réalisé la vacuité. Seule la vacuité est vraie parce que seule la vacuité existe de la manière dont elle apparaît. Lorsque l'esprit d'un être sensible perçoit directement des vérités conventionnelles telles que des formes, celles-ci paraissent exister de leur propre côté. Par contre, seule la vacuité apparaît à l'esprit d'un être supérieur lorsque celui-ci perçoit la vacuité directement. Cet esprit est totalement mélangé à la simple absence de phénomènes existant intrinsèquement. La manière dont la vacuité apparaît à un esprit qui est un percepteur direct non conceptuel correspond exactement à la manière dont la vacuité existe.

Il faut remarquer que la vacuité, bien que vérité ultime, n'existe pas de façon intrinsèque. La vacuité est la nature réelle des apparences conventionnelles et non pas une réalité séparée qui existerait derrière ces apparences. Nous ne pouvons pas parler isolément de la vacuité, car la vacuité est toujours la simple absence d'existence intrinsèque de quelque chose. La vacuité de notre corps, par exemple, est l'absence d'existence intrinsèque de notre corps et cette vacuité ne peut exister sans avoir pour base notre corps. La vacuité est dépourvue d'existence intrinsèque puisqu'elle dépend nécessairement d'une base.

Dans *Le Guide du mode de vie du bodhisattva*, Shantidéva définit la vérité ultime comme un phénomène qui est vrai pour l'esprit non contaminé d'un être supérieur. Un esprit non contaminé est un esprit qui réalise directement la vacuité. Cet esprit est la seule perception parfaitement juste, et seuls les êtres supérieurs possèdent un tel esprit. Tout ce qui est directement perçu par les esprits non contaminés comme étant vrai est nécessairement une vérité ultime car ces esprits sont totalement justes. Par contre, tout ce qui est directement perçu comme étant vrai par l'esprit d'un être ordinaire ne peut jamais être une vérité ultime, parce que les perceptions des êtres ordinaires sont toujours des perceptions incorrectes, et une perception incorrecte ne peut jamais percevoir directement la vérité.

Tout ce qui apparaît à l'esprit des êtres ordinaires apparaît comme existant de façon intrinsèque à cause des empreintes des pensées conceptuelles qui saisissent les huit extrêmes. Seule la sagesse de l'équilibre méditatif qui réalise directement la vacuité est exempte d'empreintes, ou traces, de ces pensées conceptuelles. C'est la seule sagesse à laquelle rien de faux n'apparaît.

L'esprit d'un bodhisattva supérieur en méditation sur la vacuité se mélange totalement à la vacuité, sans qu'aucune existence intrinsèque n'apparaisse. Il développe alors la bodhitchitta ultime, une sagesse non contaminée, complètement pure. Les phénomènes conventionnels apparaissent toutefois de nouveau à son esprit comme existant intrinsèquement lorsqu'il sort de l'équilibre méditatif, à cause des empreintes de la saisie du vrai. Sa sagesse non contaminée devient alors temporairement non manifeste. Seul un bouddha peut manifester une sagesse non contaminée tout en percevant les vérités conventionnelles directement. Une qualité non commune d'un bouddha est qu'un seul instant de l'esprit d'un bouddha réalise à la fois la vérité conventionnelle et la vérité ultime, directement et simultanément. Il existe de nombreux niveaux de bodhitchitta ultime. Par exemple, la bodhitchitta ultime accomplie par la pratique tantrique est plus profonde que celle générée par la seule pratique du soutra, et la bodhitchitta ultime suprême est celle d'un bouddha.

Si nous parvenons à réaliser la vacuité du premier extrême, l'extrême de la production, grâce à des raisonnements valides, nous pourrons alors facilement réaliser la vacuité des sept autres extrêmes. La vacuité des huit extrêmes réalisée, nous aurons alors réalisé la vacuité de tous les phénomènes. Parvenus à cette réalisation, nous continuons de contempler et de méditer sur la vacuité des phénomènes produits et ainsi de suite. Nous sentirons, à mesure que nos méditations gagneront en profondeur, que tous les phénomènes se dissolvent dans la vacuité. Nous pourrons alors maintenir une concentration en un seul point sur la vacuité de tous les phénomènes.

Pour méditer sur la vacuité des phénomènes produits, nous pouvons penser :

Moi-même, qui suis né de diverses causes et conditions, sous forme d'être humain, je suis introuvable. Je ne peux pas trouver de moi lorsque je le cherche avec sagesse, ni à l'intérieur de mon corps et de mon esprit, ni séparé de mon corps et de mon esprit. Cela prouve que moi-même, tel que je me vois habituellement, je n'existe pas du tout.

Après avoir contemplé de cette manière, nous sentons que notre *je* que nous voyons habituellement disparaît, et nous percevons alors une vacuité semblable à l'espace, qui est la simple absence de notre *je* que nous voyons habituellement, de *moi-même tel que je me vois habituellement*. Nous sentons que notre esprit entre dans cette vacuité semblable à l'espace et y demeure en un seul point. Cette méditation est appelée « équilibre méditatif semblable à l'espace sur la vacuité ».

Les aigles planent dans la vaste étendue du ciel sans rencontrer le moindre obstacle et n'ont besoin que d'un effort minime pour maintenir leur vol. De même, les grands méditants qui se concentrent sur la vacuité peuvent méditer longtemps sur la vacuité, en faisant peu d'effort. Leur esprit plane dans la vacuité semblable à l'espace sans être distrait par aucun autre phénomène. Lorsque nous méditons sur la vacuité, nous essayons de ressembler à ces méditants. Après avoir trouvé notre objet de méditation, la simple absence de notre *je* que nous voyons habituellement, nous arrêtons toute analyse et laissons simplement notre esprit se reposer dans l'expérience de cette vacuité. De temps en temps, nous vérifions pour nous assurer que nous n'avons perdu ni l'apparence claire de la vacuité ni sa signification exacte, mais nous ne vérifions pas avec trop de force pour ne pas perturber notre concentration. Notre méditation ne devrait pas être comme le vol d'un petit oiseau qui sans cesse bat des ailes et change de direction, mais comme le vol d'un aigle qui plane doucement en ajustant juste un peu ses ailes de temps en temps. En méditant de cette manière, nous sentirons notre esprit se dissoudre dans la vacuité et ne faire qu'un avec cette vacuité.

Si nous réussissons à faire cela, nous serons alors libérés de la saisie d'un soi manifeste pendant la méditation. Si, par contre, nous passons tout notre temps à vérifier et à analyser, ne laissant jamais notre esprit se détendre dans l'espace de la vacuité, nous ne parviendrons jamais à cette expérience et notre méditation ne permettra pas de réduire notre saisie d'un soi.

De manière générale, nous avons besoin d'améliorer notre compréhension de la vacuité par une étude approfondie, approchant la vacuité sous différents angles et avec de nombreux différents modes de raisonnement. Il est également important de nous familiariser entièrement avec une méditation complète sur la vacuité grâce à une contemplation continue, tout en comprenant exactement comment nous servir du raisonnement pour parvenir à une expérience de la vacuité. Nous pouvons alors nous concentrer sur la vacuité en un seul point et essayer de mélanger notre esprit à cette vacuité, comme de l'eau se mélange à de l'eau.

L'UNION DES DEUX VÉRITÉS

L'union des deux vérités signifie que les vérités conventionnelles, notre corps par exemple, et les vérités ultimes, la vacuité de notre corps par exemple, sont de même nature. Lorsqu'un objet comme notre corps nous apparaît, le corps et le corps existant intrinsèquement apparaissent tous les deux simultanément. C'est cela l'apparence dualiste, et c'est une apparence fausse subtile. Seuls les bouddhas n'ont pas de telles apparences fausses. Comprendre et méditer sur l'union des deux vérités a pour objectif principal d'empêcher les apparences dualistes, c'est-à-dire l'existence intrinsèque apparaissant à l'esprit qui médite sur la vacuité, ce qui permet à notre esprit de se dissoudre dans la vacuité. Lorsque nous parviendrons à faire cela, notre méditation sur la vacuité sera très puissante pour éliminer nos perturbations mentales. Si nous identifions correctement, puis nions le corps existant intrinsèquement, le corps que nous voyons habituellement, et méditons ensuite sur la simple absence d'un tel corps avec une puissante concentration, nous sentirons que notre corps habituel se dissout dans la vacuité. Nous comprendrons que la vacuité est la véritable nature de notre corps et que notre corps est simplement une manifestation de sa vacuité.

La vacuité est comme le ciel et notre corps est comme le bleu du ciel. Le bleu est une manifestation du ciel lui-même et ne peut en être séparé. De même notre corps, semblable au bleu, est simplement une manifestation de sa vacuité, semblable au ciel, et ne peut en être séparé. Si nous réalisons cela, nous sentons, en nous concentrant sur la vacuité de notre corps, que notre corps lui-même se dissout dans sa nature ultime. De cette manière, nous pouvons facilement surmonter l'apparence conventionnelle du corps dans nos méditations et notre esprit se mélange naturellement à la vacuité.

Dans *Le Soutra du cœur*, le bodhisattva Avalokiteshvara dit « La forme n'est pas autre que la vacuité. » Cela signifie que les phénomènes conventionnels, comme notre corps, n'existent pas séparément de leur vacuité. Lorsque nous méditons sur la vacuité de notre corps avec cette compréhension, nous savons que la vacuité apparaissant à notre esprit est la nature même de notre corps et que, en dehors de cette vacuité, il n'y a aucun corps. Méditer de cette manière affaiblira grandement notre esprit de saisie d'un soi. Il est certain que notre saisie d'un soi s'affaiblira si nous croyons réellement que notre corps et sa vacuité sont de même nature.

Nous pouvons diviser les vacuités du point de vue de leurs bases et parler de la vacuité du corps, de la vacuité du *je*, etc., mais en vérité, toutes les vacuités sont de même nature. Si nous regardons dix bouteilles, nous pouvons distinguer dix espaces différents à l'intérieur des bouteilles, mais en réalité, ces espaces sont de même nature. Si nous cassons les bouteilles, les espaces ne peuvent plus être différenciés. De la même manière, nous parlons de la vacuité du corps, de l'esprit, du *je*, etc., mais en réalité, ces vacuités sont de même nature et ne peuvent être différenciées. Leur base conventionnelle est la seule manière de les différencier.

Comprendre que toutes les vacuités sont de même nature apporte deux bienfaits principaux : au cours de la séance de méditation, notre esprit se mélangera plus facilement à la vacuité et, entre les séances de méditation, nous pourrons voir tout ce qui nous apparaît comme étant, de façon égale, des manifestations de leur vacuité.

Tant que nous sentirons un fossé entre notre esprit et la vacuité, c'est-à-dire que notre esprit est « ici » et la vacuité « là-bas », notre esprit ne se mélangera pas à la vacuité. Le fait de savoir que toutes les vacuités sont de même nature aide à combler ce fossé. Dans la vie ordinaire, nous faisons l'expérience de nombreux objets différents : bons, mauvais, agréables, désagréables, et nous éprouvons différents sentiments à leur égard. Nous avons l'impression que les différences existent du côté des objets et de ce fait notre esprit n'est pas équilibré. Nous développons de l'attachement pour les objets attrayants, de l'aversion pour les objets déplaisants et de l'indifférence pour les objets neutres. Il est très difficile de mélanger un esprit aussi inégal à la vacuité. Pour mélanger notre esprit à la vacuité, il est nécessaire de savoir que, bien que les phénomènes apparaissent sous de nombreux aspects différents, en essence, ils sont tous vides. Les différences que nous voyons ne sont que des apparences à des perceptions incorrectes. Du point de vue de la vérité ultime, tous les phénomènes sont égaux dans la vacuité. Pour un méditant qualifié, absorbé en un seul point dans la vacuité, il n'y a aucune différence entre production et destruction, impermanence et permanence, allée et venue, unicité et pluralité. Tout est égal dans la vacuité et tous les problèmes d'attachement, de colère et d'ignorance de saisie d'un soi sont résolus. Dans cette expérience, tout devient très paisible et confortable, équilibré et harmonieux, joyeux et merveilleux. Il n'y a ni chaleur, ni froid, ni inférieur, ni supérieur, ni ici, ni là, ni soi, ni autre, ni samsara. Tout est égal dans la paix de la vacuité. Cette réalisation, appelée le « yoga de la mise à égalité du samsara et du nirvana », est expliquée en détail dans les soutras comme dans les tantras.

La nature ultime d'un esprit qui médite sur la vacuité est de même nature que la nature ultime de son objet puisque toutes les vacuités sont de même nature. Dans nos premières méditations sur la vacuité, notre esprit et la vacuité paraissent être deux phénomènes séparés, mais lorsque nous comprendrons que toutes les vacuités sont de même nature, nous saurons que ce sentiment de séparation n'est que l'expérience d'une perception incorrecte. En réalité, de façon ultime, notre esprit et la vacuité sont d'une seule saveur. Cette connaissance appliquée à nos méditations aidera à empêcher la nature conventionnelle de notre esprit d'apparaître et permettra à notre esprit de se dissoudre dans la vacuité.

Lorsque nous sortirons de notre méditation, après avoir mélangé notre esprit à la vacuité, nous saurons par expérience que tous les phénomènes sont, de façon égale, des manifestations de leur vacuité. Nous ne sentirons plus alors que les objets perçus comme plaisants, déplaisants et neutres sont intrinsèquement différents mais saurons qu'ils sont en essence de même nature. Dans un océan, les vagues les plus douces comme les plus violentes sont de l'eau, de façon égale. De la même manière, les formes attirantes et les formes repoussantes sont de façon égale des manifestations de la vacuité. Réalisant cela, notre esprit s'équilibrera et s'apaisera. Nous identifierons toutes les apparences conventionnelles comme étant le jeu magique de l'esprit et nous ne saisirons pas fortement leurs différences apparentes.

Alors que Milarépa enseignait la vacuité à une femme, il compara la vacuité au ciel et les vérités conventionnelles aux nuages et lui dit de méditer sur le ciel. La femme suivit ses instructions avec beaucoup de succès, mais elle avait un problème : lorsqu'elle méditait sur le ciel de la vacuité, tout disparaissait et elle n'arrivait pas à comprendre comment les phénomènes pouvaient exister de façon conventionnelle. Elle dit à Milarépa « Je n'ai pas de difficultés à méditer sur le ciel, mais il m'est difficile d'établir les nuages. S'il vous plaît, enseignez-moi comment méditer sur les nuages. » Milarépa répondit « Si votre méditation sur le ciel se passe bien, les nuages ne poseront aucun problème. Les nuages apparaissent simplement dans le ciel, ils naissent du ciel et se dissolvent à nouveau dans le ciel. Vous parviendrez naturellement à comprendre les nuages à mesure que votre expérience du ciel s'améliorera. »

En tibétain, le même mot « namkha » désigne à la fois le ciel et l'espace, bien que l'espace soit différent du ciel. Il existe deux types d'espace, l'espace produit et l'espace non produit. L'espace produit est l'espace visible que nous voyons à l'intérieur d'une pièce ou dans le ciel. Cet espace s'assombrit la nuit et s'éclaircit le jour. C'est donc un phénomène impermanent puisqu'il est soumis à de tels changements. La propriété caractéristique de l'espace produit est de ne pas faire obstacle aux objets : nous pouvons placer des objets sans obstacle dans une pièce où il y a de l'espace. De même, les oiseaux peuvent voler à travers l'espace du ciel parce qu'il est dépourvu d'obstacle, alors qu'ils ne peuvent pas voler à travers une montagne ! Il est donc clair que l'espace produit est dépourvu, ou vide, de contact obstructif. Cette simple absence, ou vide, de contact obstructif est l'espace non produit.

Puisque l'espace non produit est la simple absence de contact obstructif, il ne subit pas de changement momentané. Par conséquent, c'est un phénomène permanent. L'espace produit est visible et assez facile à comprendre, tandis que l'espace non produit est une simple absence de contact obstructif, ce qui est nettement plus subtil. Cependant, une fois que nous aurons compris l'espace non produit, il nous sera plus facile de comprendre la vacuité.

L'objet de la négation est la seule différence qui existe entre la vacuité et l'espace non produit. L'objet de la négation de l'espace non produit est le contact obstructif, tandis que l'objet de la négation de la vacuité est l'existence intrinsèque. L'analogie de l'espace non produit est utilisée dans les soutras et dans de nombreuses écritures parce que c'est la meilleure analogie pour comprendre la vacuité. L'espace non produit est un phénomène négatif non affirmant, un phénomène réalisé par un esprit qui élimine simplement l'objet nié sans réaliser d'autre phénomène positif. L'espace produit est un phénomène affirmatif, ou positif, un phénomène qui est réalisé sans que l'esprit élimine explicitement un objet nié. Vous trouverez une explication plus détaillée de ces deux types de phénomènes dans *Le Cœur de la sagesse* et *Océan de nectar*.

LA PRATIQUE DE LA VACUITÉ DANS NOS ACTIVITÉS QUOTIDIENNES

Dans nos activités quotidiennes, nous maintenons la conviction que tout ce qui nous apparaît est illusoire. Les choses nous apparaissent comme existant intrinsèquement, mais nous nous rappelons que ces apparences sont trompeuses et que, en réalité, les choses que nous voyons habituellement n'existent pas. Comme indiqué précédemment, Bouddha dit dans le *Soutra roi de la concentration* :

> Un magicien crée diverses choses
> Tels que des chevaux, des éléphants, etc.
> Ses créations n'existent pas véritablement.
> Il vous faut connaître toutes les choses de la même manière.

Les deux dernières lignes de ce verset signifient que, tout comme nous savons que les chevaux et les éléphants créés par le magicien n'existent pas, nous devrions de la même manière savoir qu'en réalité, toutes les choses que nous voyons habituellement n'existent pas. Ce chapitre, *S'entraîner à la bodhitchitta ultime*, a expliqué en détail pourquoi toutes les choses que nous voyons habituellement n'existent pas.

Lorsqu'un magicien crée l'illusion d'un cheval, un cheval apparaît très nettement à son esprit mais le magicien sait que le cheval n'est qu'une illusion. En effet, l'apparence même du cheval lui rappelle qu'il n'y a pas de cheval devant lui. De même, lorsque la vacuité nous sera très familière, le fait même que les choses paraissent exister intrinsèquement nous rappellera qu'elles n'existent pas intrinsèquement. C'est pourquoi il est important de reconnaître que tout ce qui nous apparaît dans notre vie quotidienne est semblable à une illusion, dépourvu d'existence intrinsèque. De cette manière, notre sagesse grandira de jour en jour et notre ignorance de saisie d'un soi ainsi que nos autres perturbations mentales s'affaibliront naturellement.

Entre les séances de méditation, nous devrions être comme un acteur. Lorsqu'un acteur joue le rôle d'un roi, il s'habille, parle et agit comme un roi, mais cet acteur sait tout le temps qu'il n'est pas réellement un roi. De la même manière, nous devrions vivre et fonctionner dans le monde conventionnel, tout en nous souvenant toujours que tous les phénomènes – nous-mêmes, notre environnement et les personnes qui nous entourent – que nous voyons habituellement n'existent pas du tout.

En pensant de cette manière, nous serons capables de vivre dans le monde conventionnel sans le saisir. Nous agirons avec légèreté et, grâce à la flexibilité de notre esprit, nous pourrons répondre à chaque situation de manière constructive.

Sachant que tout ce qui apparaît à notre esprit est une simple apparence, lorsque des objets plaisants apparaîtront, nous ne les saisirons pas et l'attachement ne se produira pas en nous et, lorsque des objets déplaisants apparaîtront, nous ne les saisirons pas et ni l'aversion ni la colère ne se produiront en nous.

Dans *L'Entraînement de l'esprit en sept points*, Guéshé Tchékhawa dit : « Pensez que tous les phénomènes sont semblables aux rêves.» Parmi toutes les choses que nous voyons dans nos rêves, certaines sont belles, d'autres laides, mais toutes sont de simples apparences à l'esprit du rêve. Elles n'existent pas de leur propre côté et sont vides d'existence intrinsèque. Il en est de même des objets que nous percevons lorsque nous sommes éveillés, eux aussi ne sont que de simples apparences à l'esprit et sont dépourvus d'existence intrinsèque.

Tous les phénomènes sont dépourvus d'existence intrinsèque. Lorsque nous observons un arc-en-ciel, il semble occuper une certaine position dans l'espace et il semble que si nous partions à sa recherche, nous serions capables de trouver l'endroit où l'arc-en-ciel touche le sol. Toutefois, quels que soient nos efforts, nous savons que nous ne pourrons jamais trouver l'extrémité de l'arc-en-ciel, car dès que nous arriverons à l'endroit où nous avons vu l'arc-en-ciel toucher le sol, l'arc-en-ciel aura disparu. L'arc-en-ciel apparaît nettement si nous ne le recherchons pas, mais il n'est pas là lorsque nous allons à sa recherche. Tous les phénomènes sont comme cela. Ils apparaissent nettement si nous ne les analysons pas, mais ils ne sont pas là lorsque nous les recherchons par l'analyse, en essayant de les isoler de tout le reste.

Si quelque chose existait de façon intrinsèque, et que nous l'examinions en le séparant de tous les autres phénomènes, nous pourrions le trouver. Or, tous les phénomènes sont semblables aux arcs-en-ciel, si nous les recherchons, nous ne les trouverons jamais. Au début, il est possible que nous trouvions cette idée très inconfortable et difficile à accepter. C'est tout à fait naturel. Avec une plus grande familiarité, nous trouverons ce raisonnement plus acceptable et nous finirons par réaliser qu'il est vrai.

Il est important de comprendre que vacuité ne veut pas dire néant. Les choses n'existent pas de leur propre côté, indépendamment de l'esprit, mais elles existent dans le sens où elles sont comprises par un esprit valide. Le monde que nous connaissons à l'état de veille est semblable au monde que nous connaissons lorsque nous rêvons. Nous ne pouvons pas dire que les choses perçues en rêve n'existent pas mais si nous croyons qu'elles sont plus que de simples apparences à l'esprit et qu'elles existent « là-bas », nous nous méprenons, comme nous le découvrirons à notre réveil.

Comme indiqué précédemment, la meilleure méthode pour connaître la paix de l'esprit et le bonheur est de comprendre la vacuité et méditer sur cette vacuité. Étant donné que notre saisie d'un soi nous maintient piégés dans la prison du samsara et qu'elle est la source de toute notre souffrance, la méditation sur la vacuité est la solution universelle à tous nos problèmes. C'est le remède qui guérit toutes les maladies physiques et mentales, et le nectar qui accorde le bonheur éternel du nirvana et de l'illumination.

UN ENTRAÎNEMENT SIMPLE À LA BODHITCHITTA ULTIME

Nous commençons en pensant :

Je dois atteindre l'illumination pour pouvoir aider directement chaque être vivant, chaque jour. Dans ce but, je vais parvenir à une réalisation directe de la façon dont les choses existent réellement.

Avec cette motivation de bodhitchitta, nous contemplons :

*Habituellement, je vois mon corps dans ses parties – les mains,
le dos, etc. Mais ni les parties prises séparément, ni l'assemblage
des parties ne sont mon corps, parce que ce sont les parties de
mon corps et non pas le corps lui-même. Toutefois, il n'y a
aucun « mon corps » autre que ses parties. En recherchant mon
corps avec sagesse de cette manière, je me rends compte que
mon corps est introuvable. C'est une raison valide qui prouve
que mon corps que je vois habituellement n'existe pas du tout.*

En contemplant ce point, nous essayons de percevoir la simple
absence du corps que nous voyons habituellement. Cette
simple absence du corps que nous voyons habituellement est
la vacuité de notre corps, et nous méditons sur cette vacuité en
un seul point aussi longtemps que possible.

Nous pratiquons continuellement cette contemplation et cette
méditation, puis passons à l'étape suivante : la méditation sur la
vacuité de notre *je*, de *moi-même*. Nous contemplons et pensons :

*Habituellement, je me vois moi-même à l'intérieur de mon corps
et de mon esprit. Pourtant, ni mon corps, ni mon esprit, ni
l'assemblage de mon corps et de mon esprit ne sont moi-même,
parce que ce sont mes possessions et moi, je suis le possesseur.
Et le possesseur et ce qui est possédé ne peuvent pas être une
seule et même chose. Pourtant, il n'existe pas de moi autre
que mon corps et mon esprit. En me recherchant moi-même
avec sagesse de cette manière, je me rends compte que je suis
introuvable. C'est une raison valide qui prouve que moi-même,
tel que je me vois habituellement, je n'existe pas du tout.*

En contemplant ce point, nous essayons de percevoir la simple
absence de notre *je* que nous voyons habituellement, de *moi-
même tel que je me vois habituellement*. Cette simple absence de
moi-même que nous voyons habituellement est la vacuité de
moi-même, et nous méditons sur cette vacuité en un seul point
aussi longtemps que possible.

Nous pratiquons continuellement cette contemplation et cette méditation, puis passons à l'étape suivante : la méditation sur la vacuité de tous les phénomènes. Nous contemplons et pensons :

Tout comme mon corps et moi-même, tous les autres phénomènes sont introuvables lorsque je les recherche avec sagesse. C'est une raison valide qui prouve que tous les phénomènes que je vois ou perçois habituellement n'existent pas du tout.

En contemplant ce point, nous essayons de percevoir la simple absence de tous les phénomènes que nous voyons ou percevons habituellement. Cette simple absence de tous les phénomènes que nous voyons ou percevons habituellement est la vacuité de tous les phénomènes. Nous méditons continuellement sur la vacuité de tous les phénomènes, motivés par la bodhitchitta, jusqu'à être capables de maintenir une concentration claire pendant une minute, chaque fois que nous méditons. Une concentration qui a cette capacité est appelée *concentration du placement simple*.

Pendant la deuxième étape, avec la concentration du placement simple, nous méditons continuellement sur la vacuité de tous les phénomènes jusqu'à pouvoir maintenir une concentration claire pendant cinq minutes à chaque fois que nous méditons. Une concentration qui a cette capacité est appelée *concentration du placement continu*. Pendant la troisième étape, avec la concentration du placement continu, nous méditons continuellement sur la vacuité de tous les phénomènes, jusqu'à être capables de nous souvenir immédiatement de notre objet de méditation, la simple absence de tous les phénomènes que nous voyons ou percevons habituellement, chaque fois que nous le perdons en méditation. Quand notre concentration a cette capacité, elle est appelée *concentration du replacement*. Pendant la quatrième étape, avec la concentration du replacement, nous méditons continuellement sur la vacuité de tous les phénomènes jusqu'à être capables de maintenir une concentration claire au cours de toute la séance de méditation, sans oublier l'objet de méditation. Quand notre concentration a cette capacité, elle est appelée *concentration du placement proche*. À ce stade, notre concentration, placée sur la vacuité de tous les phénomènes, est très stable et très claire.

Ensuite, avec la concentration du placement proche, nous méditons continuellement sur la vacuité de tous les phénomènes jusqu'à ce que nous parvenions enfin à la *concentration du calme stable*, centré sur la vacuité. Cette concentration nous permet de ressentir une souplesse et une félicité particulières, à la fois physique et mentale. Grâce à cette concentration du calme stable, nous développerons une sagesse spéciale qui réalise la vacuité de tous les phénomènes de manière très claire. Cette sagesse est appelée *vision supérieure*. En méditant continuellement sur la concentration du calme stable associé à la vision supérieure, notre sagesse de la vision supérieure se transforme en la sagesse qui réalise directement la vacuité de tous les phénomènes. Cette réalisation directe de la vacuité est la véritable bodhitchitta ultime. Dès l'instant où nous atteignons la sagesse de la bodhitchitta ultime, nous devenons un bodhisattva supérieur. Comme indiqué précédemment, la bodhitchitta conventionnelle est par nature compassion et la bodhitchitta ultime est par nature sagesse. Ces deux bodhitchittas sont comme les deux ailes d'un oiseau grâce auxquelles nous pouvons voler et atteindre très rapidement le monde de l'illumination.

Dans les *Conseils du cœur d'Atisha*, Atisha dit :

> Mes amis, jusqu'à ce que vous atteigniez l'illumination, l'enseignant spirituel est indispensable. Par conséquent remettez-vous-en au saint guide spirituel.

Nous avons besoin de nous en remettre à notre guide spirituel jusqu'à ce que nous atteignions l'illumination. Et cela pour une raison très simple : le but ultime de la vie humaine est d'atteindre l'illumination, et cela dépend de recevoir continuellement les bénédictions spéciales de Bouddha à travers notre guide spirituel. Bouddha a atteint l'illumination avec pour seule intention de guider tous les êtres vivants sur les étapes de la voie de l'illumination, grâce à ses émanations. Qui est son émanation qui nous guide sur les étapes de la voie de l'illumination ? Notre enseignant spirituel actuel est clairement la personne qui nous guide sincèrement et correctement sur les voies du renoncement, de la bodhitchitta et de la vue correcte de la vacuité, en nous donnant ces enseignements et en nous montrant l'exemple concret d'une personne qui les pratique avec sincérité. Grâce à cette compréhension, nous avons la ferme conviction que notre guide spirituel est une émanation de Bouddha, et nous développons et maintenons une foi profonde en lui ou elle.

Atisha dit également :

> Jusqu'à ce que vous réalisiez la vérité ultime, l'écoute est indispensable, c'est pourquoi écoutez les instructions du guide spirituel.

Même si nous voyions par erreur deux lunes dans le ciel, cette apparence fausse nous rappellerait qu'en réalité, il n'y a pas deux lunes, mais une seule. De même, si voir des choses existant intrinsèquement nous rappelle qu'il n'y a aucune chose existant intrinsèquement, cela indique que notre compréhension de la vacuité, la vérité ultime, est correcte. Jusqu'à ce que notre compréhension de la vacuité soit parfaite, et pour nous empêcher de tomber dans l'un des deux extrêmes, l'extrême de l'existence et l'extrême de la non-existence, il est nécessaire d'écouter, de lire et de contempler les instructions de notre guide spirituel. Une explication plus détaillée sur la manière de nous en remettre à notre guide spirituel se trouve dans *La Voie joyeuse*.

Toutes les contemplations et méditations présentées dans ce livre se pratiquent en conjonction avec les pratiques préliminaires pour la méditation présentées en annexe I : *Prières pour la méditation*. Ces pratiques préliminaires nous permettront de purifier notre esprit, d'accumuler du mérite et de recevoir les bénédictions des êtres pleinement éveillés. Tout cela garantira la réussite de nos méditations.

Dédier la vertu

Par les vertus que j'ai accumulées en écrivant ce livre, que tous les êtres soient heureux, qu'ils soient libérés de la souffrance. Que tous les êtres vivants puissent avoir la possibilité de pratiquer les instructions données dans *Transformez votre vie* et qu'ils puissent atteindre la paix intérieure suprême, l'illumination.

Annexe I

La Prière libératrice

LOUANGES À BOUDDHA SHAKYAMOUNI

et

Prières pour la méditation

COURTES PRIÈRES PRÉPARATOIRES POUR LA MÉDITATION

La Prière libératrice

et

Prières pour la méditation

La Prière libératrice

LOUANGES À BOUDDHA SHAKYAMOUNI

Ô être béni, Shakyamouni Bouddha,
Précieux trésor de compassion,
Tu accordes une paix intérieure suprême.

Toi qui aimes tous les êtres sans exception,
Tu es la source de bonheur et de bonté,
Et tu nous guides vers la voie libératrice.

Ton corps, ce joyau, exauce les souhaits,
Ta parole, suprême nectar, nous purifie
Et ton esprit est le refuge de tous les êtres vivants.

Les mains jointes, je me tourne vers toi,
Ô suprême ami immuable,
Du fond du cœur, je te fais cette requête :

Je t'en prie, donne-moi la lumière de ta sagesse
Pour dissiper l'obscurité de mon esprit
Et guérir mon continuum mental.

Je t'en prie, nourris-moi de ta bonté,
Pour qu'à mon tour je puisse nourrir tous les êtres
Dans un banquet de délices perpétuels.

Par ton intention compatissante,
Tes bénédictions, tes actes vertueux,
Et mon grand désir de m'en remettre à toi,

Que cesse rapidement toute souffrance,
Que toute joie, tout bonheur se réalisent
Et que le saint dharma s'épanouisse pour toujours.

Colophon : cette prière a été composée par Vénérable Guéshé Kelsang Gyatso Rinpotché. Elle est récitée régulièrement avant les enseignements, les méditations et les prières dans les centres bouddhistes kadampas du monde entier.

Prières pour la méditation

Chercher refuge

Moi-même et tous les êtres sensibles jusqu'à ce que nous
   atteignions l'illumination,
Cherchons refuge en Bouddha, le dharma et la sangha.
   (3x, 7x, 100x ou plus)

Générer la bodhitchitta

Puissé-je, grâce aux vertus que j'accumule par le don et les
   autres perfections,
Devenir un bouddha pour le bien de tous.   (3x)

Générer les quatre incommensurables

Que tous les êtres soient heureux,
Que tous soient libérés de la souffrance,
Que personne ne soit jamais séparé du bonheur,
Que tous demeurent dans l'équanimité, libérés de la haine et
   de l'attachement.

Visualiser le champ d'accumulation de mérite

Dans l'espace devant moi se trouve Bouddha Shakyamouni
en personne, entouré par tous les bouddhas et les
bodhisattvas, comme la pleine lune entourée d'étoiles.

La prière en sept membres

Humblement, je me prosterne avec mon corps, ma parole et
    mon esprit,
Et fais des offrandes présentées et imaginées.
Je confesse mes mauvaises actions de tous les temps,
Et me réjouis des vertus de tous.
Je vous prie de rester jusqu'à la fin du samsara,
Et de tourner pour nous la roue du dharma.
Je dédie toutes les vertus à la grande illumination.

Offrir le mandala

Ce sol parfumé et jonché de fleurs,
La grande montagne, les quatre continents, le soleil et la lune,
Perçus comme le pays d'un bouddha, vous sont offerts,
Que tous les êtres jouissent de pays purs semblables.

J'offre sans aucun sentiment de perte
Les objets faisant naître mon attachement, ma haine
    et ma confusion,
Mes amis, ennemis et étrangers, notre corps et nos plaisirs ;
Acceptez-les, s'il vous plaît, et bénissez-moi afin que je sois
    libéré directement des trois poisons.

IDAM GOUROU RATNA MANDALAKAM NIRYATAYAMI

La prière des étapes de la voie

La voie commence par une grande confiance
En mon bienveillant enseignant, source de tout bien,
Ô bénis-moi pour comprendre cela,
Que je le suive avec grande dévotion.

Cette vie humaine avec toutes ses libertés
Est extrêmement rare et si riche de sens,

Ô bénis-moi pour le comprendre,
Que jour et nuit j'en saisisse l'essence.

Mon corps, tout comme une bulle d'eau,
Perd sa vigueur et meurt si vite,
Après la mort viennent les effets du karma,
Tout comme l'ombre suit le corps.

Bénis-moi, que par cette certitude
Et ce souvenir je sois très prudent,
Que toujours j'évite les actions néfastes
Et accumule la vertu en abondance.

Les plaisirs du samsara sont trompeurs,
Au lieu de satisfaire, ils nous tourmentent,
Ô bénis-moi, que je m'efforce sincèrement
D'atteindre la félicité de la parfaite liberté.

Ô bénis-moi, que de cette pensée pure
Naissent l'attention et la plus grande prudence,
Que je garde ainsi comme pratique essentielle
La racine de la doctrine, la pratimoksha.

Exactement comme moi toutes mes mères bienveillantes
Se noient dans l'océan du samsara,
Ô bénis-moi, que je m'entraîne à la bodhitchitta,
Pour que bientôt je puisse les libérer.

Mais je ne peux pas devenir un bouddha,
Par ce seul entraînement, sans les trois éthiques,
Aussi bénis-moi pour que j'aie la force
D'observer les vœux du bodhisattva.

En pacifiant mes distractions
Et par l'analyse des significations parfaites,
Bénis-moi pour vite atteindre l'union
De la vision supérieure et du calme stable.

Quand je serai un réceptacle pur
Grâce aux voies communes, bénis-moi que j'entre
Dans le véhicule suprême, le vajrayana,
La pratique essentielle de la bonne fortune.

Les deux accomplissements dépendent
De mes vœux sacrés et de mes engagements,
Bénis-moi pour bien comprendre cela,
Que je les observe au prix de ma vie.

Par la pratique constante en quatre séances,
Comme l'expliquèrent les enseignants saints,
Ô bénis-moi pour accomplir les deux étapes
Qui sont l'essence des tantras.

Puissent tous ceux qui me guident sur la bonne voie
Et tous mes compagnons jouir d'une longue vie,
Bénis-moi pour pacifier complètement
Tous les obstacles externes et internes.

Puissè-je toujours trouver des enseignants parfaits
Et prendre plaisir au saint dharma,
Accomplir toutes les terres et les voies rapidement
Et atteindre l'état de Vajradhara.

Recevoir les bénédictions et purifier

Du cœur de tous les êtres saints, des flots de lumière et de
nectar s'écoulent, nous bénissant et nous purifiant.

*Nous commençons ici la contemplation et la méditation proprement
dites. Après celles-ci, nous dédions notre mérite en récitant les
prières suivantes :*

Dédier la vertu

Grâce aux vertus que j'ai accumulées
En pratiquant les étapes de la voie,

Puissent tous les êtres vivants avoir la possibilité
De pratiquer de la même manière.

Que chaque être vivant fasse l'expérience
Du bonheur des humains et des dieux,
Et atteigne rapidement l'illumination,
Pour que le samsara soit finalement anéanti.

Prières pour la tradition vertueuse

Afin que la tradition de Djé Tsongkhapa,
Le roi du dharma, puisse fleurir,
Que tous les obstacles soient pacifiés
Et que toutes les conditions favorables abondent.

Grâce aux deux collections de moi-même et des autres
Rassemblées au cours des trois temps,
Que la doctrine du Conquérant Losang Dragpa
S'épanouisse pour toujours.

La prière *Migtséma* en neuf lignes

Tsongkhapa, ornement de couronne des érudits du Pays des
    Neiges,
Tu es Bouddha Shakyamouni et Vajradhara, la source de tous
    les accomplissements,
Avalokiteshvara, le trésor de la compassion inobservable,
Mandjoushri, la suprême sagesse immaculée,
Et Vajrapani, le destructeur des hordes de maras,
Ô vénérable gourou bouddha, synthèse des trois joyaux,
Avec mon corps, ma parole et mon esprit, respectueusement
    je te fais ces requêtes :
S'il te plaît, accorde tes bénédictions pour faire mûrir et
    libérer moi-même et les autres
Et accorde les accomplissements communs et suprêmes. (3x)

Annexe II

Qu'est-ce que la méditation ?

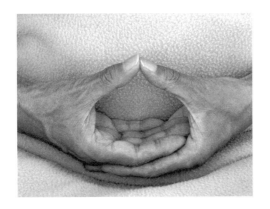

Qu'est-ce que la méditation ?

Qu'est-ce que la méditation ?

La méditation est un esprit qui se concentre sur un objet vertueux. Il s'agit d'une action mentale, cause principale de la paix mentale. Chaque fois que nous méditons, nous effectuons une action qui sera la cause de notre future paix intérieure. Habituellement, tout au long de notre vie, nous sommes sous l'emprise des perturbations mentales, jour et nuit, et elles sont l'opposé de la paix mentale. Toutefois, nous ressentons parfois la paix intérieure naturellement. Cela vient du fait que nous nous sommes concentrés sur des objets vertueux dans nos vies antérieures. Un objet est vertueux si, en nous concentrant sur lui, notre esprit devient calme. Si l'objet sur lequel nous nous concentrons agite notre esprit, ou éveille notre colère ou notre attachement, cela indique que, pour nous, cet objet est non vertueux. Il existe aussi de nombreux objets neutres qui ne sont ni vertueux ni non vertueux.

On distingue deux types de méditation : la méditation analytique et la méditation placée. La méditation analytique consiste à contempler la signification des instructions du dharma que nous avons entendues ou lues. En contemplant ces instructions en profondeur nous parvenons finalement à une conclusion précise ou nous faisons naître en nous un état d'esprit vertueux particulier. Cette conclusion ou cet état d'esprit est l'objet de la méditation placée. Nous nous concentrons ensuite en un seul point sur cette conclusion ou sur cet état d'esprit vertueux le plus longtemps possible pour nous familiariser profondément avec lui. Cette concentration en un seul point est la méditation placée. La méditation analytique est souvent appelée « contemplation » et la méditation placée « méditation ». La méditation placée dépend de la méditation analytique, et la méditation analytique dépend de l'écoute ou de la lecture des instructions spirituelles.

LES BIENFAITS DE LA MÉDITATION

Le but de la méditation est de rendre notre esprit calme et paisible. Il a déjà été mentionné précédemment que si notre esprit est paisible, nous n'avons ni soucis ni souffrances mentales et nous connaissons ainsi le vrai bonheur. Si notre esprit n'est pas en paix, il nous sera très difficile d'être heureux, même si nous vivons dans les meilleures conditions. Si nous nous entraînons à la méditation, notre esprit va progressivement devenir de plus en plus paisible, et nous connaîtrons une forme de bonheur de plus en plus pure. Finalement nous serons capables d'être tout le temps heureux, même dans les situations les plus difficiles.

D'habitude, il nous est difficile de contrôler notre esprit. C'est comme si notre esprit était un ballon emporté par le vent, allant ici et là au gré des circonstances extérieures. Quand les choses vont bien, notre esprit est heureux, mais dès qu'elles vont mal, il devient immédiatement malheureux. Lorsque nous obtenons ce que nous voulons, par exemple une nouvelle acquisition ou un nouveau partenaire, nous devenons surexcités et nous nous y accrochons fortement. Mais, étant donné que nous ne pouvons pas avoir tout ce que nous désirons et que nous serons inévitablement séparés de nos amis, de notre statut social et des biens dont nous jouissons en ce moment, cette viscosité mentale, ou attachement, n'est que cause de douleur. Par ailleurs, lorsque nous n'obtenons pas ce que nous voulons ou que nous perdons quelque chose que nous aimons, nous devenons abattus ou irrités. Si nous sommes, par exemple, obligés de travailler avec un collègue que nous n'aimons pas, nous nous sentirons probablement irrités et affligés, au point d'être incapables de travailler efficacement avec lui, et notre temps passé au travail deviendra cause de stress et de frustration.

De telles sautes d'humeur se produisent parce que nous sommes beaucoup trop impliqués dans les situations extérieures. Nous sommes comme des enfants qui, excités d'avoir construit un château de sable, deviennent tristes quand celui-ci est détruit par la marée montante. Lorsque nous nous entraînons à la méditation, nous créons un espace intérieur et une clarté qui nous rendent capables de contrôler notre esprit, quelles que soient les circonstances extérieures. Nous remplaçons progressivement notre esprit instable, qui oscille entre les extrêmes de l'excitation et du découragement, par un esprit stable et équilibré, toujours heureux.

Si nous nous entraînons encore et encore à la méditation, nous réussirons finalement à éliminer les perturbations mentales de notre esprit, causes de tous nos problèmes et de toutes nos souffrances. Nous en viendrons ainsi à connaître une paix intérieure définitive. Alors, jour et nuit, vie après vie, nous ne connaîtrons que paix et bonheur.

Au début, même s'il nous semble que notre méditation ne se passe pas bien, il est bon de se rappeler que le simple fait de faire des efforts dans l'entraînement à la méditation crée le karma mental qui nous permettra de connaître plus tard la paix intérieure. Le bonheur de cette vie et des vies à venir dépend de notre expérience de paix intérieure, qui à son tour dépend de cette action mentale, la méditation. Puisque la paix intérieure est la source de tout bonheur, nous pouvons comprendre l'importance primordiale de la méditation.

COMMENT COMMENCER À MÉDITER

La première étape de la méditation consiste à faire cesser les distractions et à rendre l'esprit plus clair et plus lucide. Nous pouvons y parvenir grâce à une méditation simple sur la respiration. Nous choisissons un endroit tranquille pour méditer et nous nous asseyons dans une position confortable. Nous pouvons nous asseoir dans la posture traditionnelle, jambes croisées, ou dans n'importe quelle autre position confortable. Nous pouvons, si nous le désirons, nous asseoir sur une chaise. La chose la plus importante est de garder le dos droit afin d'éviter l'engourdissement et la somnolence.

Nous nous asseyons, les yeux mi-clos et dirigeons notre attention vers notre respiration. Nous respirons naturellement, de préférence par le nez, sans tenter de contrôler notre respiration, et essayons d'être conscients de la sensation du souffle qui entre et sort par les narines. Cette sensation est l'objet de notre méditation, celui sur lequel nous devons essayer de nous concentrer à l'exclusion de toute autre chose.

Au début, notre esprit sera très agité et il se peut même que notre méditation semble avoir pour effet de le rendre encore plus agité. En réalité, nous devenons simplement plus conscients de l'état d'agitation dans lequel se trouve notre esprit. Nous serons fortement tentés de suivre les différentes pensées qui surgissent, mais il faut résister à cette tentation et rester concentrés en un seul point sur la sensation du souffle. Si nous découvrons que notre esprit vagabonde et suit nos pensées, nous le ramenons immédiatement sur le souffle. Nous répétons ce processus autant de fois que nécessaire, jusqu'à ce que l'esprit se stabilise sur la respiration.

Si nous pratiquons ainsi avec patience, les pensées distrayantes diminueront progressivement et nous éprouverons un sentiment de détente et de paix intérieure. Notre esprit se sentira lucide et spacieux, et nous nous sentirons rafraîchis. Quand la mer est houleuse, le sédiment est brassé et l'eau devient trouble, mais quand le vent tombe, le sédiment se dépose lentement et l'eau devient claire. De la même manière, quand nous réussissons, grâce à la concentration sur la respiration, à calmer le flot incessant de nos distractions, notre esprit devient inhabituellement clair et lucide. Nous restons dans cet état de calme mental pendant un moment.

Même si la méditation sur la respiration n'est qu'une étape préliminaire de la méditation, elle peut être assez puissante. Cette pratique nous montre que le simple contrôle de l'esprit nous permet de connaître la paix intérieure et le contentement, sans avoir à dépendre d'aucune manière des conditions extérieures. Quand la turbulence des pensées distrayantes s'apaise et que notre esprit se calme, un bonheur et un contentement profonds se produisent naturellement de l'intérieur. Ce sentiment de contentement et de bien-être nous aide à faire face à l'agitation et aux difficultés de la vie quotidienne. Le stress et les tensions éprouvés en temps normal proviennent de notre esprit, et bon nombre des problèmes que nous connaissons, y compris les problèmes de santé, sont causés ou aggravés par ce stress. En méditant, ne serait-ce que dix ou quinze minutes par jour sur la respiration, nous serons en mesure de diminuer ce stress. Nous ferons l'expérience d'un esprit calme et spacieux et beaucoup de nos problèmes habituels disparaîtront. Nous ferons plus facilement face aux situations difficiles, nous nous sentirons naturellement chaleureux et bien disposés envers les autres, et nos relations s'amélioreront progressivement.

Il nous faut nous entraîner à cette méditation préliminaire jusqu'à ce que nous arrivions à réduire nos distractions grossières, puis nous pouvons nous entraîner aux méditations proprement dites, expliquées précédemment dans ce livre. Pour pratiquer ces méditations, nous commençons par calmer notre esprit avec la méditation sur la respiration, et ensuite nous continuons avec les étapes des méditations analytique et placée, en suivant les instructions données pour chaque méditation.

Annexe III

Le Mode de vie kadampa

LES PRATIQUES ESSENTIELLES DU LAMRIM KADAM

Le Mode de vie kadampa

Introduction

Cette pratique essentielle du Lamrim kadam, appelée *Le Mode de vie kadampa*, contient deux textes : *Les Conseils qui viennent du cœur* d'Atisha et *Les Trois Principaux Aspects de la voie* de Djé Tsongkhapa. Le texte d'Atisha contient l'essentiel du mode de vie des premiers pratiquants kadampas et nous devrions essayer d'égaler leur pureté et leur sincérité exemplaires. Le deuxième texte est un guide profond pour la méditation sur les étapes de la voie, Lamrim, dont Djé Tsongkhapa a fait la rédaction en se basant sur des instructions reçues directement de Mandjoushri, le bouddha de la sagesse.

Si nous essayons avec sincérité de toujours mettre en pratique les conseils d'Atisha et que nous nous efforçons de méditer sur le Lamrim selon les instructions de Djé Tsongkhapa, notre esprit deviendra pur et heureux et nous avancerons progressivement vers la paix ultime de la pleine illumination. Comme le dit le bodhisattva Shantidéva :

> Grâce à cette forme humaine semblable à un bateau,
> Nous pouvons traverser le grand océan de la souffrance.
> Puisqu'il sera difficile de retrouver un tel navire,
> Ce n'est pas le moment de dormir, imbécile !

Pratiquer ainsi est l'essence même du mode de vie kadampa.

Les Conseils qui viennent du cœur d'Atisha

Quand le vénérable Atisha est venu au Tibet, il est d'abord allé à Ngari, où il est resté deux ans. Il y donna de nombreux enseignements aux disciples de Djangtchoub Eu. Au bout de deux ans, il décida de retourner en Inde. Djangtchoub Eu lui fit alors la requête de donner un dernier enseignement avant de partir. Atisha répondit qu'il leur avait déjà donné tous les conseils dont ils avaient besoin, mais Djangtchoub Eu persista dans sa requête, alors Atisha accepta et leur donna les conseils suivants :

Comme c'est merveilleux !

Mes amis, puisque déjà votre connaissance est grande et votre compréhension claire, alors que je n'ai aucune importance et peu de sagesse, il ne convient pas que vous me demandiez conseil. Mais, mes chers amis que je chéris du fond du cœur, puisque vous me l'avez demandé, à moi dont l'esprit est inférieur et enfantin, je vais vous donner ces conseils essentiels.

Mes amis, jusqu'à ce que vous atteigniez l'illumination, l'enseignant spirituel est indispensable, c'est pourquoi il faut vous en remettre au saint guide spirituel.

Jusqu'à ce que vous réalisiez la vérité ultime, l'écoute est indispensable, c'est pourquoi il faut écouter les instructions du guide spirituel.

Puisque vous ne pouvez pas devenir un bouddha simplement en comprenant le dharma, pratiquez-le avec sérieux et une bonne compréhension.

Évitez les lieux qui troublent votre esprit et demeurez toujours là où vos vertus grandissent.

Jusqu'à ce que vous accomplissiez des réalisations stables, les divertissements ordinaires sont nuisibles, demeurez donc là où il n'y a pas de telles distractions.

Évitez les amis qui provoquent l'aggravation de vos perturbations mentales, et faites confiance à ceux qui font grandir votre vertu. Vous devez prendre cela à cœur.

Puisqu'il n'y aura jamais un moment où les activités ordinaires prendront fin, limitez vos activités.

Dédiez vos vertus tout au long du jour et de la nuit, et observez toujours votre esprit.

Puisque vous avez reçu des conseils, chaque fois que vous ne méditez pas, que votre pratique soit toujours en accord avec les paroles de votre guide spirituel.

Si vous pratiquez avec une grande dévotion, les résultats se produiront immédiatement, sans que vous ayez à attendre longtemps.

Si, du fond du cœur, vous pratiquez conformément au dharma, la nourriture et les ressources se trouveront naturellement.

Mes amis, les choses que vous désirez ne donnent pas plus de satisfaction que boire de l'eau de mer, pratiquez donc le contentement.

Évitez tout esprit hautain, prétentieux, orgueilleux et arrogant, et restez paisibles et soumis.

Évitez les activités qui sont dites méritoires, mais qui en fait font obstacle au dharma.

Le profit et le respect qu'on reçoit sont les lassos des maras, écartez-les donc comme des pierres sur votre chemin.

Les compliments et la renommée ne servent qu'à nous enjôler, soufflez donc dessus tout comme on se mouche le nez.

Puisque le bonheur, le plaisir et les amis que vous avez au cours de cette vie ne durent qu'un moment, laissez-les tous derrière vous.

Puisque les vies futures dureront très longtemps, amassez des richesses qui vous seront utiles à l'avenir.

Vous devrez partir en laissant tout derrière vous, ne soyez donc pas attachés à quoi que ce soit.

Faites naître en vous la compassion pour les êtres faibles et évitez surtout de les mépriser et de les humilier.

N'ayez ni haine pour vos ennemis ni attachement pour vos amis.

Ne soyez pas jaloux des qualités des autres, mais adoptez-les par admiration.

Ne cherchez pas à voir les défauts des autres, mais recherchez les vôtres et purgez-vous-en comme si c'était du mauvais sang.

Ne contemplez pas vos propres qualités, mais contemplez celles des autres et respectez chacun comme le ferait un serviteur.

Considérez tous les êtres vivants comme vos père et mère, et aimez-les comme si vous étiez leur enfant.

Gardez toujours un visage souriant et un esprit affectueux, et parlez honnêtement, sans méchanceté.

Si vous parlez trop sans avoir grand-chose à dire, vous ferez des erreurs, parlez donc avec modération et seulement lorsque c'est nécessaire.

Si vous vous engagez dans de nombreuses activités qui n'ont aucun sens, celles qui sont vertueuses vont dégénérer, aussi stoppez les activités qui ne sont pas spirituelles.

Cela n'a aucun sens de faire des efforts dans des activités qui n'ont pas d'essence.

Si les choses que vous désirez ne viennent pas, cela est dû à un karma créé il y a longtemps, ayez donc toujours un esprit heureux et détendu.

Faites attention, offenser un être saint est pire que mourir, soyez donc honnêtes et francs.

Puisque tout le bonheur et toute la souffrance de cette vie proviennent d'actions antérieures, ne blâmez pas les autres.

Tout votre bonheur vient des bénédictions de votre guide spirituel, rendez-lui donc toujours sa bonté.

Puisque vous ne pouvez pas dompter l'esprit des autres avant d'avoir dompté le vôtre, commencez par dompter votre propre esprit.

Puisqu'il est certain que vous devrez partir sans les richesses que vous avez accumulées, n'accumulez pas de négativité pour les acquérir.

Les plaisirs distrayants n'ont aucune essence, pratiquez donc sincèrement le don.

Observez toujours une discipline morale pure, car elle conduit à la beauté dans cette vie et au bonheur par la suite.

Puisque la haine sévit en ces temps impurs, portez l'armure de la patience, exempte de colère.

Vous demeurez dans le samsara par le pouvoir de la paresse, allumez donc le feu de l'effort de l'application.

Puisque cette vie humaine est gâchée en nous livrant aux distractions, c'est maintenant le moment de pratiquer la concentration.

En étant sous l'influence de vues erronées, vous ne réalisez pas la nature ultime des choses, examinez donc les significations correctes.

Mes amis, il n'y a pas de bonheur dans ce marécage du samsara, aussi allez jusqu'à la terre ferme de la libération.

Méditez selon les conseils de votre guide spirituel et asséchez la rivière des souffrances samsariques.

Vous devriez bien réfléchir à cela, car ce ne sont pas seulement des mots qui viennent de la bouche, mais des conseils sincères qui viennent du cœur.

Si vous pratiquez ainsi, j'en serai ravi et vous apporterez le bonheur à vous-mêmes et aux autres.

Moi qui suis un ignorant, je vous fais la requête de prendre ces conseils à cœur.

Voici les conseils que l'être saint, le vénérable Atisha, a donnés au vénérable Djangtchoub Eu.

Les Trois Principaux Aspects
de la voie

Hommage au vénérable guide spirituel.

Je vais expliquer du mieux de mes possibilités
La signification essentielle de tous les enseignements du
    Conquérant,
La voie louée par les saints bodhisattvas
Et la grande porte pour les êtres fortunés qui cherchent la
    libération.

Vous qui n'êtes pas attaché aux joies du samsara,
Mais qui vous efforcez de donner un sens à vos libertés et
    dotations,
Ô être fortuné qui appliquez votre esprit à la voie qui ravit
    les conquérants,
Écoutez, s'il vous plaît, avec un esprit clair.

Sans un renoncement pur, il n'y a aucun moyen de pacifier
L'attachement aux plaisirs du samsara
Et, puisque les êtres vivants sont solidement liés par leurs
    désirs samsariques,
Commencez par chercher le renoncement.

Liberté et dotation sont difficiles à trouver et il n'y a pas de
    temps à perdre.
En accoutumant votre esprit à cela, surmontez l'attachement
    à cette vie ;

Et, en contemplant de façon répétée les actions et leurs effets
Ainsi que les souffrances du samsara, surmontez
    l'attachement aux vies futures.

Lorsque, par cette contemplation, le désir pour les plaisirs du
    samsara
Ne se manifeste pas, ne serait-ce qu'un instant,
Et qu'un esprit qui désire ardemment la libération se
    manifeste tout au long du jour et de la nuit,
Vous avez alors fait naître le renoncement en vous.

Mais, si ce renoncement n'est pas soutenu
Par une bodhitchitta entièrement pure,
Il ne sera pas une cause du bonheur parfait de l'illumination
    insurpassable.
Par conséquent, les sages génèrent une bodhitchitta suprême.

Emportées par les courants des quatre puissantes rivières,
Fermement liées par les chaînes du karma si difficiles à défaire,
Prises au piège dans le filet d'acier de la saisie d'un soi,
Complètement enveloppées par la plus noire des ignorances,

Prenant renaissance après renaissance dans le samsara sans
    limites,
Et tourmentées sans cesse par les trois souffrances,
En contemplant les conditions dans lesquelles se trouvent vos
    mères,
Faites naître en vous un esprit suprême [de bodhitchitta].

Mais, si vous ne possédez pas la sagesse qui réalise la
    manière dont les choses existent,
Bien que devenu familier avec le renoncement et la bodhitchitta,
Vous ne pourrez pas couper la racine du samsara.
Par conséquent, efforcez-vous d'obtenir les moyens de
    réaliser la relation dépendante.

Celui qui nie l'objet conçu de la saisie d'un soi
Mais voit néanmoins l'infaillibilité de la relation de cause à effet
De tous les phénomènes du samsara et du nirvana,
Est entré dans la voie qui ravit les bouddhas.

La manifestation en relation dépendante est infaillible
Et la vacuité est inexprimable ;
Tant que le sens de ces deux [choses] semblera différent
Vous n'aurez pas encore réalisé l'intention de Bouddha.

Lorsque les deux apparaîtront comme une [seule chose], pas
    en alternance, mais simultanément,
En voyant tout simplement la relation dépendante infaillible,
Vous aurez une connaissance sûre qui détruit toute saisie d'objet,
À ce moment-là, l'analyse de la vue sera complète.

De plus, quand l'extrême de l'existence sera dissipé par
    l'apparence,
Et que l'extrême de la non-existence sera dissipé par la vacuité,
Et que vous saurez comment la vacuité est perçue en tant que
    cause et effet,
Vous ne serez plus captivé par les vues extrêmes.

Quand, de cette manière, vous aurez réalisé correctement les
    points essentiels
Des trois principaux aspects de la voie,
Mon ami, retirez-vous dans la solitude, fournissez un grand
    effort
Et accomplissez rapidement le but ultime.

Colophon : ces deux textes ont été traduits sous la direction
compatissante de Vénérable Guéshé Kelsang Gyatso.

Glossaire

Asanga Un grand yogi et érudit bouddhiste indien du Vᵉ siècle, il est l'auteur du *Compendium de l'abhidharma*. Voir *Vivre de manière sensée et mourir dans la joie*.

Atisha (982-1054) Un célèbre érudit bouddhiste et maître de méditation indien. Il fut abbé du grand monastère bouddhiste de Vikramashila à une époque où le bouddhisme mahayana était florissant en Inde. Par la suite, il fut invité au Tibet et sa venue fut la cause du rétablissement du bouddhisme au Tibet. Il est l'auteur du premier texte sur les étapes de la voie, *La Lampe pour la voie*. Plus tard sa tradition fut appelée *tradition kadampa*. Voir *La Voie joyeuse*.

Attachement Un facteur mental perturbé qui observe un objet contaminé, le considère comme une cause de bonheur et le désire. Voir *Comprendre l'esprit*.

Attention Un facteur mental dont la fonction est de ne pas oublier l'objet réalisé par l'esprit principal. Voir *Comprendre l'esprit*.

Base d'imputation Tous les phénomènes sont imputés sur leurs parties. Par conséquent, chaque partie prise individuellement de tout phénomène, ou l'assemblage de ses parties, est sa base d'imputation. Un phénomène est imputé par l'esprit en dépendance de la base d'imputation qui apparaît à cet esprit. Voir *Le Cœur de la sagesse*.

Bénédictions *Djine gyi lab pa* en tibétain. La transformation de notre esprit d'un état négatif en un état positif, d'un état malheureux en un état heureux ou d'un état de faiblesse en un état de force, grâce à l'inspiration d'êtres saints, tels que notre guide spirituel, les bouddhas et les bodhisattvas.

Bouddhisme kadampa Une école bouddhiste mahayana fondée par le grand maître bouddhiste indien Atisha (982-1054).

Canaux Passages internes subtils du corps, à l'intérieur desquels circulent les gouttes subtiles déplacées par les vents intérieurs. Voir *Claire Lumière de félicité*.

Chose qui fonctionne Un phénomène qui est produit et se désintègre en un instant. Synonyme de phénomène impermanent, chose et produit. Cf. *Impermanence.*

Claire lumière Un esprit très subtil manifeste qui perçoit une apparence semblable à un espace clair et vide. Voir *Claire Lumière de félicité.*

Concentration Un facteur mental qui fait que son esprit principal demeure en un seul point sur son objet. Voir *La Voie joyeuse.*

Connaisseur issu d'inférence Un connaisseur auquel on peut se fier totalement et dont l'objet est réalisé en dépendance directe d'une raison concluante. Voir *Comprendre l'esprit.*

Connaisseur/esprit valide Un connaisseur qui n'est pas trompeur en ce qui concerne son objet engagé. Il en existe deux types : les connaisseurs valides issus d'inférence et les connaisseurs valides directs. Voir *Comprendre l'esprit.*

Contact Un facteur mental dont la fonction est de percevoir son objet comme étant agréable, désagréable ou neutre. Voir *Comprendre l'esprit.*

Contentement Être satisfait de ses propres conditions extérieures et intérieures, en étant motivé par une intention vertueuse.

Continuum mental Le continuum de l'esprit, qui n'a ni début, ni fin.

Corps d'un bouddha Un bouddha a quatre corps : le corps vérité sagesse, le corps nature, le corps jouissance et le corps émanation. Le premier est l'esprit omniscient d'un bouddha. Le deuxième est la vacuité, ou nature ultime, de son esprit. Le troisième est son corps de forme subtil. Le quatrième, dont chaque bouddha manifeste un nombre incalculable, est le corps forme grossier que les êtres ordinaires peuvent voir. Le corps vérité sagesse et le corps nature font partie du corps vérité, alors que le corps jouissance et le corps émanation font partie du corps forme. Voir *La Voie joyeuse.*

Corps forme Le corps jouissance et le corps émanation d'un bouddha. Cf. *Corps d'un bouddha.*

Corps vérité Le corps nature et le corps vérité sagesse d'un bouddha. Cf. *Corps d'un bouddha.*

Déité *Yidam* en sanscrit. Un être pleinement éveillé tantrique.

Destructeur de l'ennemi *Arhat* en sanscrit. Un pratiquant qui a abandonné toutes les perturbations mentales et leurs graines en s'entraînant aux voies spirituelles, et qui ne renaîtra plus jamais dans le samsara. Dans ce contexte, *ennemi* se rapporte aux perturbations mentales.

Dharma Les enseignements de Bouddha et les réalisations intérieures que nous atteignons en mettant ces enseignements en pratique. *Dharma* veut dire *protection*. En pratiquant les enseignements de Bouddha, nous nous protégeons contre la souffrance et les problèmes.

Discrimination Un facteur mental dont la fonction est d'appréhender le signe non commun d'un objet. Voir *Comprendre l'esprit*.

Djé Tsongkhapa (1357-1419) Une émanation de Mandjoushri, le bouddha de la sagesse. Son apparition en tant que moine tibétain au XIVᵉ siècle et tenant de la lignée de la vue et des actions pures fut prophétisée par Bouddha. Il répandit un bouddhadharma très pur dans l'ensemble du Tibet, montra comment combiner les pratiques du soutra et du tantra, et comment pratiquer un dharma pur pendant une époque dégénérée. Sa tradition devint connue plus tard sous le nom de *tradition gandèn* ou *guéloug*. Voir *Le Joyau du cœur* et *Grand Trésor de mérite*.

Éléments, quatre La terre, l'eau, le feu et le vent. On peut dire que toutes les matières sont composées d'une combinaison de ces éléments. Il y a quatre éléments intérieurs (ceux qui sont associés au continuum d'une personne) et quatre éléments extérieurs (ceux qui ne sont pas associés au continuum d'une personne). Ces quatre éléments ne sont pas les mêmes que la terre d'un champ, l'eau d'un fleuve et ainsi de suite. Au sens large, les éléments terre, eau, feu et vent représentent plutôt respectivement les propriétés que sont la solidité, la liquidité, la chaleur et le mouvement.

Émanation Forme animée ou inanimée manifestée par les bouddhas ou les bodhisattvas supérieurs pour venir en aide aux autres.

Engagements Des promesses faites quand on s'engage dans certaines pratiques spirituelles.

Entraînement de l'esprit Lodjong en tibétain. Une lignée spéciale d'instructions venue de Bouddha Shakyamouni et transmise par Mandjoushri et Shantidéva à Atisha et aux guéshés kadampas. Elle donne une importance toute particulière à la génération de la bodhitchitta par la pratique de la mise à égalité et de l'échange de soi avec les autres, combinée avec la prise et le don.

Esprit principal Un connaisseur qui appréhende surtout la simple entité d'un objet. Synonyme de conscience. Il y a six esprits principaux : la conscience de l'œil, la conscience de l'oreille, la conscience du nez, la conscience de la langue, la conscience du corps et la conscience mentale. Chaque moment de l'esprit comprend un esprit principal et divers facteurs mentaux. Un esprit principal et les facteurs mentaux qui l'accompagnent sont la même entité mais ont des fonctions différentes. Voir *Comprendre l'esprit*.

Esprit racine L'esprit très subtil situé au centre de la roue des canaux du cœur. Il est appelé *esprit racine* parce que tous les autres types d'esprit se produisent à partir de lui et se dissolvent de nouveau en lui. Voir *Le Mahamoudra du tantra*.

Esprit très subtil Il y a différents niveaux d'esprit : grossier, subtil et très subtil. Les esprits subtils se manifestent quand les vents intérieurs se rassemblent et se dissolvent à l'intérieur du canal central. Voir *Claire Lumière de félicité* et *Le Mahamoudra du tantra*.

Étape de génération Une réalisation d'un yoga créateur qui précède l'étape de réalisation proprement dite, que l'on atteint grâce à la pratique de l'apport des trois corps dans la voie. Dans cette pratique, nous nous générons mentalement en déité tantrique et générons notre environnement en mandala de la déité. La méditation sur l'étape de génération est appelée *yoga créateur* parce que son objet est créé, ou généré par une imagination correcte. Voir *Les Terres et les voies tantriques* et *Le Mahamoudra du tantra*.

Étapes de la voie Cf. *Lamrim*.

Être ordinaire Tout être qui n'a pas réalisé la vacuité directement.

Être saint Un être digne de dévotion.

Être sensible Cf. *Être vivant*.

Être supérieur *Arya* en sanscrit. Un être qui a une réalisation directe de la vacuité. Il y a des êtres supérieurs hinayanas et des êtres supérieurs mahayanas.

Être vivant Synonyme d'être sensible, *Sèm tchèn* en tibétain. Tout être qui possède un esprit contaminé par des perturbations mentales ou leurs empreintes. Les termes *être vivant* et *être sensible* sont tous deux utilisés pour distinguer les êtres dont l'esprit est contaminé par l'une de ces deux obstructions des bouddhas dont l'esprit est totalement libéré de ces obstructions.

Facteur mental Un connaisseur qui appréhende surtout un attribut particulier d'un objet. Il y a cinquante et un facteurs mentaux spécifiques. Chaque instant de l'esprit comprend un esprit principal et divers facteurs mentaux. Voir *Comprendre l'esprit*.

Focalisation Un facteur mental dont la fonction est de focaliser l'esprit sur un attribut particulier d'un objet. Voir *Comprendre l'esprit*.

Gourou Terme sanscrit signifiant *guide spirituel*. Cf. *Guide spirituel*.

Guéshé Un titre donné dans les monastères kadampas aux érudits bouddhistes accomplis. C'est la forme contractée du tibétain *gué wai shé nyèn* qui signifie littéralement *ami vertueux*.

Guéshé kadampa Cf. *Guéshé.*

Guide du mode de vie du bodhisattva Un texte classique du bouddhisme mahayana, composé par le grand yogi et érudit bouddhiste indien, Shantidéva. Il présente toutes les pratiques d'un bodhisattva, en partant de la première génération de la bodhitchitta jusqu'à l'accomplissement de la pratique des six perfections. Pour un commentaire complet, voir *Trésor de contemplation.*

Guide spirituel Gourou en sanscrit, *lama* en tibétain. Un enseignant qui nous guide sur la voie spirituelle. Voir *La Voie joyeuse.*

Hérouka Une des principales déités du tantra mère. Il est la personnification de la félicité et de la vacuité indivisibles. Voir *L'Essence du vajrayana* et *Un Bouddhisme moderne.*

Hinayana Mot sanscrit pour *petit véhicule.* Le but hinayana est simplement d'atteindre sa propre libération de la souffrance, en abandonnant complètement les perturbations mentales. Voir *La Voie joyeuse.*

Image générique L'objet apparaissant d'un esprit conceptuel. Une image générique, ou image mentale, d'un objet est semblable à un reflet de cet objet. Les esprits conceptuels connaissent leur objet par l'intermédiaire d'une image générique de cet objet, et non pas en voyant l'objet directement. Voir *Comprendre l'esprit.*

Impermanence Les phénomènes sont soit permanents soit impermanents. *Impermanent* veut dire *momentané,* un phénomène impermanent est donc un phénomène qui est produit et se désintègre en l'espace d'un instant. *Chose qui fonctionne* et *produit* sont synonymes de phénomène impermanent. Il y a deux types d'impermanence : grossière et subtile. L'impermanence grossière est toute impermanence qui peut être vue par une perception sensorielle ordinaire, par exemple le vieillissement et la mort d'un être sensible. L'impermanence subtile est la désintégration d'instant en instant d'une chose qui fonctionne. Voir *Le Cœur de la sagesse.*

Intention Un facteur mental dont la fonction est de déplacer son esprit principal jusqu'à son objet de sorte qu'il s'engage dans un objet vertueux, non vertueux ou neutre. Toutes les actions physiques et verbales commencent par le facteur mental intention. Voir *Comprendre l'esprit.*

Kadampa Un mot tibétain dans lequel *ka* veut dire *parole* et se rapporte à tous les enseignements de Bouddha, *dam* se rapporte aux instructions spéciales du Lamrim d'Atisha, appelées les *Étapes de la voie de l'illumination*, et *pa* se rapporte à un adepte du bouddhisme kadampa qui intègre tous les enseignements de Bouddha qu'il connaît dans sa pratique du lamrim.

L'entraînement de l'esprit en sept points Un commentaire des *Huit versets de l'entraînement de l'esprit*, composés par Guéshé Tchékhawa. Pour un commentaire complet, voir *La Compassion universelle*.

Lama Cf. *Guide spirituel*.

Lamrim Un terme tibétain qui signifie littéralement *étapes de la voie*. C'est un arrangement particulier de tous les enseignements de Bouddha, qui est facile à comprendre et à mettre en pratique. Il révèle toutes les étapes de la voie de l'illumination. Pour un commentaire complet, voir *La Voie joyeuse*.

Langri Tangpa, Guéshé (1054-1123) Un grand enseignant kadampa, célèbre pour sa réalisation de l'échange de soi avec les autres. Il est l'auteur des *Huit versets de l'entraînement de l'esprit*. Voir *Huit étapes vers le bonheur*.

Lignée La continuité des instructions qui ont été transmises de guide spirituel à disciple, chaque guide spirituel de la lignée ayant obtenu une expérience personnelle de ces instructions avant de les transmettre aux autres.

Lodjong Cf. *Entraînement de l'esprit*.

Madhyamika Un terme sanscrit qui signifie littéralement *Voie du milieu*. Des deux écoles de thèses mahayanas, c'est la plus élevée. La vue madhyamika a été enseignée par Bouddha dans *Les Soutras de la perfection de la sagesse* au cours de la deuxième rotation de la roue du dharma. Elle a par la suite été clarifiée par Nagardjouna et ses disciples. Cette école comprend deux courants, l'école madhyamika svatantrika et l'école madhyamika prasanghika, et c'est cette dernière qui enseigne la vue ultime de Bouddha. Voir *Trésor de contemplation* et *Océan de nectar*.

Mahamoudra Un mot sanscrit qui signifie littéralement *grand sceau*. Selon le soutra, ce terme se rapporte à la profonde vue de la vacuité. Puisque la vacuité est la nature de tous les phénomènes, elle est appelée *sceau* et, puisqu'une réalisation directe de la vacuité nous permet d'accomplir le grand objectif, la libération complète des souffrances du samsara, elle est aussi qualifiée de *grande*. Selon le mantra secret, *grand sceau* est l'union de la grande félicité spontanée et de la vacuité. Voir *Grand Trésor de mérite*, *Le Mahamoudra du tantra* et *Claire Lumière de félicité*.

Mahayana Terme sanscrit pour *grand véhicule*, la voie spirituelle de la grande illumination. Le but mahayana est d'atteindre la bouddhéité pour le bien de tous les êtres sensibles en abandonnant complètement les perturbations mentales et leurs empreintes. Voir *La Voie joyeuse*.

Maitreya La personnification de l'amour affectueux de tous les bouddhas. À l'époque de Bouddha Shakyamouni, il s'est manifesté sous la forme d'un disciple bodhisattva afin de montrer aux disciples de Bouddha la manière d'être un disciple mahayana parfait. Dans les temps futurs, il se manifestera sous la forme du cinquième bouddha fondateur.

Mala Un rosaire que l'on utilise pour compter les prières ou les mantras que nous récitons. Il est habituellement composé de cent huit perles.

Mandjoushri La personnification de la sagesse de tous les bouddhas. Voir *Grand Trésor de mérite* et *Le Joyau du cœur*.

Mantra Terme sanscrit qui signifie littéralement *protection de l'esprit*. Le mantra protège l'esprit des apparences et des conceptions ordinaires. Voir *Les Terres et les voies tantriques*.

Mantra secret Synonyme de tantra. Les enseignements du mantra secret se différencient des enseignements du soutra en ce qu'ils révèlent des méthodes pour entraîner l'esprit en amenant le résultat futur, la bouddhéité, dans la voie présente. Le mantra secret est la voie suprême de la pleine illumination. Le terme *mantra* indique qu'il s'agit d'une instruction spéciale donnée par Bouddha pour protéger notre esprit des apparences et des conceptions ordinaires. Les pratiquants du mantra secret surmontent les apparences et les conceptions ordinaires en visualisant leur corps, leur environnement, leurs plaisirs et leurs actions comme étant ceux d'un bouddha. Le terme *secret* indique que ces pratiques sont à faire en privé et que seuls ceux qui ont reçu une transmission de pouvoir tantrique peuvent les pratiquer. Voir *Les Terres et les voies tantriques*.

Mara/Démon *Mara* est un terme sanscrit pour *démon* et se rapporte à tout ce qui fait obstacle à l'accomplissement de la libération ou de l'illumination. Il y a quatre principaux types de maras : le mara des perturbations mentales, le mara des agrégats contaminés, le mara de la mort incontrôlée et les maras Dévapoutra. Seuls les derniers sont de véritables êtres sensibles. Voir *Le Cœur de la sagesse*.

Mérite La bonne fortune créée par les actions vertueuses. C'est le pouvoir potentiel d'accroître nos qualités et de produire le bonheur.

Milarépa (1040-1123) Un grand méditant bouddhiste tibétain, disciple de Marpa, célèbre pour la beauté des chants qu'il a composés, inspiré par ses réalisations.

Nagardjouna Un grand érudit bouddhiste et maître de méditation indien qui fit renaître le mahayana au Ier siècle. en faisant connaître les enseignements sur *Les Soutras de la perfection de la sagesse*. Voir *Océan de nectar*.

Objet de la négation Un objet explicitement nié par un esprit qui réalise un phénomène négatif. Dans la méditation sur la vacuité, ou l'absence d'existence intrinsèque, il se réfère à l'existence intrinsèque. Également appelé *objet nié*.

Objet observé Tout objet sur lequel l'esprit est centré. Voir *Comprendre l'esprit*.

Obstructions à l'omniscience Les empreintes des perturbations mentales qui empêchent la réalisation directe et simultanée de tous les phénomènes. Seuls les bouddhas ont surmonté ces obstructions.

Obstructions à la libération Obstructions qui empêchent l'accomplissement de la libération. Toutes les perturbations mentales, telles que l'ignorance, l'attachement et la colère, ainsi que leurs graines, sont des obstructions à la libération. Elles sont également appelées *perturbations mentales obstructions*.

Pays pur Un environnement pur dans lequel il n'y a pas de vraies souffrances. Il existe de nombreux pays purs. Toushita par exemple est le pays pur de Bouddha Maitreya, Soukhavati est le pays pur de Bouddha Amitabha, et le Pays des Dakinis, ou Kéajra, est le pays pur de Bouddha Vajrayogini et de Bouddha Hérouka. Voir *Vivre de manière sensée et mourir dans la joie*.

Pensée conceptuelle/Esprit conceptuel Une pensée qui appréhende son objet par l'intermédiaire d'une image générique, ou image mentale. Voir *Comprendre l'esprit*.

Percepteur direct Un connaisseur qui appréhende son objet manifeste. Voir *Comprendre l'esprit*.

Préoccupations de ce monde (les huit) Les objets des huit préoccupations de ce monde sont le bonheur et la souffrance, la richesse et la pauvreté, l'éloge et la critique, la bonne et la mauvaise réputation. Ceux-ci sont appelés *préoccupations de ce monde* parce que les êtres de ce monde sont constamment préoccupés par eux, voulant les uns et essayant d'éviter les autres. Voir *La Compassion universelle* et *La Voie joyeuse*.

Purification Généralement, toute pratique qui mène à l'accomplissement d'un corps pur, d'une parole pure ou d'un esprit pur. De façon plus précise, c'est une pratique qui sert à purifier le karma négatif, au moyen des quatre pouvoirs d'opposition. Voir *La Voie joyeuse* et *Le Vœu du bodhisattva*.

Réalisation Une expérience stable et sans erreur d'un objet vertueux, qui nous protège directement de la souffrance.

Refuge Véritable protection. Chercher refuge en Bouddha, le dharma et la sangha signifie avoir foi en ces trois joyaux et s'en remettre à eux afin d'être protégé contre toutes les peurs et toutes les souffrances. Voir *La Voie joyeuse*.

Règne de la forme L'environnement des dieux qui possèdent une forme.

Règne du désir L'environnement des êtres de l'enfer, des esprits affamés, des animaux, des êtres humains, des demi-dieux et des dieux qui jouissent des cinq objets de désir.

Règne du sans forme L'environnement des dieux qui ne possèdent pas de forme.

Roue de canaux *Chakra* en sanscrit. Un centre focal où des canaux secondaires se branchent sur le canal central. Méditer sur ces points peut provoquer l'entrée des vents intérieurs dans le canal central. Voir *Claire Lumière de félicité*.

Sagesse Un état d'esprit vertueux et intelligent qui fait que son esprit principal réalise totalement son objet. Une sagesse est une voie spirituelle qui a pour fonction de libérer notre esprit des perturbations mentales ou de leurs empreintes. La vue correcte de la vacuité est un exemple de sagesse.

Seigneur de la Mort Bien que le mara de la mort incontrôlée ne soit pas un être sensible, il est personnifié par le Seigneur de la Mort, ou Yama. Le Seigneur de la Mort est représenté dans le diagramme de la roue de la vie, serrant cette roue entre ses griffes et ses dents. Voir *La Voie joyeuse*.

Sensation Un facteur mental dont la fonction est de faire l'expérience d'objets agréables, désagréables ou neutres. Voir *Comprendre l'esprit*.

Shantidéva (687-763) Un grand érudit bouddhiste et maître de méditation indien. Il est l'auteur du *Guide du mode de vie du bodhisattva*. Voir *Trésor de contemplation*.

Simple apparence Tous les phénomènes sont de simples apparences parce qu'ils sont imputés par l'esprit en dépendance d'une base d'imputation valide apparaissant à cet esprit. Le mot *simple* exclut toute possibilité d'existence intrinsèque. Voir *Océan de nectar*.

Soutra Les enseignements de Bouddha que tout le monde peut pratiquer sans avoir reçu de transmission de pouvoir. Ils comprennent les enseignements de Bouddha des trois rotations de la roue du dharma.

Soutra du cœur Un des nombreux *Soutras de la perfection de la sagesse* enseignés par Bouddha. Bien qu'il soit beaucoup plus court que les autres *Soutras de la perfection de la sagesse*, tout ce qu'exprime ces autres soutras y est contenu, explicitement ou implicitement. Pour un commentaire complet, voir *Le Cœur de la sagesse*.

Soutras de la perfection de la sagesse Soutras de la deuxième rotation de la roue du dharma, dans lesquels Bouddha a révélé sa vue finale de la nature ultime de tous les phénomènes : la vacuité d'existence intrinsèque. Voir *Le Cœur de la sagesse* et *Océan de nectar*.

Soutras du vinaya Soutras dans lesquels Bouddha explique principalement la pratique de la discipline morale, et en particulier la discipline morale de la pratimoksha.

Tantra Cf. *Mantra secret*.

Tchékhawa, Guéshé (1102-1176) Un grand enseignant kadampa qui a composé le texte *L'Entraînement de l'esprit en sept points*, un commentaire des *Huit versets de l'entraînement de l'esprit* de Guéshé Langri Tangpa. Il a répandu l'étude et la pratique de l'entraînement de l'esprit dans tout le Tibet. Voir *La Compassion universelle*.

Temps dégénérés Une période au cours de laquelle l'activité spirituelle dégénère.

Temps sans commencement D'après la manière bouddhiste de voir le monde, l'esprit n'a pas de commencement et le temps n'a donc pas de commencement. Par conséquent, tous les êtres sensibles ont eu d'innombrables renaissances antérieures.

Tradition kadampa La tradition pure du bouddhisme fondée par Atisha. Jusqu'à l'époque de Djé Tsongkhapa, les adeptes de cette tradition sont appelés les *anciens kadampas* et après Djé Tsongkhapa, les *nouveaux kadampas*.

Vajrayogini Une déité féminine du tantra du yoga suprême qui est la personnification de la félicité et de la vacuité indivisibles. Elle est de même nature que Hérouka. Voir *Le Guide du Pays des Dakinis*.

Vents intérieurs Vents subtils spéciaux liés à l'esprit. Ils circulent dans les canaux de notre corps. Notre corps et notre esprit ne peuvent pas fonctionner sans ces vents. Voir *Claire Lumière de félicité*.

Vigilance Ce facteur mental est un type de sagesse qui examine l'activité de notre corps, de notre parole et de notre esprit, et qui sait si oui ou non des fautes se produisent. Voir *Comprendre l'esprit*.

Vision supérieure Une sagesse particulière qui voit son objet avec clarté et qui est maintenue par le calme stable et la souplesse spéciale, induite par l'investigation. Voir *La Voie joyeuse*.

Vœu Une détermination vertueuse d'abandonner des défauts particuliers, générée en conjonction avec un rituel traditionnel. Les trois groupes de vœux sont : les vœux de libération individuelle de la pratimoksha, les vœux du bodhisattva et les vœux du mantra secret. Voir *Le Vœu du bodhisattva* et *Les Terres et les voies tantriques*.

Vraie souffrance Un objet contaminé produit par les perturbations mentales et le karma. Voir *La Voie joyeuse*.

Yogi/Yoginî En général, les mots sanscrits *yogi* et *yoginî* se rapportent respectivement à un méditant ou une méditante qui ont atteint l'union du calme stable et de la vision supérieure.

Bibliographie

Guéshé Kelsang Gyatso est un maître de méditation très respecté et un érudit de la tradition du bouddhisme mahayana, fondée par Djé Tsongkhapa. Guéshé Kelsang travaille sans relâche, depuis son arrivée en Occident en 1977, pour établir dans le monde entier un bouddhadharma dans toute sa pureté. Durant toutes ces années, il a donné des enseignements détaillés sur les principaux textes du mahayana. Ces enseignements sont en cours de publication en français et en d'autres langues. Ils nous offrent une présentation complète des pratiques essentielles du soutra et du tantra du bouddhisme mahayana.

Livres

Les livres suivants de Guéshé Kelsang ont tous été publiés par les Éditions Tharpa, ou sont en cours de publication.

Claire Lumière de félicité Manuel de méditation tantrique.

Comment résoudre nos problèmes quotidiens Les quatre nobles vérités.

Comprendre l'esprit Une explication de la nature et du pouvoir de l'esprit.

Grand Trésor de mérite La pratique consistant à s'en remettre à un guide spirituel.

Huit Étapes vers le bonheur Le chemin de l'amour et de la bonté dans le bouddhisme.

Introduction au bouddhisme Une explication du mode de vie bouddhiste.

La Compassion universelle Transformer sa vie grâce à l'amour et à la compassion.

La Voie joyeuse Toute la voie bouddhiste qui mène à l'illumination.

Le Cœur de la sagesse Un commentaire du *Soutra du cœur*.

Le Guide du mode de vie du bodhisattva Quand l'altruisme donne tout son sens à sa vie. (Une traduction du chef-d'œuvre en verset de Shantidéva).

Le Guide du Pays des Dakinis La pratique du tantra du yoga suprême de Bouddha Vajrayogini.

Le Joyau du cœur Les pratiques essentielles du bouddhisme kadampa.

Le Nouveau Manuel de méditation Des méditations qui améliorent notre vie.

Le Mahamoudra du tantra Le nectar suprême du joyau du cœur.

L'Essence du vajrayana La pratique du tantra du yoga suprême du mandala du corps de Bouddha Hérouka.

Le Vœu du bodhisattva Manuel pratique qui explique comment aider les autres.

Les Terres et les Voies tantriques Comment s'engager et progresser dans la voie vajrayana, et la mener à terme.

Océan de nectar La vraie nature de toute chose.

Transformez votre vie Un voyage plein de félicité.

Trésor de contemplation Le mode de vie d'un bodhisattva.

Un Bouddhisme moderne La voie de la compassion et de la sagesse

Vivre de manière sensée et mourir dans la joie La profonde pratique du transfert de conscience.

Sadhanas et autres textes

Guéshé Kelsang a également supervisé la traduction d'une série de sadhanas essentielles, ou livrets de prières.

Cérémonie de la prise de refuge mahayana et du vœu du bodhisattva.

Goutte de nectar essentiel Une pratique spéciale de jeûne et de purification en conjonction avec Avalokiteshvara à onze visages.

L'Assemblée de la bonne fortune L'offrande de tsog pour le mandala du corps de Hérouka.

La Confession des chutes morales du bodhisattva La pratique de la purification du *Soutra mahayana des trois cumuls supérieurs.*

La Grande Libération de la Mère Les prières préliminaires pour la méditation du mahamoudra en conjonction avec la pratique de Vajrayogini.

La Grande Libération du Père Les prières préliminaires pour la méditation du mahamoudra en conjonction avec la pratique de Hérouka.

La Grande Mère Une méthode pour surmonter les difficultés et les obstacles par la récitation du *Soutra de l'essence de la sagesse* (le *Soutra du cœur*).

La Sadhana d'Avalokiteshvara Prières et requêtes au Bouddha de la Compassion.

La Sadhana du Bouddha de la Médecine La méthode pour adresser des requêtes à l'assemblée des sept bouddhas de la médecine.

La Voie rapide Une pratique condensée des cinq déités de Hérouka selon la tradition de maître Ghantapa.

La Voie rapide de la grande félicité La sadhana d'autogénération en Vajrayogini.

Le Chemin vers le pays pur L'entraînement au powa, le transfert de conscience.

Le Dakini yoga Le yoga du gourou en six séances, combiné avec l'autogénération en Vajrayogini.

Le Festin de la grande félicité La sadhana d'auto-initiation en Vajrayogini.

Le Joyau du cœur Le yoga du gourou de Djé Tsongkhapa, combiné avec la sadhana condensée de son protecteur du dharma.

Le Joyau qui exauce les souhaits Le yoga du gourou de Djé Tsongkhapa, combiné avec la sadhana de son protecteur du dharma.

Le Mode de vie kadampa Les pratiques essentielles du Lamrim kadam.

Le Roi du dharma Une méthode pour accomplir l'autogénération en Djé Tsongkhapa.

Les Prières qui viennent du fond du cœur Service funéraire pour les crémations et les enterrements.

L'Essence de la bonne fortune Les prières pour les six pratiques préparatoires de la méditation sur les étapes de la voie de l'illumination.

L'Essence du vajrayana condensée La sadhana condensée d'autogénération du mandala du corps de Hérouka.

L'Essence du vajrayana La sadhana d'autogénération du mandala du corps de Hérouka selon le système du mahasiddha Ghantapa.

Le Tantra racine de Hérouka et Vajrayogini.

Les Vœux et les engagements du bouddhisme kadampa.

Le Yoga d'Avalokiteshvara à mille bras La sadhana d'autogénération

Le Yoga de Arya Tara, notre mère pleinement éveillée La sadhana d'autogénération

Le Yoga de Bouddha Amitayous Une méthode spéciale pour accroître la durée de vie, la sagesse et le mérite.

Le Yoga de Bouddha Hérouka Une courte pratique de l'autogénération en le mandala du corps de Hérouka et le yoga condensé en six séances.

Le Yoga de Bouddha Maitreya La sadhana d'autogénération en Bouddha Maitreya.

Le Yoga de Bouddha Vajrapani La sadhana d'autogénération en Bouddha Vajrapani.

Le Yoga de la Grande Mère Prajnaparamita La sadhana d'autogénération

Le Yoga de Tara Blanche, le bouddha de la longue vie.

Le Yoga du héros vajra Une courte pratique de l'autogénération en le mandala du corps de Hérouka et le yoga condensé en six séances.

Libération hors de la douleur Prières et requêtes aux vingt et une Tara.

L'Offrande au guide spirituel (Lama tcheupa) Une pratique spéciale du gourou yoga de la tradition de Djé Tsongkhapa.

Manuel pour la pratique quotidienne des vœux du bodhisattva et des vœux tantriques.

Méditation et récitation du Vajrasattva Solitaire.

Prière adressée au Bouddha de la Médecine Une méthode pour venir en aide aux autres.

Prières pour la méditation Courtes prières préparatoires pour la méditation.

Tambour mélodieux victorieux dans toutes les directions Le long rituel, pour exaucer et restaurer, du protecteur du dharma, le grand roi Dordjé Shougdèn, en conjonction avec Mahakala, Kalaroupa, Kalinedéwi et d'autres protecteurs du dharma.

Trésor de sagesse La sadhana du vénérable Mandjoushri.

Une Vie pure La pratique de la prise et de l'observation des huit préceptes mahayanas.

Pour commander une de ces publications, ou recevoir la liste la plus récente, vous pouvez vous rendre sur le site www.tharpa.com ou contacter l'antenne Tharpa la plus proche de chez vous, dont la liste figure page 371.

Les programmes d'étude du bouddhisme kadampa

Le bouddhisme kadampa est une école du bouddhisme mahayana fondée par le grand maître bouddhiste indien, Atisha (982-1054). Ceux qui suivent cette école sont appelés les « kadampas ». « Ka » veut dire « parole » et désigne les enseignements de Bouddha, et « dam » désigne les instructions spéciales du Lamrim d'Atisha, appelées « les étapes de la voie de l'illumination ». C'est en intégrant leur connaissance de tous les enseignements de Bouddha dans la pratique du Lamrim, qu'ils utilisent dans leur vie quotidienne, que les bouddhistes kadampas sont amenés à se servir des enseignements de Bouddha pour transformer leurs activités de tous les jours en la voie de l'illumination. Les grands enseignants kadampas sont célèbres non seulement pour leur grande érudition, mais aussi pour la très grande pureté et la parfaite sincérité de leur pratique spirituelle.

La lignée de ces enseignements, c'est-à-dire leur transmission orale ainsi que leurs bénédictions, est passée d'enseignant à disciple et s'est répandue dans la plus grande partie de l'Asie, et maintenant dans de nombreux pays du monde entier. Les enseignements de Bouddha, ou dharma, sont comparés à une roue qui va d'un pays à un autre, selon les changements de conditions et les tendances karmiques des différentes personnes. La présentation du bouddhisme peut changer de forme en fonction des différentes sociétés et de leur culture, mais son authenticité essentielle est maintenue par la lignée ininterrompue de pratiquants réalisés qui en assurent la continuité.

Le bouddhisme kadampa a été d'abord introduit en Occident, en 1977, par le célèbre maître bouddhiste, Vénérable Guéshé Kelsang Gyatso. Depuis cette époque, il s'est montré infatigable dans ses efforts pour faire connaître le bouddhisme kadampa dans le monde entier, en donnant des enseignements détaillés, en écrivant de nombreux textes qui montrent la profondeur du bouddhisme kadampa et en fondant la Nouvelle Tradition Kadampa – l'Union Internationale du Bouddhisme Kadampa (NKT-IKBU), qui compte aujourd'hui environ 1200 centres et annexes du bouddhisme kadampa à travers le monde. Chacun de ces centres offre des programmes d'étude basés sur la psychologie, la philosophie et la méditation bouddhistes, ainsi que des retraites, pour des pratiquants de tous les niveaux. Une importance particulière est donnée à la mise en pratique des enseignements de Bouddha dans la vie de tous les jours, pour que partout dans le monde nos problèmes quotidiens puissent être résolus et que chacun connaisse une paix et un bonheur durables.

Le bouddhisme kadampa de la NKT-IKBU est une tradition bouddhiste entièrement indépendante, sans aucune affiliation politique. C'est une association de centres et de pratiquants bouddhistes qui s'inspirent de l'exemple donné par les anciens maîtres bouddhistes kadampas et suivent leurs enseignements, tels qu'ils sont présentés par Guéshé Kelsang.

Il y a trois raisons pour lesquelles nous avons besoin d'étudier et de pratiquer les enseignements de Bouddha : développer notre sagesse, cultiver un bon cœur et maintenir un état d'esprit paisible. Si nous ne nous efforçons pas de développer notre sagesse, nous resterons toujours ignorants de la vérité ultime, la vraie nature de la réalité. Bien que nous désirions être heureux, notre ignorance nous fait commettre des actions non vertueuses qui sont la cause principale de toutes nos souffrances. Si nous ne cultivons pas un bon cœur, notre motivation égoïste détruira nos relations harmonieuses avec les autres. Nous ne vivrons pas dans la paix et n'aurons pas la possibilité d'obtenir un bonheur pur. Sans paix intérieure, la paix extérieure est impossible. Si notre esprit n'est pas en paix, nous ne sommes pas heureux même lorsque les conditions extérieures sont excellentes, mais si par contre notre esprit est en paix, nous sommes heureux, même lorsque les conditions extérieures sont mauvaises. Voilà pourquoi le développement de ces qualités est de la plus haute importance pour notre bonheur quotidien.

Guéshé Kelsang Gyatso, également affectueusement appelé « Guéshé-la » par ses étudiants, a conçu trois programmes spirituels spécifiques pour permettre l'étude et la pratique du bouddhisme kadampa de façon méthodique. Ces programmes d'études, qui conviennent particulièrement à notre vie moderne, sont les suivants : le programme général (PG), le programme fondamental (PF) et le programme de formation des enseignants (PFE).

LE PROGRAMME GÉNÉRAL

Le programme général présente une introduction des bases de la pensée, de la méditation et du mode de vie bouddhistes, qui convient aux débutants. Il comprend aussi des enseignements et des pratiques plus avancés du soutra et du tantra.

LE PROGRAMME FONDAMENTAL

Le programme fondamental offre la possibilité d'approfondir sa compréhension et son expérience du bouddhisme grâce à une étude méthodique de six textes :

1 *La Voie joyeuse* – un commentaire du texte du Lamrim composé par Atisha, les étapes de la voie de l'illumination.

2 *La Compassion universelle* – un commentaire de *L'Entraînement de l'esprit en sept points* du bodhisattva Tchékhawa.

3 *Huit Étapes vers le bonheur* – un commentaire des *Huit versets de l'entraînement de l'esprit* du bodhisattva Langri Tangpa.

4 *Le Cœur de la sagesse* – un commentaire du *Soutra du cœur.*

5 *Trésor de contemplation* – un commentaire du *Guide du mode de vie du bodhisattva* du vénérable Shantidéva.

6 *Comprendre l'esprit* – une explication détaillée de l'esprit, basée sur les œuvres des érudits bouddhistes, Dharmakirti et Dignaga.

Étudier ces textes et les mettre en pratique nous apportera les bienfaits suivants :

(1) *La Voie joyeuse* : nous obtenons la capacité de mettre tous les enseignements de Bouddha en pratique, que ce soit le soutra ou le tantra. Nous pouvons facilement faire des progrès, mener à leur terme les étapes de la voie pour atteindre le bonheur suprême de l'illumination. D'un point de vue pratique, le Lamrim est le corps principal des enseignements de Bouddha et les autres enseignements en sont les membres.

(2) et (3) *La Compassion universelle* et *Huit Étapes vers le bonheur* : nous obtenons la capacité d'intégrer tous les enseignements de Bouddha dans notre vie de tous les jours et de résoudre tous nos problèmes.

(4) *Le Cœur de la sagesse* : nous obtenons une réalisation de la nature ultime de la réalité. En obtenant cette réalisation, nous pouvons éliminer l'ignorance de saisie d'un soi, la racine de toutes nos souffrances.

(5) *Trésor de contemplation* : nous transformons nos activités quotidiennes en le mode de vie d'un bodhisattva, arrivant de cette façon à donner un sens à chaque instant de notre vie humaine.

(6) *Comprendre l'esprit* : nous comprenons la relation qui existe entre notre esprit et les objets extérieurs. Si nous comprenons que les objets dépendent de notre esprit subjectif, nous pouvons changer la manière dont ceux-ci nous apparaissent en changeant notre esprit. Nous allons progressivement obtenir la capacité de contrôler notre esprit et résoudre ainsi tous nos problèmes.

LE PROGRAMME DE FORMATION DES ENSEIGNANTS

Le programme de formation des enseignants est destiné à ceux qui désirent devenir de véritables enseignants du dharma. L'étudiant étudiera quatorze textes du soutra et du tantra, qui comprennent les six textes mentionnés ci-dessus, et il lui sera demandé d'observer certains engagements ayant trait au comportement et au mode de vie, ainsi que d'accomplir un certain nombre de retraites de méditation.

Tous les centres du bouddhisme kadampa sont ouverts au public. Chaque année, des festivals, où nous célébrons le dharma, sont organisés partout dans le monde, dans de nombreux pays, dont deux en Angleterre. Des personnes viennent du monde entier pour recevoir des enseignements et des initiations ainsi que pour passer de bonnes vacances spirituelles. Vous êtes bienvenus pour visiter ces centres tout au long de l'année.

Pour d'autres informations sur les programmes d'étude de la NKT-IKBU et pour trouver le centre le plus proche de chez vous, contactez :

Pour la France :
Centre de Méditation Kadampa France
Château de Segrais
72220 Saint-Mars-d'Outillé, France
Tél. : (+33)(0)2 43 87 70 05
E-mail : info@KadampaFrance.org
Site web : www.KadampaFrance.org

Pour le Canada :
Centre de Méditation Kadampa de Montréal
835 Laurier Est
Montréal
Québec H2J 1G2,
Canada
Tél./Fax : (1) 514 521 25 29
E-mail : info@nkt-kmc-montreal.org
Site web : www.nkt-kmc-montreal.org

Pour la Suisse :
Centre Bouddhiste Atisha
41 bis route de Frontenex
1207 Eaux-Vives (Genève), Suisse
Tél. : (41) 22 786 30 14
E-mail : info@mediter.ch
Site web : www.mediter.ch

Tharpa dans le monde

Les livres des Éditions Tharpa sont publiés en anglais (UK et US), allemand, chinois, espagnol, français, italien, japonais, et portugais. Ils sont disponibles dans toutes les antennes Tharpa suivantes :

France
Éditions Tharpa
Château de Segrais
72220 Saint-Mars-d'Outillé
FRANCE
Tél. : +33 (0)2 43 87 71 02
Fax : +33 (0)2 43 87 71 02
www.tharpa.com/fr/
info.fr@tharpa.com

Grande-Bretagne
Tharpa Publications UK
Conishead Priory
Ulverston
Cumbria, LA12 9QQ, UK
Tél. : +44 (0)1229-588599
Fax. : +44 (0)1229-483919
www.tharpa.com/uk/
info.uk@tharpa.com

Canada
Éditions Tharpa Canada
631 rue Crawford
Toronto ON M6G 3K1
CANADA
Tél. : +1 416-762-8710
Fax : +1 416-762-2267
www.tharpa.com/ca-fr/
info.ca@tharpa.com

États-Unis
Tharpa Publications USA
47 Sweeney Road
Glen Spey NY 12737
USA
Tél. : +1 845-856-5102
Toll-free : 888-741-3475
Fax: +1 845-856-2110
www.tharpa.com/us/
info.us@tharpa.com

Suisse
Tharpa Verlag
Mirabellenstrasse 1
8048 Zurich
SUISSE
Tél. : +41 44 401 02 20
Fax : +41 44 461 36 88
www.tharpa.com/ch/
info.ch@tharpa.com

Australie
Tharpa Publications Australia
25 McCarthy Road (PO Box 63)
Monbulk Vic 3793
AUSTRALIA
Tél. : +61 (3) 9752-0377
www.tharpa.com/au/
info.au@tharpa.com

Espagne
Editorial Tharpa España
Camino Fuente del Perro s/n
29120 Alhaurín El Grande (Málaga)
ESPAGNE
Tél. : +34 952 596808
Fax : +34 952 490175
www.tharpa.com/es/
info.es@tharpa.com

Allemagne
Tharpa Verlag (Zweigstelle Berlin)
Sommerswalde 8
16727 Oberkrämer
GERMANY
Tél : +49 (0)33055 222135
Fax : +49 (0) 33055 207992
www.tharpa.com/de/
info.de@tharpa.com

Brésil
Editorial Tharpa Brasil
Rua Fradique Coutinho 710
Vila Madalena
05416-011 São Paulo – SP
BRÉSIL
Tél./Fax : +55 (11) 3812 7509
www.budismo.org.br
info.br@tharpa.com

Taiwan
Tharpa Asia
Chung Sheng E Rd, Sec 2, Lane 143,
Alley 10, No 7
Tamsui District
New Taipei City, 25170
TAIWAN
Tél. : +886 (0)932-293-62
www.tharpa.com/hk-cht/
info.asia@tharpa.com

Japon
Tharpa Japan
#501 Dai 5 Nakamura Kosan Biru,
Shinmachi 1-29-16, Nishi-ku
Osaka, 550-0013
JAPAN
Tél : +81 665 327632
www.tharpa.com/jp/
info.jp@tharpa.com

Afrique du Sud
C/O Mahasiddha Kadampa
Buddhist Centre
2 Hollings Road, Malvern,
Durban 4093,
Rep. of South Africa
Tél. : +27 31 464 0984
www.tharpa.com/za/
info.za@tharpa.com

Index

Cet ouvrage a été réalisé en février 2012
pour le compte des Éditions Tharpa par
l'imprimerie « La Source d'Or »
63039 Clermont-Ferrand
Imprimeur n° 15651

Dépôt légal : février 2012